영화와 문학, 세계를 걷다

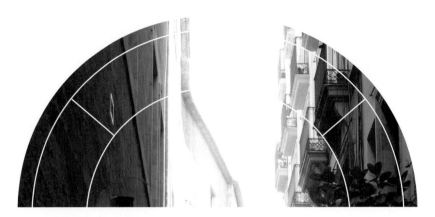

황영미 교수 은퇴 기념

영화와 문학, 세계를 걷다

책임편집 황영미, 송경란

지은이 황영미, 김경애, 김소은, 김진희, 송경란, 김지윤, 최재선, 이미림,
이현정, 장미영

역락

여행은 우리나라 사람들에게 중요한 취미가 되었다. 많은 여행서가 있지만, 단순한 장소 소개가 아닌 영화와 문학 콘텐츠와 함께 하는 여행이라면 색다른 고품격 여행이 될 수 있다.

이에 숙명여대 국어국문학과 박사 출신 교강사들이 원고를 써 『영화와 문학, 세계를 걷다』라는 제목으로 새롭게 세상에 내놓는다. '여행'의 가치를 문학·영화 작품과 관련지어 깊이 있게 재발견케 하는 데 초점을 맞추었다. 물론 시중에는 인기 작가와 여행전문가의 여행기들이 넘쳐난다. 그러나 이제는 여행에 '깊이'를 더할 때라고 생각한다. 가볍게 떠나는 여행이나 교양 수준의 인문학적 접근도 좋지만, 작가와 작품 속에서 '장소'와 '여행', '시대성'의 고품격 가치를 발견하는 것도 중요하다.

이런 의미에서 이 책은 여행의 직접 체험이 선사하는 '낭만'에 더하여 문학기행과 영화기행을 통한 '사유'와 '교양'을 맛볼 수 있는 여행인문 에세이집이라 할 수 있다. 유럽(스페인, 프랑스), 아시아(중국, 일본, 타이완), 미국, 한국 등의 명소를 여행하는 기분도 에세이에 담아낼 뿐만 아니라, 그 장소에서 만난 문학작품과 영화 이야기, 작가들의 삶에 묻어난 시대 감각을 인문학자들만의 유쾌함과 진지함으로 풀어내었다.

『영화와 문학, 세계를 걷다』는 대륙별로 총 4부로 구성되어 있다. 먼저 1부 '유럽'에서는 2편의 글이 실려 있다. 소설과 영화 〈향수〉는 프랑스가 배경이지만, 영화의 주요 촬영지는 스페인의 바르셀로나. 또한 파리까지 가기까지 여행의 의미를 느끼게 해주는 영화 〈파리로 가는 길〉을 살펴본다.

2부 '아시아'는 영화 〈패왕별희〉, 〈호우시절〉, 〈적벽〉의 탄생지 중국 사천의 문화기행을 통해 문화콘텐츠 배경을 짚어본다. 일제강점기 지식인이 본 임화의 일본 기행시와 김조규의 만주 기행시를 살피며 아시아 도시의 의미를 성찰한다. 이뿐만 아니라 타이완의 청춘영화 〈말할 수 없는 비밀〉을 통해 팬데믹 속 랜선여행의 의미와 레트로 감성을 인문학적으로 고찰한다.

3부 '미국'에서는 작가들의 기행기나 문학관을 살피고자 한다. 전숙희의 미국여행이 지닌 시대적 특성과 여행의 의미를 고찰한다. 그리고 영화 〈바그다드 카페〉에서 나타난 여성들의 여행 의미도 살펴본다.

4부 '한국'은 아시아에 포함되지만, 한국문학 전공자들의 문학관련 연구여서 따로 챕터를 구성하였다. 이 장에서는 한국문학에 나타난 장소 및 문학관 기행을 통해 여행의 의미를 성찰한다. 김기림의 기행시를 살펴보고 윤후명 작품에 나타난 강릉기행도 살펴본다. 박재삼 시인의 고향인 경남 사천에 건립된 박재삼 문학관 기행을 통해 박재삼의 대표시를 깊이 있고 진솔하게 느껴볼 수 있다. 또한 박경리의 대하소설 『토지』의 배경인 하동 기행을 통해 우리나라의 알프스를 만나본다.

『영화와 문학, 세계를 걷다』에서 특별히 '여행 - 문학 - 영화'와 같은 카테고리를 지어본 것은, 이 세 가지가 주는 설렘과 위안을 알기 때문이다. 독자 여러분이 이 책에 등장하는 작가나 작품을 통해 익히 알고 있는 장소를 새롭게 만나보고, 문화적 감수성과 인문학적 교양을 즐길 수 있기를 바란다.

사실 이 책은 집필진에게 의미가 남다르다. 숙명여대 대학원에서 학구열을 불태우던 시절, 함께했던 인문학자들이 뜻을 모았기 때문이다. 그 중심에는 황영미 교수가 있다. 황 교수는 『문학사상』에 소설가로 등단하여 활동하다가 뒤늦게 대학원에 입학하여 어린 후배들에게 조언 구하기를 마다하지 않으며 열정을 다했다. 인문학자이자 영화평론가로 자리 잡은 뒤 황 교수는 후학을 양성하며, 선후배들과 학문적 교류를 이어갔고, 이제 퇴임을 앞두고 있다. 이를 축하하는 마음으로 숙명여대 출신 인문학자들이 뜻을 모아 『영화와 문학, 세계를 걷다』를 발간한다. 2년여간 코로나19 팬데믹을 겪으며 소원했던 숙명여대 출신 인문학자들 간의 유대를 끌어올리는 데도 도움이 되어줄 것이다.

그동안 인문학 저서를 선도적으로 발간해 온 도서출판 역락에서 단행본을 출간하게 되니 더욱 뜻깊고 감사한 마음이다. 앞으로도 좋은 글로 보답하고자 한다.

2022년 청파동 캠퍼스에서
황영미 외 집필진 일동

황영미 선배와 나

선배님께서 벌써 은퇴라니, 생각이 많아진다. 황영미 선배님을 뵌 지 햇수로 30년이 다 돼 간다. 다른 친구들보다 몇 년 늦은 나이에 대학원에 입학했던 나는 석사 1학기부터 선배님을 만났다. 당시 손위 선배들을 '언니'라고 부르는 경우도 있었는데, 황 선배님의 경우 언제나, 누구든 '선배님'이었다. 감히 언니라고 불러서는 안 될 것 같은 아우라가 선배님께 있었다.

긴 세월 동안 선배님을 뵈면서 느낀 게 참 많다. 가장 본받을 점은 선배님의 지칠 줄 모르는 열정이다. 내가 보아온 30여 년 동안 황영미 선배님은 그 누구보다 열심히 사셨다고 고민 없이 말할 수 있다. 대학원 때 소설로 상을 받으시더니, 영화 평론가로 데뷔하시고, 의사소통센터 교수로 임용되시고, 현재 숙명여대 교양교육연구소 소장으로 임명되셔서 한국연구재단 인문사회연구소 지원사업까지 수주받아 수행하고 계시다. 선배님은 후배들을 위해 기존 틀을 매회 경신하고 계시다.

논문과 소설을 병행하는 것도 모자라 일주일에 한 편씩 영화 평론을 쓰신다고 하셨을 때 혀를 내두른 것이 기억난다. 그렇게 하시면서도 내가 함께 참여하는 모임인 '영글이'와 '비평숲길'에 선배님이 결석하신 날은 손에 꼽을 정도다. 은퇴가 몇 달 안 남은 시점까지 어떻게 저처럼 하실 수 있을까? 무슨 일이든 자기 일처럼 마른일, 진일 가리지 않으시고 돌보셨던 선배님이 계셨기에 이런 모임들이 유지돼 오지 않았나 생각한다.

타교 출신이었던 나를 따뜻하게 보살펴준 황영미 선배님이 계셔서 대학원 시절 내내 즐겁고 행복했다. 대학원 와서 결혼, 출산의 과정 모두를 겪어야 했던 나는 '늘 사는 게 전쟁'이라는 선배님의 말씀에 위로받았다. 그래서 이 영화가 생각나지 않았나 한다.

〈파리로 가는 길〉은 거장으로 알려진 프란시스 코폴라의 아내이기도 한 엘레노어 코폴라가 80세에 만든 영화다. 영화에서 엘레노어는 남편의 그림자 같았던 자신의 인생을 담담히 술회한다. 이 영화의 주된 무대는 '파리'가 아니다. 제목처럼 '가는 길' 자체가 주된 무대가 된다. 영화는 앤과 자끄가 파리로 가는 과정에서 깨달음을 얻었듯이 인생도 과정이며, 결과보다 과정이 더 의미 있고 소중하다고 이야기한다.

주인공들을 따라 남프랑스를 거슬러 파리까지 올라가는 이 영화의 여정은 아름답고 서정적이지만, 단조가 아니라 장조의 활기로 가득하다. 영화를 통해 만나게 되는 엑상프로방스의 아름다운 정경들과 생 빅투아르산, 끝없이 펼쳐진 라벤더밭과 가르 수도교, 화려하고 다채로운 프랑스식 먹거리들, 박물관, 성당, 전통시장들은 보는 이들로 하여금 가슴 설레는 여행의 꿈을 꾸게 한다.

선배님의 은퇴 후를 예견해 보건대, 유럽으로, 남미로, 아프리카로 더 많은 곳을 보시러 다니고 계시지 않을까 싶다. 나도 선배님이 추진하시는 여행 모임에 배낭 하나 둘러메고 함께 하고 싶다. 소설도 더 많이 쓰시고, 더 많이 활동하시고, 후배들의 삶에도 더 많이 간섭하시길……. 그리고 마지막으로 한마디 늘 건강 챙기시라는 말씀을 드리고 싶다. 선배님, 열정을 감당하시려면 건강하셔야 해요. 선배님의 인생 제2막, 파이팅입니다. (김경애)

　이 글의 4개월 여정이 마무리 되는 시점이다. 살면서 깨달은 것은. 모든. 시작이 있으면 끝이 있다는 것이다. 삶에 죽음으로서 끝이 있듯 인간사. 세상사 모두 시작-끝이 있다. 황영미 소장님과는 오랜 시작이 있다. 지금은 시작-중에 있다. 선배님이시만 지금은 함께 가까이에서 소장님으로 곁에 계신다. 선후배 사이로 알고 지낸 기간은 아주 오래 되었지만 밀착하여 지낸 시간은 현재 진행 중이다. 쌔앰~, 쏘은 쌤! 소장님이 나를 부르시는 호칭이다. 일을 시키시거나 무언가를 여쭈어 보실 때, 이렇게 호명하신다. 그런데 이렇듯 이름이 불릴 때, 어세에 따라 어감을 느낄 수 있다. 소장님의 마음과 감정을 알아챌 수 있다는 말이다. 그만큼, 소장님의 마음 상태를 어느 정도, 가늠하고 느낄 수 있을 정도로 그 사이가 밀접해졌다는 뜻이다. 그런데 가까워지니 정(情)이 든다. 넘치지도 모자라지도 않게 늘, always, 정. K~ee~p~ing!. 잘 간직해야겠다 싶다.
　함께하는 과정에서 배움이 많다. 추진함과 결국 해냄을 배운다. 이를 가까이에서 보았다. 시간에 쫓김도, 체력의 열세도 다 이겨내시고 결국 다 해내신다. 그간의 글과 활동 이력이 이를 입증하리니. 그런데 그 힘은 내게 고스란히 전달되어 해내게 만드시고 끝을 보게 하신다. 물론 나와 다르신 점은 그 끝의 질적 함량에 있다. 함량 미달의 나의 끝냄과 달리, 놀라울 만한 양질의 영양소들을 충족하시며 일의 완성을 이루어내신다. 그동안 특강도 했고 글도 썼다. 이 이력의 생김은 모두 소장님의 부추김 덕분이다. 함께해서 가능했다.

그 역사의 시원은 어느날, 갑자기. 에서부터이다. 특강을 하라 하시는 말씀에 할 일이 산적해 있어 못한다 말씀 드렸는데 '할 수 있어' 하셨다. 어떤 일을 할 때, 서둘러 급하면 몸 바닥에서부터 에너지를 끌어 올려 쏟아 내느라 기진맥진하기 때문에 자신 없었다. 체구가 작아 남들보다 두 배. 세 배 이상 몸을 뒤틀어 용을 써야 하기 때문에 어긋나, 일이 부족해지면 탈이 날 수 있어 용기를 내기 주저하였는데, 가능하다 하셨다. '함께'는 이렇게 시작되었다.

다음. 여행과 함께하는 문학 예술이 주제이기 때문에 6, 7년 전 중국 사천의 여행을 특강의 이야기로 선택한다. 여행 경험이 많지 않고 코로나 팬데믹 상황에서 사천은 가장 최근에 이루어진 여행이기 때문이다. 최근이 6, 7년이라니, 어떡하지. 하는데. 사천이 좋으시다고 말씀하셨다. 그 다음, 사천의 문학 예술로 변극(변검)과 경극 이야기를 풀어내야겠다고 결정한다. 변극(변검)은 사천, 경극은 북경을 대표하는 극이다. 두 연극 모두 각 지역의 문화적 특색을 극 속에 담지해 내면서 중국을 대표하는 극으로 자리매김하였다. 여기에 영화 〈호우시절〉, 〈패왕별희〉가 덧입혀지면서 '영화와 연극으로 떠나는 중국 사천 이야기'에 대한 수업 구성과 강의 홍보가 동시에 이루어졌다. 무엇인가가 만들어졌다. 함께 하니 뚝딱 만들어진다.

영화 〈호우시절〉은 2009년에 한국과 중국이 합작해서 만든 영화이다. 이 영화는 중국 사천을 올 로케이션해서 제작되었기 때문에 사천의 풍광이 잘 드러난다. 특히 청두가 주로 배경화 되고 있어 필자여행의 경로와 대부분 일치하는 특징이 있다. 이 영화 한 편만으로도청두 여행이 가능할 정도로 그 면면이 잘 소개되고 있다. 누구에게나있을 법한 호우 시절의 이야기를 영화는 잘 담아낸다. 영화 〈패왕별희〉는 북경의 경극을 배경으로 변화하는 역사의 소용돌이가 치는 과정 속에서 한 개인이 어떤 삶의 역정을 이루어 가는지를 잘 그려낸 작품이다. 극중극 형식으로 이루어지는 이 영화 속 경극 배우들의 삶이,중국 현대사의 격변을 그대로 드러낸다. 얼마나 근사한 이야기의 예술 형식들인가. 삶과 역사라니. 설레는 마음이 부풀어진다.

이제 조금 시간이 남았으니 근사하게 이야기를 풀어 내보겠다고굳게 다짐을 한다. 그러나 처리해야 할 일들이 많아 특강 앞두고 겨우며칠 전에야 수업 자료를 만들고 버벅거리다가 변검도, 경극 이야기도 제대로 못하고 강의가 끝나고 말았다. 이루 말할 수 없는 낭패감에.탈이 났다. 소중하고 아까운 시간을 허비하게 한 듯하여 수강생분들께 그저 송구할 따름이다.

2개월이 이렇게 지나고 다시 이 특강 이야기를 글로 써야 한다.이번에는 기필코 잘 쓰자고 다짐을 한다. 이 글을 읽고 독자들이 여행을 가고 싶은 마음이 들도록. 그런데 또 후다닥. 휘리릭. 얼렁뚱땅 글을 써서 제출하고 말아 버렸다. 생각을, 감정을, 기억 너머의 이야기들을 시간에 녹여내야 하는데 그럴 사이 없이 2개월이 탈이 나 버리고말았다. 이쯤이면 글 재주 없는 나를 근원부터 탓해야지 무엇에 핑계를 물을 것인가. 그게 맞다. 옳다.

　그리고 글의 마무리는 이 후기 글이다. 오탈자 없이 잘 마무리를 해서 제출할 것이다. 이제 소장님도 나도 적지 않은 나이를 얻었다. 그만큼 오랜 세월 함께 했다는 것이다. 그래서 당부의 말씀, 드리고 싶다. 별칭 '에너자이저'를 보유하신 소장님! 그리고 선배님! 지금처럼, 열정적으로, 오래 오래, 건강하시고 평안하게 살아가시기를 기원합니다. 늘 사랑과 행운이 소장님 곁에 머무르기를 소망합니다. (김소은)

　1986년 숙명여대를 졸업한 내가 대학원에 들어온 건 1998년이었다. 대학원에 입학한 건 당시의 나에겐 도전이었다. 대학 4학년 때의 사고로 기억을 비롯한 많은 것을 잃어버렸기 때문에 10여 년 동안 나는 지표 없는 삶을 살고 있었다. 그동안 시와 평론으로 문단에 입문하기도 했지만, 글을 쓸수록 내 삶에 대한 갈증은 심했다. 그런 중에 숙대 대학원을 찾은 건 갈증 해소를 위한 욕망이기도 했지만, 모교라는 공간이 마음 한편의 두려움 해소에 도움을 주었기 때문이다. 하지만 학교 분위기나 학문 세계는 예전과 달랐고, 교수님들도 낯선 분들이 더 많았다. 함께 공부하는 학우들은 거의 동생들이 많았기에 언제나 난 선배나 언니의 입장이었다. 그러다 학교 일을 하게 되었고, 숙대 국문과 동문 모임인 〈청매회〉를 통해 황영미 선배를 만나게 되었다. 황 선배는 회장을, 나는 재무를 맡아서 모임을 준비하고 운영하였다. 지금도 그런 생각이지만 황영미 선배는 리더의 자리가 참 잘 맞는 분이다. 〈청매회〉에서의 만남 때부터 황 선배에게 내가 배운 것이 있다면

학교라는 공간에서 일하는 모습이다. 사람에게는 직설적 충고를 하면서도 한편으로는 따뜻하게 감싸고, 자신이 속한 모임에는 늘 최선을 다하는 게 황영미 선배이다. 그와 더불어 학문적 자기 계발과 교수나 영화평론가의 활동 등에 열심인 모습은 후배인 내게 경각심을 준다. 황영미 선배님의 지적 자산과 열정이 앞으로 이 사회의 성장에 중요한 동력이 되리라 믿는다.

한국의 시인들 작품에서 기행시는 빠지지 않는다. 그런 점에서 기행시는 시인의 진솔한 삶과 역동성을 발견할 수 있는 양식이다. 「김기림 기행시의 인식과 유형」와 「1930-1940년대 해외 기행시의 인식과 구조」는 함경도를 여행한 김기림의 시와 일본을 여행한 임화, 만주로 유랑을 한 김조규의 시를 대상으로 한 기행시 논문이다. 1930년대 모더니즘 담론을 주도했던 김기림은 기행시를 통해 시인의 또 다른 정서를 보여준다. 임화나 김조규의 해외 기행시는 여행을 목적으로 하기보다 이데올로기나 삶의 문제와 연결되지만, 한국 기행시의 다양한 유형을 구축한다는 측면에서 주목할 만하다. 이 두 편의 글이 『영화와 문학, 세계를 만나다』라는 더 큰 테마 속에 참여할 수 있게 되어 영광이다. 이런 기쁨을 퇴임을 하시는 황영미 선배에 대한 축하와 감사로 돌리고 싶다.

선배님 그동안 애쓰셨습니다, 감사합니다. (김진희)

살다 보면 이게 인연인가 싶을 때가 많다. 이 책을 엮어보자고 먼저 제안한 것도 인연의 힘 때문이 아닐까 싶다. 황영미 선배가 교수

생활의 마침표이자 새로운 삶의 시작인 '퇴임'을 앞두고 있다는 말을 듣는 순간, 함께했던 순간들이 주마등처럼 지나갔다. 여행한 뒤 그 순간들을 기록하여 추억으로 남기듯, 선배와 함께한 시간을 남겨두고 싶었다. '숙명(淑明)'을 끈으로 하여 만났고 거기서 학업과 글쓰기를 해왔으니 그중에서 한 꼭지씩이라도 모아보자고 했다. 역시나 선후배 모두 뜻을 함께해주었다. 역시 우리는 인연(因緣)이 분명하다. 불교에서는 나고 없어짐(生滅)에 직접 관계하는 것을 '인'이라고 하고, 인을 도와 결과를 낳는 간접 조건을 '연'이라 한다. 그렇게 보면 숙대 출신 선후배라는 관계를 '인연'으로 '책 출간(사물)'이라는 연기(緣起)에 이르고, '숙대 선후배 유대'라는 인과(因果)를 얻게 된 셈이다.

그런 인연을 떠올리게 하는 영화로 타이완의 단수이 여행을 자극하는 영화 〈말할 수 없는 비밀〉을 선택했다. 영화 속 주인공 샤오위(고3, 1979년)와 샹룬(고3, 1999년)은 20년이라는 시간차를 뛰어넘는 '인연'으로 '운명적 사랑'을 시도한다. 이 영화를 통해 악보 〈시크릿〉의 피아노 선율을 따라가며 그 배경인 단수이(淡水, Tamsui)의 로맨틱한 풍경을 즐겨보면 좋겠다.

숙대에서 박사학위를 받고 강의와 연구를 해온 지 20여 년이 넘은 오늘, 영화 속 '20년'이라는 시간차가 별거 아닐지 모른다. 그러나 코로나19 팬데믹으로 힘든 시간을 보내면서, 과거가 있기에 '현재'가 소중하고, 미래를 꿈꿀 수 있다는 사실을 새삼 깨달았다. 그리고 '랜선(비대면)'을 통해서라도 만남을 이어가며, 여행의 순간들을 기록하는 시간도 가져보았다. 그 일부를 「영화 〈말할 수 없는 비밀〉로 다시 만난 단수이」에 풀어놓았다. 부족하지만, 영화 한 편을 랜선여행 삼아

감상하며 낭만적인 여행지 중의 하나 단수이를 소개했으니 즐겨보기를 바란다. (송경란)

황영미 교수님은 대선배님이시자 현재 내가 근무하는 숙명여대 교양교육연구소의 연구소장님이시기도 하다. 연구소의 모든 일들을 챙기시고 이끌어 가시는 모습에 존경심을 가진 적이 많았다. 연구소에 오기 전에 숙명여대 출신 문인들의 모임인 숙문회에서 뵙기도 했고, 교수님께서 숙명여대 동문회 회보 〈숙명〉 편집장으로 봉사하실 때 나도 편집을 도우며 가까이에서 뵐 수 있는 기회가 있었다. 동문들에 대한 깊은 애정을 느낄 수 있었고 회보 편집을 위해 살뜰히 챙기시는 모습이 감명 깊어 이후 나 역시 동문회 회보 편집부장 봉사를 하기도 했다. 나 역시 〈문학사상〉을 통해 2006년에 등단했으니 같은 지면으로 등단한 문단 선배님이시도 하다. 소설가로서, 영화평론가로서의 교수님도 늘 존경하는 마음이고 여러 인연으로 가까이에서 뵙거나 모시게 되어 교수님의 열정과 추진력에 많은 것을 배울 수 있었던 것이 감사하다는 생각을 한다. 열정을 가진 삶이란 어떤 것인가를 느끼게 해주셨고 문학과 학문에 대한 성찰의 깊이와 끝없이 도전하는 모습에 많은 것을 생각하게 되었다. 늘 따뜻한 말씀과 격려를 해주시고 노력을 인정해주시며 더 나아갈 수 있도록 힘을 주셨다. 교수님을 소장님으로 모시고 연구교수로 근무하는 동안 내가 얻은 가장 큰 선물이 있다면 다른 어떤 학문적 성취. 성장보다도, 자기 자신에 대한 믿음과 밤하늘에 지도를 그려주는 별처럼 어둠 속에서도 바라보며 걸을 수 있

는 목표였다. 교육자로서, 문학자로서, 연구자로서 나는 이제 묵묵히 오랫동안 지치지 않고 걸어갈 수 있을 것 같다.

　문학은 기다림이다. 글을 쓰는 사람은 늘 어떤 순간을 기다린다. 기다림과 고요, 그리고 비밀 속에서 그 순간은 불현듯 돋아나며, 글 쓰는 이는 그것을 보기 위해 허공을 조용히 응시하고 있다. 덧없음과 영원함 사이에서 포착되는 그 어느 빛나고 날카로운 순간을 존 버거는 '시의 한때'라고 불렀고 황현산은 '시적 시간'이라고 불렀다. 문학 연구자이자 창작자로서 나는 이제 그 순간을 기다릴 수 있는 인내심을 얻게 된 것 같다. 그 기다림과 인내 자체가 열정이라는 사실을 나는 연구소에 근무하며 다시금 배웠다. 삶의 새로운 시작을 다시 맞게 되신 교수님께서 앞으로도 나아가실 수많은 도전의 길이 눈앞에 그려지는 것만 같다. 그 작은 일부라도 함께 할 수 있기를 바랄 뿐이다. 진심으로 늘 평안하시고 건강하시길 바라는 마음을 담는다.

　이 책에서 내가 다룬 부분은 전숙희의 1950년대 미국 기행이다. 전숙희는 1955~1956년 사이 약 1년간의 미국 여행을 통해 미국의 문화, 문명을 보고 돌아와 기행산문집 이국의 정서(1956)를 출간했다. 50년대 여성에 대한 스테레오타입을 고려할 때 당시 해외에서 여성이 자유로운 이동, 정해진 동선과 일정을 벗어나 자신이 원하는 대로 모험에 가까운 것까지 도전하는 것은 그 자체로 전형적 여성상을 넘어서는 일이었다. 전숙희의 여행을 통해 1950년대 미국을 경험하는 기회가 될 수 있을 것이다. (김지윤)

그 만남의 시작이 언제인지 구체적인 시간과 공간은 기억에 없다. 그럼에도 청파 교정에서 국문학을 공부하며 동학의 길을 가는 동문으로 만난 인연이 어느덧 사십여 년의 세월이 흘렀으니, 축적의 시간 앞에 겸허해진다.

가끔 소식을 접하며, 선배의 열정적이고 성실한 삶의 자세에 놀라기도 하고, 애써 결실한 귀한 열매에 탄복하기도 했다. 학문의 영역에서나 창작의 길에서, 대중과 소통하는 영화 관련 일들에서 선배는 늘 아름다운 이름으로 빛나고 있었다. 그 뒤안길에서 작은 인연의 그물코로 엮인 나는 더러는 선배의 열심에 코가 꿰어 무심으로 따라가다 부족하나마 몇 번의 일을 이룬 적이 있다.

이제 은퇴를 맞으시니 또 어떤 멋진 일들을 품고 있을지 자못 궁금해진다. 그 한 자리에 나 또한 곱게 쌓은 인연으로 참여할 수 있다면 나의 노년도 선배처럼 아름다워질까~

신의 사랑을 많이 받은 만큼 더 많이 나누는 삶이 되길 기도하며 선배의 새날을 축하하며 더욱 건강하시길, 축복을 담아 전한다.

이 글은 영화 〈바그다드 카페〉에 관한 것이다. 80년대 대표적인 페미니즘 영화이자 여성 버디 무비인 〈바그다드 카페〉는 두 중년 여성의 삶의 고통과 기쁨을 보여준다. 인종과 성차, 민족의 차이를 넘어 여성이 서로의 아픔에 공감하고 이해하며 더 나은 삶으로 나아가는 여정이 사막 한가운데서 펼쳐진다. 두 여성에게 '바그다드 카페'는 익숙한 환경과 남편의 억압에서 벗어나 홀로 서야 하는 고독한 공간이다. '버려진 존재'로서의 여성이 자신과 만나는 치열한 삶의 공간이며, 딛고 일어서야 하는 상징적 장소이다. 사막의 오아시스처럼 '바그

다드 카페'는 여성의 내면에 숨겨진 진정한 여성성과 여성의 연대의
식, 주체적 자존감을 회복하는 신비로운 장소이기도 하다. 그곳을 향
해 우리도 함께 여행을 떠나 잠시 그곳에 머물며 '나'와 '우리'를 돌아
보고자 한다.

자, 이제 저 멀리 캘리포니아 모하비 사막 한가운데로 힐링 여행
을 떠나보자. (최재선)

어느 날 문득 선배님들의 스터디 모임에 참여한 세월이 10여 년
이 넘었다. 학교, 나이, 세대, 전공을 초월한 '비평숲길'에서 만난 황영
미 선생님의 무결석의 성실함과 겸손함을 많이 배웠다. 한 달에 한 번
씩 만나면서 레비나스, 칸트, 아감벤, 니체, 스피노자, 들뢰즈 철학이
론을 발제하고 토론하면서 학문적으로 인간적으로 깊은 신뢰를 갖게
되었다. 벌써 퇴임을 맞이하신다니 지나간 시간들이 새록새록 기억나
고 소중하다. 진심으로 황 선배님의 퇴직을 함께 축하하고 기뻐하며
방대한 연구업적을 남기신 모습을 닮고자 한다.

윤후명 여행판타지 글은 학술지에 발표한 논문으로, 내가 소속해
있는 강릉원주대 인문대 캠퍼스가 있는 강릉 출신 작가이기에 선택했
다. 그는 전국 전세계를 여행하고 방황하며 현대인의 자아탐색을 주
제의식으로 삼고 있기에 여행모티프를 지닌 여행소설의 대표적인 작
가이다. 아무쪼록 윤후명 소설을 통해 문향과 예향의 도시인 강릉의
아름다움과 여유로움이 널리 전파되길 바라본다. (이미림)

아무런 연고 없이 문학을 연구해보겠다고 사천 시골에서 덜컥 서울로 올라왔을 때 의지할 데라곤 숙대 대학원 선배들밖에 없었다. 외롭고 두려운 학문의 길에서 황영미 선배는 찬물 같은 존재였다. 나는 종종 학문을 비빔국수에 비유하곤 하는데, 각종 야채와 양념으로 잘 비벼 후루룩 먹고 나면 허기진 배가 금방 채워지는 비빔국수와 같이, 학문 또한 보고 듣고 찾아 읽은 많은 자료를 잘 숙성된 방법론으로 버무려서 대중의 허기진 지식을 단박에 채워주어야 하기 때문이다. 개인적으로 그런 국수의 맛을 좌우하는 건 찬물에 있다고 생각한다. 팔팔 끓는 면을 재빨리 찬물로 헹궈줘야 다 먹을 때까지 퍼지지 않고 쫄깃한 면발의 맛을 느낄 수 있다. 황영미 선배는 내가 학문의 길에서 지치고 느슨해지려 할 때마다 찬물을 끼얹어 나를 다시 긴장하게 만들어주신 분이다. 뭐라도 다시 시작할 수 있게 좋은 정보가 있으면 알려주시고, 같은 강북구에 살고 있어서 강북자매라는 이름으로 모임을 만들어 좋은 계절이 오면 같이 둘레길을 걷기도 한다. 늘 숙대 선배로서 모범을 보여주시고 후학 양성에 정진하시며, 활발한 대외활동과 집필로 많은 매체에 등장하시니 뵐 때마다 항상 자랑스럽고 든든하다. 선배의 건강한 활동과 정신은 우리로 하여금 늘 깨어있으라는 가르침이었고, 지치거나 포기하지 말고 단단하게 학문의 길로 나아가라는 응원이었다. 그 가르침과 응원 덕분에 이 책에 한 편의 글을 실을 수 있는 영광을 얻었다.

　　「바다와 시가 있는 곳, 박재삼 문학관」은 박재삼 시인의 고향이면서 필자의 고향이기도 한 경남 사천에 있는 박재삼 문학관을 소개하는 글이다. 경남 사천시 박재삼길 27번지 노산공원에 위치한 박재삼 문학관은 시인의 연보를 비롯해 그가 시를 시작하게 된 동기와 소박하고 정 많은 시인의 성품과 다양한 인간관계 등의 생활상을 엿볼 수 있는 여러 증거 자료를 한자리에 모아 둔 곳이므로 박재삼의 삶과 시를 이해할 수 있는 거점이 되는 공간이다. 필자는 이 글에서 박재삼 문학관을 자세히 소개하고, 경남 사천의 풍경과 그곳에서의 삶의 경험이 녹아있는 박재삼의 대표시를 다시 읽어봄으로써 박재삼 시의 근원을 이해하는 계기를 마련하고자 했다. 부디 독자의 발길이 아름다운 경남 사천의 바다와 박재삼의 시가 있는 곳, 박재삼 문학관에 와닿아 지친 일상이 달래지도록 자연과 시의 품에 안겼다 가길 바란다.

(이현정)

황영미 선배님은 늘 잰걸음으로 바삐 걸어 다니는 모습이 인상적인 분이다. 뛰는 듯 걷는 모습으로 '안녕~'하고 인사를 건네시곤 다시 바람처럼 지나가신다. 그 와중에도 '잘 지내'라는 말씀도 잊지 않으시고, 큰아이부터 막내까지 안부를 챙기신다. 늘 그렇게 바쁜 와중에도 세미나를 주관하시고, 영화 관련 활동도 왕성하게 하시는 모습 때문에 후배들 사이에서는 열정이 넘치시는 에너자이저로 통한다. 황영미 선배님은 남보다 늦은 나이에 공부를 시작하셨지만 나이 어린 후배들과 어울려 학문을 이야기하고 독려하며 함께 성장할 수 있도록 이끌어주셨다. 그리고 살림과 공부를 병행해야 하는 후배들에게는 끝까지 포기하지 말고 제 갈 길을 가야 한다고 조언해 주셨다. 그렇게 함께 해 온 시간들이 이렇게 작지만 뜻깊은 결실로 맺어지게 되어 기쁘

고 영광스럽다. 제2의 인생을 새롭게 시작하시는 선배님이 늘 건강하시고 오래도록 지금처럼 후배들에게 본이 되어 주시길 기도한다.

박경리의 『토지』는 하동과 섬진강, 지리산자락에서부터 경성, 연해주, 만주, 일본에 이르기까지 광활한 지역을 공간적 배경으로 삼고 있다. 특히 이야기의 시작과 끝이 펼쳐지는 하동은 대한민국의 알프스라 불리며 빼어난 경치를 자랑한다. 전라도와 경상도를 가로지르는 섬진강을 따라가다 보면 멀리 지리산과 너른 들판에 마음이 저절로 평화로워지는 하동에 도착한다. 길을 따라 양편 언덕배기 차밭은 하동이 명차(名茶)의 고장이라는 사실을 일깨워주고, 드라마 〈토지〉의 세트장이었던 최참판댁은 문학 속 인물들을 현실로 소환한다. 마치 최서희와 김길상, 용이와 월선이, 윤씨마님이 아직 그곳에 살고 있을 것만 같은 기분이 들고 최참판댁 앞마당에서 내려다보면 악양 들판의 반듯한 논과 논 한가운데 서 있는 부부송(松)이 그림처럼 펼쳐져 있다. 화개장터에서 쌍계사에 이르는 길은 봄엔 벚꽃이, 여름엔 녹음이, 가을엔 단풍이, 겨울엔 소복히 쌓인 흰 눈이 천년고찰의 운치를 더해준다. 시간적 여유가 있다면 지리산 기념관까지 가보길 권한다. 지리산 화전민의 삶과 공비들의 이야기까지 역사적 사실이 어떻게 서사화 되는지 그 근원을 발견할 수 있을 것이다. 폐까지 깨끗해지는 달고 시원한 공기는 덤이다. (장미영)

차례

1부
유럽

〈향수〉 영화 촬영지 바르셀로나 기행: 소설과 영화 〈향수〉*

황영미(숙명여자대학교)

1. 소설과 영화 〈향수〉

문학과 영화는 같은 서사장르여서 화법만 다를 뿐 이야기를 타자에게 전달한다는 의미에서는 같다고 볼 수 있다. 그래서 많은 감독들은 영화화할 만한 좋은 이야기를 소설에서 찾곤 한다. 한 사람이 직접 경험할 수 있는 범위가 한정되어 있기에 간접체험이 필요하다. 어쩌면 감독들에게는 삶에 대한 통찰이 담겨 있는 문학을 바탕으로 영화를 만드는 것이 자신이 직접 경험하고 성찰한 후에 영화를 만드는 것보다 훨씬 용이하고 다양하게 영화를 만드는 방법일 수 있다. 또한 감

---

* 이 글은 2022년 숙명여대 교양교육연구소가 용산구청의 위탁교육을 수주받아 진행된 "용산 YES 아카데미" 강의록을 글로 푼 것이다.

독들은 본능적으로 문학이 지닌 이야기의 힘에 매료되기 때문이기도 할 것이다. 이때 문학은 문화콘텐츠로서 역할을 한다. 원작의 영화화는 작가의 세계관이 감독에 의해 한번 더 굴절되고 해석되어 재창조되는 과정을 거침으로써 완성된다.

필자도 소설로 먼저 읽었던 내용이 영화화 되어 다시 만난 적이 적지 않은데, 이때 감독 입장에서 소설에서 무엇을 취하고 무엇을 버려야 했을까에 대해 생각해 보곤 한다. 소설이 영화화되었을 때, 별 볼일 없는 소설이 멋진 영화로 탄생하게 되었다는 평은 별반 들어보지 못했다. 대신 좋은 원작소설이 영화화되었을 경우 원작의 어떤 점을 영화적으로 잘 살렸다는 경우보다 원작이 주는 감동보다 못하다고 실망하게 되는 경우가 많다. 이는 장르적 특성을 고려하지 않고 비교해서 그런 경우도 있지만, 그만큼 소설이 지니고 있는 깊이를 영화의 화법으로 풀어내기가 쉽지 않은 데서 비롯될 것이다. 그 이유는 다양한 요소가 있겠지만 영화라는 2시간 내외의 러닝타임이 가지고 있는 시간적 제약도 한 몫을 한다.

원작이 있는 영화가 특색을 잘 살려 특별한 영화적 감흥을 관객에게 주는 몇 안 되는 영화 중에 톰 튀크베어 감독의 〈향수: 어느 살인자의 이야기〉(2007)가 있다. 톰 튀크베어는 〈롤라 런〉(1998)이라는 영화에서 속도감 있는 편집과 독특한 구성으로 독창력을 선보인 바 있다. 이 영화는 롤라의 매순간의 선택이 그녀의 운명으로 연결되어 돌이킬 수없는 결과를 남기지만, 다시 과거 아침 시점으로 되돌아가 다른 선택을 하게 되어 운명이 바뀌는 구성으로 되어 있다. 이 과정이 무려 세 번이나 진행된다. 세 번이나 변주되는 이 과정 속에서 관객들은 삶에서 매 순간의 선택이 운명적이라는 것을 새삼 재확인하게 된다. 애니메이션, 실사, 삽입장면 등 다양한 영화적 시도를 하여 운명이라는 무거운 주제를 가벼우면서도 의미 있게 전달하는 영화다. 톰 튀크베어는 이처럼 삶의 철학적 측면을 독특한 비주얼과 이야기 구성을 통해 자신만의 세계로 연출하는 감독이다.

1985년 출간되어 전 세계 45개 언어로 번역되어 1,500만 부 이상이 판매된 파트리크 쥐스킨트의 『향수: 어느 살인자의 이야기』는 18세기 프랑스의 모습을 상징적이면서도 충격적으로 그린 작품으로 그르누이라는 불행한 천재가 불후의 향수를 생산하는 과정과 결과를 내용으로 하고 있다. 냄새의 천재지만 정작 자신은 냄새를 지니지 못한 주인공 그르누이를 통해 냄새라는 후각의 영역이 이성과 지성의 영역을 능가할 수 있음을 보여주는 매력적인 소설이다. 이에 많은 감독과 제작자들이 이 소설을 영화화하고자 했지만 쥐스킨트는 단호히 거절했다고 한다. 그러나 톰 튀크베어에게는 허락하여 영화화될 수 있었다.

2시간 동안의 러닝타임 동안 장편소설이 원작인 경우, 원작의 모든 것을 담기란 불가능하다. 탐 튀크베어는 원작이 아무리 마음에 들더라도 원작의 어떤 점을 살릴 것인가를 선택해야 했을 것이다. 소설은 상당히 여러 군데에서 이성 중심의 근대적 사고를 비판하고 있다. 그렇지만 이러한 인문학적 사고는 영화에 담아내기에 어려운 철학적 개념이다. 이는 영화라는 장르가 이성이나 지성보다는 비주얼적인 이미지를 통한 감성과 심리에 초점 맞출 수밖에 없는 속성을 지니고 있어서일 수도 있다. 왜냐하면 소설 속에 담겨 있는 감성이나 심리는 장면화할 수 있지만, 이성과 지성의 영역에서 이루어지는 내용을 대사로 처리할 수는 있어도 장면화하기는 어렵기 때문이다. 그렇다고 해서 장면화하기 불가능한 것은 아니다. 영화 중에는 롱테이크 기법을 활용하여 철학적 사유를 유도하는 영화도 있다. 문제는 톰 튀크베어가 이 원작에서 무엇을 취하고 무엇을 버리고자 했으며 그 의도와 목적은 무엇인가를 살펴보는 일일 것이다. 톰 튀크베어는 『향수: 어느 살인자의 이야기』에서 그르누이라는 캐릭터가 지니고 있는 독특한 조건과 성정, 욕망이 중요했고, 아름다운 여성을 죽여서 향수를 만드는 과정에서 불러일으키는 긴장감을 관객과 함께 나누어야 한다고 생각했던 것으로 보인다. 즉 그르누이가 왜 향수를 만들고자 했으며, 왜 살인을 해서까지 인간을 지배할 수 있는 최고의 향수를 만들고자 했는가는 그다지 중요하지 않은 것으로 판단한 듯하다. 톰 튀크베어는 이 영화의 장르를 스릴러로 정하고 내면적 존재의 정체성보다는 그로테스크한 분위기에서 벌어지는 독특한 캐릭터의 살인 행각과 종교인과 대중들의 속성 등 다소 사회비판적 내용을 영화에 담아내고자 한 것으로 보인다.

2. 감독이 원작의 내용에서 배제한 부분

장편 소설을 영화화하는 경우 원작의 많은 에피소드를 선택적으로 취할 수밖에 없고 원작에 담겨 있는 깊이 있는 사유를 담아내는 방식이 다르며, 또한 영화라는 대중예술 장르의 특성상 철학적 사유를 반드시 그대로 살려내야 하는 것은 아니라고 할 수 있다. 그것은 감독이 취사선택할 부분이 되는 것이다. 이 영화에서 원작의 내용을 그대로 살리기 어려운 부분 중 하나가 작가 쥐스킨트가 왜 하필 냄새의 영역에 관한 이야기를 하는가이다. 쥐스킨트가 냄새의 영역에 관한 이야기를 하는 이유는 소설의 시대배경과 밀접한 관련이 있다. 소설의 주인공인 그르누이는 1738년 태어난다. 이는 근대가 시작되는 18세기이다. 18세기는 바로 "나는 생각한다. 고로 존재한다."라는 데카르트의 코기토에서 규정하는 '생각하는 존재로서 인간관'이 뿌리를 내리던 시기이다. 즉 18세기부터 감성적 존재로서보다는 이성적 존재로서의 인간의 면모를 중시하는 코기토적 인간관이 자리잡게 된다. 데카르트는 인간의 감성이나 감각은 믿을 것이 못 된다고 주장한다. 감각은 우리의 인식과 이성을 속인다고 보고, 감각으로 인식하는 것이 얼마나 어리석은 결과를 낳는지를 그의 저서에서 논증하고 있다.

사실 오늘날 현대인들 역시 근대적 사고의 영향 아래에 놓여 있으며 여전히 이성중심주의에서 벗어나지 못하는 면이 있다. IQ는 중요한 데이터로 다루면서 EQ에 대해서는 별반 중요하게 여기지 않는다는 것이 이를 반증한다. 상당부분 근대에 빚지고 있는 현대의 바람직한 방향은 어떻게 모색될 수 있는가. 이는 근대를 반성하고 비판함으로써 모색될 수 있을 것이다. 쥐스킨트가 근대를 비판하는 생각들을 기반으로 소설을 썼으리라 짐작하기 어렵지 않다. 코기토에 대한 반성적 시각이 소설 곳곳에서 드러나기 때문이다.

살롱에서는 오로지 혜성의 궤도, 탐험대, 지렛대의 사용, 뉴튼,

운하건설, 혹은 혈액순환이나 지구의 직경 따위에 대한 잡담만이 있을 뿐이다. 심지어 왕까지도 새로 유행되는 이 미친 짓거리에 이끌려 다니고 있다. 즉, 왕은 인공적인 천둥이라고 할 수 있는 전기에 심취되어 있었다. 궁전 전체를 보면 한 사람이 어떤 병을 문지르고 거기서 불꽃이 생기는 모습을 왕이 깊은 감명을 받은 표정으로 지켜 보고 있다. 발디니가 그의 축복스러운 통치기간 동안에 오랜 세월 동안 행복을 누리며 살았던 진짜 위대한 루드비히 대왕이었다면 자신의 궁정에서 그와 같이 우스꽝스러운 일이 눈앞에서 벌어지도록 내버려두지는 않을 것이다! 그것이 새 시대의 정신이다. 모든 것은 다 비참한 결말을 맞을 것이다. (중략) 마침내 사람들은 신과 같은 위치까지 자신을 끌어올렸고, 전지전능한 신을 없어도 되는 것쯤으로 간주하고 있다. 그러고는 아주 진지하게 지상의 질서와 예절과 행복은 그분이 없어도 가능하며 단지 인간이 타고난 도덕성과 이성 자체에서 나온다고…[1]

위의 지문에서 볼 때 발디니는 근대 과학의 산물에 기반을 둔 새 시대의 정신, 즉 인간이 타고난 도덕성과 이성을 중심으로 세계 질서를 보는 것에 대해 상당히 비판적 시각을 지니고 있다. 물론 발디니는 긍정적 인물이 아니며 작가의 관념과 일치한다고 보기는 어렵다. 발디니는 중세의 신 중심적 사고에 함몰되어 있는 시대에 뒤처지는 인

---

1 쥐스킨트, 『향수: 어느 살인자의 이야기』, 강명순 역, 열린책들, 1991, 91-92쪽.

물이다. 쥐스킨트는 발디니의 시대착오적 오류를 통해 새 시대라는 이름의 근대 또한 비참한 결말을 맞을 것이라는 비판을 하고 있다. 그러므로 발디니의 입을 통한 근대적 현상이나 산물에 대한 저주는 작가의 관념이 투영된 것이라고 볼 수 있다.

즉 쥐스킨트는 이성 중심의 근대가 배제해 버린 감각이라는 영역이 이성의 영역을 능가할 수 있다는 것을 이 소설에서 그르누이라는 주인공을 통해 구현하고자 한 것이다. 보고 듣고 말하는 눈과 귀와 입은 이성의 영역과 관련이 없지 않다. 왜냐하면 보는 것은 보는 사람의 인식대로 왜곡되어 보일 수 있고, 같은 말을 듣더라도 누가 듣느냐에 따라 다르게 해석될 수 있다. 말 역시 하는 사람의 인식과 입장으로 윤색된다. 그러나 '냄새'의 영역은 인식과 이성의 영역이 지배할 수 없는 오로지 감각의 영역에서 소통되는 작업이다. 이에 쥐스킨트는 냄새라는 감각의 영역이 이성의 영역을 지배하는 이야기로 데카르트의 코기토를 보기 좋게 넘어뜨린 것이다.

사람들이란 위대한 것, 끔찍한 것, 아름다운 것 앞에서도 눈을 감을 수 있고, 달콤한 멜로디나 유혹의 말에도 귀를 막을 수가 있다. 그러나 결코 냄새로부터 벗어날 수는 없는 일이다. 왜냐하면 냄새는 호흡의 형제이기 때문이다. 살기를 원하는 사람이라면 냄새가 그 형제와 함께 그들 사이에 나타날 때 그걸 막을 수가 없는 법이다.[2]

—— 2   위의 책, 236쪽.

쥐스킨트는 냄새의 영역은 숨을 쉬고 있는 한 인간의 힘으로 조절할 수 없는 것이라는 점을 강조하면서 냄새라는 감각이 이성을 넘어서는 것을 상징적으로 소설에서 그리고 있다. 이러한 작가의 직관을 바탕으로 한 개념은 글로는 표현될 수 있지만, 영상으로는 전달되기 어렵다.

또한 이 소설에서 근대과학문명에 대한 비판은 '치명적 유동체설'이라는 생물학적인 개념과 관련된 에피소드로도 나타난다. 소설 속 도시의 영주인 라 타이아드 에스피냐스 후작이라는 인물은 다양한 근대적 새 분야를 연구하는 학자로서 '젖을 얻을 수 있는 꽃'을 만들려는 생물학적 연구를 하는 사람이다. 그의 이론은 '치명적 유동체'라는 것이 땅에서 나오기 때문에 생명체는 죽음을 맞이하게 되고 마침내 독가스로 변화된다는 주장이다. 후작은 사람들에게 이 말도 안 되는 이론으로 인간의 성장과 소멸을 설명하는데 이는 근대과학적 사고의 오류를 상징하는 것이다.

> 19세기까지도 타이아드의 유동체 이론은 의학 수업에서 거론되었으며 수많은 비밀 협회에서 그것을 치료에 응용하기도 하였다. 오늘날까지도 여전히 피레네 산맥의 양쪽 지방인 페르피냐과 피귀라스에서는 은밀한 타이아드 결사대가 있어서 일 년에 한 번씩 그들은 카니구 봉에 올라가기 위해 만난다.[3]

―― 3   위의 책, 246쪽.

말도 안 되는 타이아드의 유동체 이론이 19세기까지도 영향을 끼쳤다는 작가의 근대 비판의식은 2시간 남짓한 러닝타임으로 표현되기 어려운 부분이다. 감독은 오히려 다른 쪽에 초점을 두고 이 부분을 드러내지 않았을 것이다. 그래서 영화 속에서는 근대비판이라는 시대적이며 인문학적 내용보다는 그르누이라는 캐릭터의 개인적 특성과 욕망에 초점 맞췄을 것으로 짐작된다.

또한 영화에서는 그르누이라는 캐릭터를 잘 살리고는 있지만, 그르누이의 존재의 정체성 확인에 관한 부분은 영화화하지 않고 있다. 냄새에 관한 한 누구보다 강한 욕망과 특별한 재능을 지닌 그르누이는 향수 제조기능인이 되고자 했으며, 그 목표를 이루게 된다. 세상 누구보다도 예민한 코로 어떤 향수제조자도 능가하는 향수를 만들 수 있었다. 그러나 그는 진정한 향수 제조기능인이 되기 위한 전초전으로 고독을 선택하게 된다. 아무도 없는 산속 동굴 생활에서 그르누이는 자신의 몸에 냄새가 없다는 것을 알게 된다. 결핍은 인간의 욕망을 가중시킨다. 이 소설에서 냄새는 정체성을 의미한다. 냄새가 없는 그르누이는 자신의 정체성을 삭제당한 존재이다. 자신의 냄새, 즉 정체성을 삭제당한 채 살아가던 그르누이기에 냄새에 대한 집착이 다른 사람들보다 강해지는 것은 당연한 이치이다. 소설에서 상당히 긴 부분으로 묘사되어 있는 동굴부분이 영화에서는 자신의 냄새가 없다는 것을 확인하는 몇 장면만으로 대체되었다. 이는 영화에서는 존재의 정체성보다는 향수의 제조과정과 살인사건의 진행에 무게를 두고 있었기 때문이다.

그르누이는 진정한 향수제조기능인이 되는 1단계로 자신에게는 없는 인간의 냄새를 만들어야 했다. 즉 자신의 정체성을 냄새로 찾아야 했다. 인간의 정체성이라는 철학적 부분은 영화가 원작에서 취하기 어려운 부분이다. 영화는 설명적이어서는 안 되지만 그러기 위해 그는 우선 어두운 세계에서 고약한 냄새를 만들기 시작했다.

> 뒤뜰로 향하는 문지방 너머에 아직 얼마 안 된 것 같은 고양이 똥이 있었다. 그는 그걸 반 스푼 정도 떠내서 식초 몇 방울, 소금 등과 함께 플라스크에 넣었다. 또 작업용 탁자 밑에서 뤼넬이 식사 때 흘린 것으로 보이는 엄지손가락 손톱 크기 정도의 치즈를 찾아냈다. 벌써 상당히 오래된 것이라서 빨기 시작하자마자 쏘는 듯한 역겨운 냄새가 났다.[4]

그르누이는 이와 같은 역겨운 냄새에 페퍼민트와 라벤더 같은 향기층을 만들어 이 둘을 섞어 인간의 냄새를 만드는 데 성공했다. 이는 쥐스킨트가 인간의 정체성을 무엇으로 보는가를 여실히 보여주는 것이다. 안에는 역겨운 것으로 채워져 있지만 향기층으로 포장된 것이 바로 인간이라는 것이다. 바로 이러한 부분은 영화에서는 다뤄지지 않는다. 인간의 정체성이라는 것은 비주얼로 보여 주기 상당히 힘든 추상적인 개념인 것이다.

첫 번째 단계로 자신에게는 없는 인간의 냄새를 획득한 그르누이

---

4   위의 책, 228쪽.

는 더 나아가 이제 인간을 지배할 향수를 만들고자 한다.

> 인간의 가슴 속을 뚫고 들어간 냄새는 거기서 애정과 무시, 혐
> 오와 애착, 사랑과 증오의 범주에 따라 나누어진다. 냄새를 지배하
> 는 자, 바로 그가 인간의 마음도 지배하게 되는 것이다. (중략) 인간
> 을 지배해야겠다는 계획을 세웠을 때 그는 흥분하지 않았다.(중략)
> 그는 자신이 도대체 왜 그런 일을 원하게 되었는지 자문해 보았다.
> 그것은 자신의 마음이 철저하게 사악하기 때문이라고 스스로에게
> 대답해 주었다.[5]

그르누이가 사악한 마음으로 인간을 지배하고자 한다는 것을 영
상으로 나타내기는 어려울 것이다. 감독은 신이나 인간의 관계, 사악
함 같은 것은 영화 속에서 드러내지 않는다. 단지 영화에서는 그르누
이가 최고의 향수를 만들기 위해 아름다운 여성을 죽이기 시작하는
과정만 드러낸다. 그르누이가 도시에 와서 우연히 본 자두를 파는 아
름다운 소녀의 향기에 끌려 그녀 곁으로 다가갔고, 그가 다가온 것을
뒤늦게 발견한 그녀가 소리를 지르자 그의 입을 막았다. 단지 너무 강
하게 입을 막았을 뿐인데 그녀가 질식사하고 만다. 그는 그녀와 사랑
을 어떻게 나누어야 할지 몰랐다. 단지 그녀의 냄새를 기억하기 위해
코로 그녀의 온 몸을 킁킁거리며 냄새를 맡아갔다. 그가 아름다운 여

---

5   위의 책, 236쪽.

성을 죽여 향수를 만드는 것 자체가 그녀들의 향기를 영원히 보존하고자 하는 비정상적인 사랑의 행위다. 이 과정 자체가 스릴러로서 충분히 자극적이고 독특한 느낌과 의미를 관객에게 전달해 줄 수 있다.

이 외에도 사형집행을 하는 광장에서 그르누이가 뿌린 향기에 취해 모든 사람들이 환락의 향연에 빠져 있을 때 그루누이의 태도에서 영화와 소설은 차이가 드러난다.

실제로 그의 입술에 떠오른 것은 미소가 아니라 불쾌하고 냉소적인 비웃음이었다. 그것은 그 자신의 완전한 승리와 완전한 경멸을 보여주는 것이었었다. 장 바티스트 그르누이. 세상에서 가장 악취가 심한 곳에서 아무 냄새도 못 갖고 태어났으며, 쓰레기와 배설물, 그리고 부패를 먹고 사랑도 받지 못하고 성장해서, 따뜻한 인간적 영혼도 없이 단지 반항심과 역겨움의 힘으로 살아가고 있는, 작고 구부정하고 절름발이에다 추한 얼굴, 보기만 해도 도망가고 싶어지는 사람. 외모와 마찬가지로 내면 역시 괴물이 그가 세상에서 가장 사랑받는 일에 성공한 것이다. 사랑받는다는 것이 무슨 뜻인가? 사랑받고, 존경받고, 신격화된다는 것! (중략) 그런데, 바로 그 순간 인간에 대한 모든 역겨움이 그의 내면에서 되살아나면서 그의 승리를 철저하게 무너 뜨러 버렸다. 그는 기쁨은 말할 것도 없고 만족감조차도 느낄 수가 없었다. 그가 항상 갈망해 왔던 것, 사람들이 자신을 사랑하도록 만드는 일이 성공한 그 순간에 그는 견딜 수가 없었다. 그 자신은 그들을 사랑하지 않고 증오하고 있었기

때문이다.[6]

　소설에서 그르누이 내면의 가장 강렬한 욕망은 자신의 정체성에
대한 고민이며 확인이다. 그러나 영화에서 감독은 그르누이에게 가장
결핍감을 주는 것은 자신의 비정상적이며 독특한 환경과 성장과정으
로 인한 비정상적인 애정욕망으로 해석했다. 즉 마레 거리에서 오이
를 다듬는 처녀의 순수한 냄새에 처음으로 끌려 그녀에게 다가갔을
때, '이 향기를 소유하지 못하면 자신의 인생은 아무 의미도 없다는
것을 확신하게 되었다'는 지문은 그에게는 사랑이라는 의미보다는 자
신의 정체성과 삶의 의미로 향기를 탐하게 되었다는 것으로 설정되어
있다. 그러나 영화에서는 이 모든 것을 그르누이의 사랑이나 성적 욕
망과 연결시켰다. 그래서 광장에서의 환락의 향연 때 자신이 함께 나
누지 못했던, 마레 거리의 오이 다듬는 처녀와의 정사를 떠올렸고, 그
것이 이루어지지 못한 것에 대한 슬픔으로 눈물을 흘리게 된다. 아름
다운 여인을 죽여서 향기로 그녀들을 남기는 살인행각을 벌이는 계기
가 그르누이가 사랑을 간직하는 방식으로 설정된다는 것이다. 그리하
여 아름다운 여인들이 머리카락을 모두 잘린 채 나체의 시신으로 발
견되는 살인사건이 25건이나 연이어 발생하게 되는 스릴러의 면모를
강화하게 된다.

─── 6　위의 책, 358쪽.

3. 감독이 원작에서 취한 부분

쥐스킨트는 이 소설에서 목표를 이룬 사람들은 모두 죽거나 파멸하는 아이러니를 드러내고 있다. 어린 그르누이(벤 위쇼)를 키우던 가이아 부인은 그르누이가 벽 넘어 있는 것까지 냄새로 알아내자 자신이 숨긴 돈까지 안전하지 않다는 불안감을 느낀다. 그래서 어린 일꾼을 혹사시키는 것으로 이름나 있는 가죽가공업 무두장이인 그리말에게 몇 푼의 돈을 받고 그루누이를 팔아버린다. 소설에서는 그녀가 그리도 애지중지하던 돈이 프랑스 혁명이라는 사회적 변혁기를 맞아 화폐 가치가 땅에 떨어지게 되고, 늙고 병이 들자 가난해진 그녀가 죽어도 가기 싫어하던 시립병원에서 비참하게 생을 마감한 것으로 묘사되어 있다. 그러나 영화에서는 그리말에게 받은 돈을 가지고 걸어갈 때 강도가 나타나 그녀를 죽이고 돈을 빼앗아 가는 것으로 그린다. 그녀가 늙어 죽는다는 긴 생을 말로 풀어내는 것보다 현재 상황 속에서 주제를 풀어내는 것이 더 적절하다고 여겼기 때문일 것이다. 그러나 어떻게 죽든 비참한 결말을 맞게 된다는 점은 마찬가지라고 볼 수 있다.

또한 발디니(더스틴 호프만)는 그르누이에게서 향수의 비밀을 모두 알아내어 600개의 제조법을 공책에 기록한 후 그르누이를 떠나보냈다. 그리고 행복감에 젖어 잠이 들었을 때, 다리 위에 지어진 그 집만이 지반이 약해져 무너져 내린다. 그에게 유산 상속을 받을 것을 기대한 다른 도제 셰니에 역시 아무 것도 남아 있지 않게 된다. 이 역시 모든 것을 얻었다고 생각하는 순간에 파멸이 기다리고 있다는 아이러닉한 마감이다. 영화에서는 이를 그대로 취하여 작가의 아이러니한 세계관을 드러내고 있다.

이 외에 그르누이 역시 아이러니한 운명의 틀에서 벗어나지 못한다. 그르누이는 인간의 마음을 지배하는 향수를 완성하고 사형장의 곤경에서 빠져나와 결국은 자신이 태어났던 곳으로 돌아가서 온 몸에 향수를 뿌리게 된다. 이후 가난한 사람들이 미친 듯이 그에게로 달려들며 그를 존경하며 그를 가지고자 하고, 심지어 그를 먹기까지 해서 그의 존재는 연기처럼 사라진다. 모든 인물들이 자신의 욕망을 달성한 다음에는 비참한 최후나 파멸을 맞게 하는 작가의 세계관은 감독이 영화 속에서 그대로 재현한 부분이다.

4. 영화적 특성

장편 소설을 영화화했을 때, 배경이나 분위기 설명이 필요한 부분은 보이스 오버 내레이션이 들어가게 된다. 이 영화 역시 길지는 않지만 자연스럽게 몇 군데 보이스 오버 내레이션을 삽입함으로써 장면만으로 설명이 어려울 때 적절히 사용하고 있다.

또한 이 영화에서는 상당히 클로즈 업이 많다. 심지어 첫 장면에서 그르누이의 코를 익스트림 클로즈업을 시켜 냄새에 관한 이야기임을 강조한다. 그리고 이 영화는 냄새라는 감각의 영역을 다루는 영화이기 때문에, 그르누이의 예민한 느낌을 카메라가 따라가면서 클로즈 업 시킨 장면이 많다. 그럼으로써 스릴러로서의 긴장감을 배가시킨다. 특히 로라의 가족이 도주했을 때, 로라를 추적하는 그르누이의 예민한 코를 좇아가는 화면은 박진감 있는 편집으로 빠르게 장면전환된다.

또한 소설은 그르누이의 탄생에서부터 시작되지만 영화는 그르누이가 감옥에서 쇠사슬에 묶인 채 사람들이 많은 광장으로 끌려나오는 충격적인 장면으로부터 시작된다. 이는 이 영화가 스릴러로서의 긴장감을 증가시키기 위해 도입부를 바꾼 것이다. 이는 충분히 그 효과를 거둔다. 영화 〈향수〉는 속도감 있는 편집과 색감이 돋보이는 영상미로 주제를 잘 전달하고 있다. 향수를 만드는 과정이 구체적으로 그려져 있고, 특히 광장에서의 집단광기를 예술적으로 승화한 장면은 영화사에 남을 만한 명장면이라고 할 수 있다.

장편소설을 영화화하는 경우 감독은 원작에서 무엇을 취하고 버릴 것인가를 고민하게 된다. 이는 감독이 어떤 장르로 영화를 만들 것인가에 의해 많은 부분이 좌우된다. 스릴러 장르인 경우, 구성은 보다 긴밀해지며, 핵심사건 위주로 재배치된다.

〈향수: 어느 살인자의 이야기〉는 전체적으로 그로테스크하면서도 원작이 지닌 주제의 깊은 의미를 잘 담아낸 수작이라고 할 수 있다. 이는 독특하고 깊이 있는 원작의 묘미가 스릴러 장르에 잘 담긴 영화로 소설과 영화가 행복하게 만난 흔치 않은 사례가 될 것이다.

5. 영화 촬영지-바르셀로나

〈향수〉 영화의 배경이 프랑스라고 해서 감독이 영화를 파리나 그

라스 등에서 찍었다고 생각하면 곤란하다. 프랑스의 거리에서 18세기의 분위기를 찾을 수 있는 곳은 흔치 않다. 그래서 감독은 스페인의 바르셀로나의 옛거리(고딕지구)에서 촬영했다. 산 필립네리 광장 근처에서 살구 파는 여자를 죽인 우물가 골목, 성당 장면 등을 찍었다. 영화 초반 생선 더미에 버려진 신생아 그루누이가 있던 시장장면도 그 근처이다.

영화의 주인공 그루누이가 사람들 앞에 목줄에 매인 채 사람들에게 추한 모습을 내보이는 첫 장면이나 향수 몇 방울을 손수건에 떨어뜨려 사람들에게 던지자 모든 사람들이 이성을 잃는 장면을 찍은 곳은 만국박람회 때 만들어진 스페인 마을이다. 스페인 마을은 몬주익 언덕으로 올라가는 길에 있다. 몬주익 언덕에는 성도 있고, 몬주익 경기장도 있다. 몬주익 성에는 스페인에 합쳐지기 이전에는 까딸루니아 지방이라는 것을 천명하는 깃발도 있다. 그래서 마드리드와 바르셀로나의 축구 경기는 한일전을 불사하는 지방색을 드러내기도 한다고 한다.

마침 스페인 마을이 9시 개장하자마자 입장하여 사람이 없는 곳을 찍을 수 있었다. 그러나 하이앵글로 찍은 장면을 찍기 위해서는 옥상에서 찍어야 하는데, 옥상에 진입할 수가 없어서 영화 장면과 같은 각도처럼 찍지는 못했다.

바르셀로나 여행하면 떠오르는 가우디 건축, 멋진 바닷가, 콜롬부스 동상 등이 있지만, 여행하면서 우연히 알게 된 영화 〈향수〉 촬영지는 우리가 살아가면서 얻게 된 덤 같은 기분이 들게 했다. 삶에서 이런 행운과 함께할 것이라는 기대는 바로 삶을 긍정적으로 보게 하는 원동력이 아닐까.

영화 〈향수〉의 촬영지 여행은 영화를 관객으로서 보는 것만이 아니라, 체험하고 느끼고 내 것으로 만드는 영화가 되게 한다.

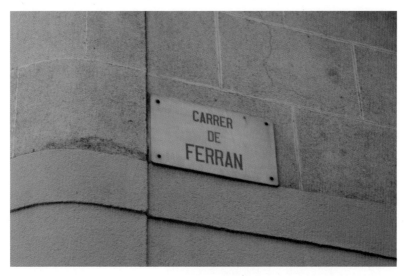

[영화 촬영지 1]

고딕지구 골목 Carrer de Ferran(페란 거리). 그르누이가 냄새맡으며 돌아다닌 시내 골목. 영화 초반 생선 더미에 버려진 신생아 그루누이가 있던 시장장면도 그 근처이다.

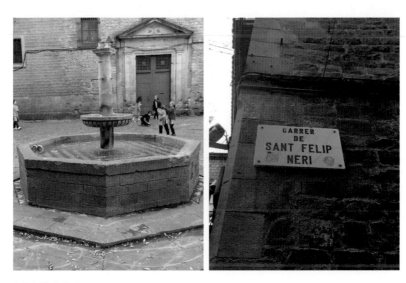

[영화 촬영지 2]

산필립네리(Plaza de Sant Felip Neri)-살구파는 아가씨를 첫 번째로 살인한 장소인 골목

성당(Basilica Sants Just i Pastor S.XIV), 여자 시체가 성당바닥에 있던 그 성당

[영화 촬영지 4]

그루누이가 향수가게를 찾은 레이알광장(Plaza Reial), 그루누이가 처음 파리 시내로 와 온갖 냄새를 맡고자 코를 킁킁대던 장면이나 처음 향수 냄새를 맡기 시작한 건물도 고딕지구 레이알 광장 안쪽에서 찍었다. 현재도 향수가게가 있다.

[영화 촬영지 5]

그루누이가 향수가게 근처를 돌아다니는 회랑

[영화 촬영지 6]

스페인 마을(Poble Espanyol)

영화 〈파리로 가는 길〉에서 만난 남프랑스

김경애(목원대학교)

1. 카메라에 담긴 남프랑스의 정취

여행은 평상시에 잘 보이지 않던 것들의 의미를 깨우치는 기회를 제공한다. 인물들은 길을 함께 가는 동안 친구를 발견하고, 묻혀있던 것들의 의미를 깨닫고, 인생을 알고, 자신을 발견한다. 거장 프란시스 코폴라의 아내이기도 한 엘레노어 코폴라가 80세에 만든 영화 〈파리로 가는 길〉(Paris can wait)은 인생에서 정작 소중한 것은 무엇인지를 묻는 영화다.

이 영화는 앤(다이안 레인)이 남편 마이클(알렉 볼드윈)과 프랑스에 휴가차 왔다가 업무 때문에 바쁜 남편과 잠시 떨어져 남편의 오랜 동업자인 자끄(아르노 비야르)와 파리까지 동승하게 되면서 시작한다. 칸에서 자동차로 8시간이면 갈 수 있는 파리에 도착하는데 그들은 꼬박 이틀이 걸린다. 자끄가 '한 시간마다 쉬어야 한다', '파리는 어디 가지 않는다'며 밥 먹고 여행지를 돌아보는 데 시간을 소요하기 때문이다. 처음에는 어처구니없어하고 답답해하던 앤도 어느새 파리까지의 여행을 즐기게 된다.

카메라는 칸에서 파리에 이르는 여정을 아름답게 담아내면서 이지적인 성격의 앤과 '슬로우 라이프'를 삶의 모토로 여기는 자끄의 심리변화를 찬찬히 그려간다. 끝없이 펼쳐진 보라색의 라벤더 밭과 엑상프로방스(Aix-en-Provence)의 풍경을 서정적으로 보여주기도 하고, 폴 세잔의 〈커다란 소나무와 생 빅트아르산〉에서 그려진 풍경을 한 폭의 그림처럼 담아내기도 한다.

두 사람이 점심 먹는 풍경을 마네의 〈풀밭 위의 점심식사〉와 겹쳐 보여주며, 저녁을 먹고 나서 즉흥적으로 춤추는 장면을 르누아르의 〈부지발의 무도회〉와 겹쳐 보여준다. 그들은 로마의 유산이라는

액상프로방스 거리

유럽 최대의 가교 가르 수도교, 리옹의 전통 치즈 마켓, 최초의 카메라인 '시네마토 그라프'를 소장한 뤼미에르 박물관, 세계 직물 박물관, 중세의 모습을 여전히 간직하고 있는 베즐레이 성당 등을 거쳐 결국 파리에 도착한다.

여러 도시를 거쳐 가는 동안 펼쳐진 음식의 향연도 볼만하다. 앙증스런 모습의 앙트레, 꼬마 당근을 곁들인 양갈비 구이, 우유를 먹여 키운 송아지 요리, 남프랑스의 자랑 달팽이 요리, 감자를 곁들인 노란 촉수구이, 니플스 오브 비너스라고 이름 붙은 초콜릿 등 프랑스가 자랑하는 먹거리의 비주얼 향연과 샤또 네프뒤파프, 콘드리유, 코트 로티트 등 여러 가지 와인의 테스팅 향연이 펼쳐진다.

밤늦게야 파리에 도착한 앤과 자끄는 꽉 찬 이틀간의 짧은 여정 동안 서로에 대해 미묘한 감정이 싹텄다는 것을 알게 된다. 여행은 앤에게 자신을 다시 돌아볼 기회를, 자끄에게는 가족의 소중함을 발견하는 기회를 제공한다. 그들이 여행 중에 찾은 것은 인생을 함께 할 수 있는 동반자이다.

2. 여행과 여정, 깨달음과 새로운 시작

공간의 의미 비중이 다르다는 점에서 여행영화(travel movie)는 로드무비와 구분된다. 로드무비는 장소의 이동을 따라가며 이야기가 진행되는 영화 또는 그러한 장르를 일컬으며, 여행, 도주 등을 중심 플롯으로 사용하여 여러 공간을 경유하며 만나게 되는 사람들, 사건들

을 통해 어떤 자각, 의미를 터득하게 되는 영화 장르를 말한다.[1]

이동미와 배상준은 여행영화를 ① 여행이 영화의 주 내러티브에 영향을 미치고, ② 여행자들이 여행지에서 새로운 환경에 놓이며, ③ 그들이 낯섦과 익숙함 사이, 수용과 거부의 경계선 상에서 새로운 가치를 찾고, ④ 이러한 작용을 바탕으로 하여 결과적으로 비판적 성찰의 기회를 제공하는 영화라고 정의한다.[2]

이들은 로드무비와 여행영화를 구분하는데, 로드무비가 일상 생활권에서 출발해 다른 곳에서 끝을 맺는 '선형적 여정'의 구조로 되어 있는 반면, 여행영화는 주인공 자신이 있던 출발점, 즉 일상 생활권으로 되돌아오는 '원점회귀형' 동선을 전제로 한다는 점에서 차이를 지닌다고 주장한다. 또한 로드무비가 여정 자체와 여정 중의 심경 변화를 중요시하는 반면, 여행영화는 여행의 진행 과정과 더불어 원래의 생활공간으로 되돌아온 여행 후의 상황과 감정을 강조한다는 점에 주목한다. 여행영화는 '여행 이후'를 강조하는 반면, 로드무비는 '여정(길) 그 자체'를 중요시한다는 것이다.

감독이 두 사람의 여행을 통해 제시하고자 한 바는 비교적 명백해 보인다. 일상에서 한 걸음 물러서면 인생이 보다 객관적으로 보인다는 것이다. 앤은 오랫동안 친분이 있었으나 남편의 동업자 중 한 사

---

1 [네이버 지식백과] 로드무비 [road movie] (영화사전, 2004.9.30., propaganda), https://terms.naver.com/entry.naver?docId=349091&cid=42617&categoryId=42617.

2 이동미·배상준, 「장르적 접근을 통한 여행영화 분석」, 『인문콘텐츠』 44호, 2017, 257-283쪽.

람으로만 여겨왔던 자끄와 여행하면서, 자신이 그간 남편의 그림자로 서만 존재해 왔고 남편의 무심함 혹은 무관심에 '익숙해' 왔다는 것을 깨닫게 된다.

남편이 그녀의 귀가 '작고 부드럽고 예쁜' 외양적인 데만 주목한 사람이었다면, 자끄는 그녀의 귀가 아픈 것을 눈치채고 약을 사다 주는 사람이다. 마이클은 휴가차 칸에 여행을 왔으면서도 사업 때문에 바빠서 휴대전화를 놓지 못한다. 남편의 통화를 늘 지켜보기만 하는 앤은 먹다 남아 뭉개진 케익과 김빠진 주스를 사진기에 담는다. 먹다 남은 케익과 김빠진 주스는 설레이며 휴가를 준비했을 그녀가 어떤 심정일지를 장면화하여 보여준다. 앤은 귀가 아프다고 하지만 마이클 은 이마저도 귀담아듣지 않는다. 그냥 그녀의 귀가 작고 부드럽다고 만 할 뿐이다.

마이클이 '휴가가 기다린다'고 말하는 목표지향적인 사람이라면, 자끄는 '파리가 기다린다'고 말하는 과정지향적인 사람이다. 그는 음식을 먹는 것을 중요시하고, 차가 고장 났는데도 피크닉을 즐기는 등 어딘가 나사가 빠진 듯 헐렁해 보인다. 그러나 그는 떨어진 장미꽃을 주워 꽃을 줄 아는 섬세함을 지녔다. 지나치게 목표에 연연하다 보면 인생의 소소한 즐거움이나 아름다움은 놓칠 수 있는데, 이러한 소소한 즐거움이나 아름다움을 놓치고 살아가는 것은 유한한 인생에 대한 낭비라는 것이 자끄의 생각이다.

지금, 여기를 중요시하는 자끄의 생각은 앤을 보는 시각에서도 드러난다. 육아와 일을 병행하다가 둘에서 다 놓여나게 된 지금 무엇을 할 수 있을지 모르겠다고 말하는 앤에게 그는 지금이 인생에서 '딱 좋은 때'이며 '당신이라면 뭐든 가능하다'고 말해준다. 자끄와의 대화 중에 앤은 남편이 자신에게서 본 것 뿐 아니라 남편이 보여준 것 역시 외양뿐이었음을 알게 된다. 영화 제작자인 마이클 옆에는 항상 여자들이 많았고, 앤은 남편의 여자 문제로 힘들었던 적이 있다. 자끄의 표현에 따르면, 앤은 남편을 있는 대로 받아들이기로 자신과 타협하여 적당히 마음의 평화를 찾았었다.

그런데 자신이 선물한 시계를 남편이 영화에 출연하고 싶어 유혹적으로 다가온 여성에게 그냥 주어버린 것을 알고 앤은 평정심을 잃는다. 마이클은 문제의 시계를 잃어버렸다고 했었다. 마이클에 대한 재평가가 있고 나서 앤은 비로소 어리숙하고 지극히 현세주의적으로 보이지만 스스로에게 솔직한 자끄를 새로운 눈으로 바라보게 된다.

3. 기억의 저장고로서 사진과 추억을 상기시키는 음식

이 영화에서 여행지의 풍경 외에 주목해야 할 소재가 있다면, 사진과 음식이다. 앤은 늘 조그만 사진기를 들고 다니면서 사진을 찍는다. 그녀의 말에 따르면, 가게(드레스숍) 공지 때문에 찍게 됐는데, 이제 멈출 수가 없게 되었다고 한다. 사진의 소재는 일상적이고 사소한 것들이다. 먹다 남긴 케이크와 김빠진 주스, 잔속에 새침하게 담겨있는 빨간 와인, 정원의 보도블록 사이로 돋기 시작한 민들레, 예쁘게 담아낸 음식들과 빈 접시에 올려져 익살스런 표정을 짓는 스푼과 나이프

등 사진에는 앤의 섬세한 감정이 담겨 있다. 심지어는 사진 찍는 것이 금지된 직물박물관에서 꽃문양을 찍다가 관리원에게 카메라를 빼앗기는 해프닝을 겪기도 한다.

"영감이 넘치는데요. 다 보여주지 않으면서 전체를 상상하게 만들죠."

자끄는 그녀의 사진이 사소한 것들을 잘 잡아내며 영감이 넘친다고 칭찬한다. 그리고 남편인 마이클에게 사진을 보여준 적이 없느냐고 묻는다.

그녀는 남편에게 자신이 찍은 사진을 보여준 적이 없다. 보여 달라고는 하는데 그냥 하는 말 같아서 안 보여주었다고 말하지만, 앤이 그렇게 한 것은 자신을 다 보여주지 않은 마이클에게 앤 역시 자신을 보여주고 싶지 않기 때문이다. 자끄는 "20년을 함께한 남자에게 왜 자신을 다 보여주지 않느냐"고 묻는다.

영화의 후반부가 되면, 그녀가 이처럼 사진에 집착하는 이유가 드러난다. 앤은 늘 목걸이를 걸고 다니는데, 목걸이 속에는 심장병 때문에 39일밖에 못 산 그녀의 첫아들 데이빗의 사진이 들어 있다.

"의사와 간호사들에 둘러싸여서도 엄마를 알아봤어요. 내 손가락을 의지해서 마지막 순간까지 힘껏 버텨줬어요."

그녀는 '삶이 얼마나 나약하고, 산다는 게 얼마나 고통스러우면서도 멋진가를 기억하려고' 데이빗의 사진을 걸고 다닌다고 말한다. 그녀의 첫 결혼 상대자, 곧 데이빗의 아빠는 죽은 아들에 대한 기억을 견디지 못하고 그녀를 떠났지만, 그녀는 아이를 기억하면서 지금껏 살아왔다.

프랑스의 자랑, 달팽이 요리

그녀가 기억하기 위해 사진을 찍는다면, 자끄는 추억하기 위해 음식을 먹는다. 자끄는 음식이 영혼을 달래준다고 말하는 사람이다. "먹고 싶은 건 먹어야죠."라며 앤에게 초콜렛과 코코아를 잔뜩 주문해 주는 것도 이 때문이다. 자끄는 바르셀로나의 쉐프가 주었다는 팔찌를 벗은 적이 없는데, '먹는 것의 위대함을 기억하기 위해서'라고 한다. "내 행복한 추억들은 모두 식탁에서 일어났죠."라고 자끄는 말한다. 그가 그처럼 음식에 집착하는 것은 어렸을 적 어머니가 해준 음식을 먹으면서 행복했던 추억 때문이다. 그에게는 자살한 형과의 행복했던 추억이 있다.

앤이 사진에 집착하는 것이나 자끄가 음식에 집착하는 것은 어찌 보면 맥락이 비슷하다. 앤은 기억을 잡아두기 위해서 사진 찍는 일을, 자끄는 행복했던 추억을 상기시키기 위해 음식을 즐기는 일을 멈출 수 없었던 것이다.

그리고 그들은 자신들의 가장 행복했던 순간을 공유한다. 앤에게 그것은 딸 알렉산드라가 태어난 후 의사가 건강한 딸이라고 말해주었던 순간이고, 자끄에게 그것은 자살한 형이랑 어릴 때 술래잡기 했던 순간이다. 그때 자끄의 어머니는 저녁에 쓸 야채를 따고 계셨다. 기억이 머물러 있는 사진과 추억을 상기시키는 음식은 우리에게도 한

가지씩 있는 것들이다. 영화는 인생이 현재를 아름다운 기억으로 남기면서, 그리고 누군가와 나누었던 행복했던 시간의 추억을 곱씹으며 살아가는 것이라고 말한다.

4. 여성들이 꿈꾸는 욜로의 삶

행복이란 아주 사소한 것이며 순간에 스쳐 지나갈 수 있는 것이다. 그리고 사람들은 행복했던 추억으로 많은 시간을 살아간다. 그래서 지금, 이 순간의 행복을 놓치면 안 될지 모른다. 이런 맥락에서 '파리(가고자 하는 목표)는 기다린다'는 이 영화의 원제목은 소위 욜로(You Only Live Once)의 삶을 이야기한다. 목표와 과정 중 하나를 선택해야 한다면 당연히 과정을, 성공과 행복 중 하나를 선택해야 한다면 행복을 선택해야 한다고 말하는 것이다.

자끄는 앤에게 행복하냐고 묻는다. 앤은 가끔 그렇다고 답한다. 가끔 행복한 것이 과연 행복한 것인가? 팔순의 감독은 정작 소중한 것은 순간이라고 말해준다. 순간이 모여 인생은 이루어진다. 물론 문제는 자끄의 말대로 어디 가지 않고 기다리고 있다. 그 문제를 해결해야 하는 것은 자신의 몫이다. 이런 맥락에서 자동차가 고장 났을 때 앤이 팬벨트의 문제라는 것을 알아내고 스타킹으로 문제를 해결한 사건은 매우 의미심장하다. 그녀가 자신의 문제를 어떤 방식으로 해결할 것인지를 암시한 장면이기 때문이다.

"휴가는 기다린다(Vacation can wait). 집사람도 이해한다."고 말한 마이클과 "파리는 기다린다(Paris can wait)."고 말한 자끄, 이 두 사람의 삶에 대한 태도의 간극은 영화의 심층에서 대립항을 이룬다. 그것은 현실과 낭만의 대립이기도 하고, 이른바 '패스트 라이프'와 '슬로우 라이프'의 대립이기도 하다. 보다 현실적인 쪽은 마이클일 것이다. 마이클은 호텔에서 햄버거 비용이 지나치게 청구되었다고 지적한다. 돈이 없지는 않지만 불필요한 낭비는 없어야 한다는 것이 마이클의 생각이다. 반면 자끄는 먹고 싶은 음식은 남기더라도 주문해서 한 입이라도 맛봐야 한다고 생각하는 사람이다. 통장 잔고가 비었더라도 그는 맛있는 음식을 먹기 위해 아낌없이 돈을 지불한다.

누구의 삶이 옳은가, 더 나은가는 아마 가치관의 문제일 것이다. 물론 마이클이 옳을 수도, 자끄가 옳을 수도 있다. 그러나 여성들은 매번은 아니지만 몇 번쯤은, 불필요한 낭비라고 해도 먹고 싶은 음식은 마음껏 먹기를, 순간의 감정이라도 이해받고 존중받기를 바란다. 그래서 앤이 파리는 도망가지 않고 있다는 생각을 지닌 자끄에게 마음이 돌아섰는지도 모르겠다. 중산층 여성의 판타지를 그렸다는 비난도 받지만, 이 영화가 중년 여성들에게 인기를 끈 것은 이런 이유 때문일 것이다.

5. 힐링과 위로 – 당신 제법 괜찮은 사람이야

사랑이 상대의 상처를 보듬고 공유하며 상대를 알아주는 것이라고 할 때, 앤과 마이클 사이에 존재했던 그것을 과연 사랑이라고 부를 수 있을까? 필요에 의해 옆에 있는 것이 과연 사랑일까? 이 영화는 나를 알아주는 사람과 함께일 때 행복할 수 있다고 말해준다. 이런 점에서 영화의 엔딩 장면, 곧 앤이 자끄가 준 팔찌로 담론 시간 내내 한 번도 묶은 적이 없던 머리를 묶고 초콜릿을 먹으면서 카메라를 쳐다보며 경쾌한 미소를 짓는 장면은 그녀의 미래에 대한 암시를 주기에 충분하다. 결말은 열어놓았지만, 앤의 삶이 어떻게 변화하리라는 것을 암시하며 영화는 막을 내렸기 때문이다.

앞에서 여행영화는 로드 무비(road movie)와 구별되는데, 로드 무비가 여정 자체와 여정 중의 심경 변화를 강조하는 반면, 여행영화는 여행의 진행과정과 더불어 원래의 생활공간으로 되돌아온 여행 후의 상황과 감정을 강조한다고 지적했었다. 곧 여행영화가 여행 이후를 중요시하는 반면, 로드무비는 여정 (길) 그 자체를 중요시한다.

〈파리로 가는 길〉은 여정 그 자체 곧 앤과 자끄가 머무른 곳, 먹은 음식, 나눈 대화들이 영화담론의 대부분을 채우고 있다는 점에서 로드 무비로 볼만한 요소도 있다. 그러나 영화의 스토리-곧, 앤이 자끄의 말대로 익숙해지면 안 되는 남편의 무심함 혹은 무관심에 '익숙해' 왔음을, 곧 그에 길들여져 살고 있었

에펠탑 야경

음을 깨닫고 이를 해결할 것이라는 전망으로 끝난다는 스토리-에 주목하면 다른 결과를 얻을 수도 있다. 여행의 결과 그녀의 삶이 변화한다고 볼 수 있기 때문이다.

〈파리로 가는 길〉은 여행의 체험과 힐링의 메시지를 제공하는 일종의 판타지, 특히 여성들을 위한 판타지로 볼 수 있다. 남프랑스의 여러 명소들과 그에 잘 어울리는 세잔, 마네, 르느와르의 그림들, 화려한 비주얼을 지닌 음식과 와인들, 동행한 남자가 그녀에게 주었던 장미와 초콜릿 등은 그 환상을 충족시키기에 충분하다. 파리가 여성들이 선호하는 여행 장소라는 점도 이 점을 뒷받침한다.

영화 〈파리로 가는 길〉에서 정작 파리는 채 1분도 나오지 않는다. 파리에 도달하는 과정이 더 아름답고 즐거운 일임을 그리려 한 감독의 의도 때문일 것이다. 감독은 목표보다 과정이 더 아름답고 즐거운 것이라고 말한 셈이다. 그리고 감독은 독자에게 묻는다. 지금 당신은 행복한가? 당신은 이해하고 이해받으며 살고 있는가? 누군가의 그림자로 살고 있지는 않은가?

자신의 진가를 알아주는 사람을 만나는 여행이라면 누구나 한 번 떠나봄 직하다. 이 영화가 중년 여성들의 자아찾기를 위장하여 새로운 사랑찾기를 부추겼다는 점은 비판받을 소지가 있다. 그럼에도 불구하고 감상 시간 내내 '당신 제법 괜찮은 사람이야. 그러니까 다시 시작해도 돼.'라고 건네는 잔잔한 위로와 힐링의 메시지는 충분히 감동적이다. 이것이 영화라는 매체가 줄 수 있는 최고의 위안이 아닐까 싶다. 프란시스 코폴라 옆에서 평생을 그림자로 살아온 엘레노어 코폴라가 스스로에게 해주고 싶었던 말이 아닐까.

2부
아시아

복사꽃 봄빛, 대나무 숲 초록 바람, 빨간 양념 질은 열기: 색色 입은 변신 도시, 사천四川-청두 이야기*

-영화 〈호우시절(好雨時節)〉과 〈패왕별희(霸王別姬)〉를 중심으로-

———

김소은(숙명여자대학교)

1. 계절 색, 변신 빛깔: 사천의 삶, 청두라는 도시

사천의 계절은 연분홍, 초록, 노랑, 빨강 등의 온통 빛깔 천지이다. 사람도 자연을 닮아 다채로운 변신 빛깔을 만들어내며 풍요로운 변검(變瞼)과 경극(京劇)의 생활 문화를 이루어낸다.

경극(京劇)의 나라, 변검(變瞼)의 도시. 중국의 사천. 그 속의 청두.

봄이면 투둑 투둑 떨어지는 빗소리에 연분홍 복사꽃이 피고 진

---

* 이 글은 2022년 용산구청의 "지역인재개발"에서 강의한 강의록을 글로 푼 것이다.

다. 여름이면 쏴아 쏴아 일렁이는 대나무 숲 소리에 바람이 들며 간다. 하얀 두부, 빨간 양념 빛색 국물에 가을, 겨울이면 짙은 열기 뿜어내며 연신 입맛을 다신다. 노랑 유채꽃 이어지는 강물 따라 팔랑 팔랑 나비 날개 짓이 생기롭다. 사계절이 울긋 불긋 가득한 속에 계절은 사천을 꿈 꾸며 여행을 시작한다.

그리고 그 해, 8월. 사천 이야기는 숨 막힐 지경, 36도 뜨거운 한국의 여름을 뒤로 하고 30, 31도 뒤섰거니 오르 내리는 초여름 청량한 날씨 속에 초록의 꿈을 담아낸다. 노랑색 망고 빙수, 한 스푼 입 속에 떠넣을 때마다 마음 속 뜨거운 열기 가셔 푸른 초록의 빛, 새기기를 기도해 본다. 이야기는 이렇게 시작되었나 보다. 돌이켜보면. 붉은 열기 사라져 초록 빛깔을 꿈꾸는 데에서. 식혀야 할 열기가 있었던 것일까.

노랑색 망고 빙수도 처음 먹어 본 곳이, 바로 이곳 사천에서이다. 한국의 제빵 회사 P사가 진출한 사천 청두에서 대용량의 망고 빙수를 생애 처음 먹어 본다. 하얀 얼음 눈송이, 큐브 모양 노랑 망고. 이쯤이면 이 빵 회사와 사천 그리고 망고 빙수와 '나'는 모종의 끈으로 이어져 있는 듯 인연이 깊어 보인다. 한국에 돌아와 한 번도 망고 빙수를 먹어 본 적 없는 것을 생각해 보노라면. 왜 이때 이후로 단 한 번도, 먹어 본 적 없는 것일까. 궁금한 대목이다.

비행이 처음인, 옆에 아이는 설레어 마음 가슴 한껏 부풀어 이리 저리 둘러 보며 두 눈을 동그랗게 뜬다. 창 가 유리문 너머의 구름과 빛 세상에 넋을 놓아 두고 한참이나 눈을 떼지 못한다. 드디어 어둠이 짙게 깔린 세상을 등지고 잠시 눈을 붙인다. 설렘도 기대도 아이의 가습 아래, 살포시 두 손 안에 내려 놓는다. 고요와 침묵이다. 아이 너머로 어둠 아래 붉은 빛 라인을 선명하게 그어 놓는 사천을 보기 시작한다. 사천의 모든 것은 어둠 속 붉은 선으로 경계를 구획한다. 이것은 산이고, 저것은 다리이고, 또 무엇은. 이것이고... 무엇은... 저곳이고... 붉은 선, 저 아래. 사천은 그렇게 기억되기 시작한다.

새벽 무렵. 사천의 청두 공항은 회색빛 짙은 공기로 둘러 쌓여 있다. 몸이 견뎌내지 못할, 더 큰 여행용 가방을 질질 끌며 둘러 메고 가는 동안, 동이 터 오기 시작한다. 곧이어 공항 밖, 넓은 대로가 펼쳐진다. 청두의 내딛는 첫 발. 이른 아침이어서 그런가. 청두의 색은 흐릿한 회색빛. 흔한 한국의 서울 도심 공간에서 펼쳐지는 회색 콘크리트 길과 별반 다르지 않다. 서울 길보다 넓고 크게 펼쳐져 있는 길이라는 사실 외에는. 그래서인지, 친근하게 다가선다. 그 이전, 미국의 서부 도심을 여행할 때 느꼈던 생경함은 크게 일어나지 않는다. 청두의 빛깔은 조금은 익숙한, 내가 살던 나라와 도심 풍경을 닮아 있다. 어렵지 않은 여행이 될 것이다. 다만, 의문이 생기는 단 하나. 한국 주재, 중국 사람들을 한국인으로 착각할 때가 종종 있는데 청두인에게도 내가 청두인처럼 보일까 하는 것이다. 언어가 아니고서야 생김의 빛깔이 참, 같다. 흡사해 보인다. 노랑, 파랑, 빨강, 하양, 검정. 오방의 색을 중히 여기는 의식과 정서 지향도. 다섯 가지의 빛깔 안에서 삶을 이해하고 즐길 줄 아는 사천과, 한국 우리가 닮아 있다.

아니, 작은 체구의 몸, 한두 뼘 더 큰, 청두인, 아니라고 할지 모르겠다.

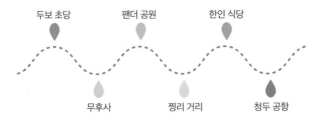

2. 꽃이 피어 봄이 오는 것일까, 봄이 와서 꽃이 피는 것일까: 연분홍 복사꽃 봄빛과 대나무 숲 초록 바람

봄이 오면 사천의 청두에는 연분홍 복사꽃이 피어 난다. 청두 근교의 롱췐(龙泉)에서는 해마다 복사꽃 축제가 열려 이른 봄을 알리는 꽃잔치가 시작된다. 만개한 꽃이 마을을 물들일 무렵, 온통 연분홍 일색. 도화(桃花)의 세상이 열린다. 이른바 무릉도원(武陵桃源). 이 세상은 화사하다 못해 태초의 생명 에너지를 잉태하며 엄숙하고 평화로운 어머니의 자궁을 닮아 있다. 연분홍 복사꽃 같은 어머니의 세상 속, 그곳. 벚꽃 향연에 행복감 두 배, 매화 향기에 그리움 세 배. 피어나는 연분홍, 이 꽃들 모두 어머니의 세상 빛깔을 닮아 있나 보다. 그러니까 연분홍은 원초적인 생명의 에너지 색인 셈이다.

영화 〈호우시절〉[1]에는 이 연분홍 복사꽃이 두 연인의 순수하고 애닮은 사랑을 배경화 한다. 청두의 거리 거리를 무대화 하는 이 영화. 굳이 청두를 직접 여행하지 않더라도 눈으로만도 충분히 기행의 즐거움을 선사한다. 청두의 명소들이 이 영화 속에 즐비하게 늘어서기 때문이다. 두보 초당-팬더 공원-찡리 등등. 청두의 가볼 만한 곳들은 영화 속 내러티브 장치로 환기되면서 한 남자와 한 여자의 사랑 이야기를 아름답게 무르익도록 엮어낸다.

한 여자, 메이가 문화해설사로 일하는 두보초당(杜甫草堂). 두보초당은 장안 사람인 두보가 난리를 피해 와 잠시 청두 살이 할 때 머물며 기거하던 곳이다. 이곳은 온통 대나무 숲 천지이고, 복사꽃이 피어 있는 천혜 자연의 공간이다. 실제로 두보가 자연을 더 느끼고 싶어 직접 복사꽃들을 심었다는 이곳. 영화 속 저 꽃들이 두보의 다정하고 보드레한 마음의 손길이 담겨진 그 꽃들일까. 이러한 고운 정서의 분위기가 두보의 시, '春夜喜雨'와 맞물려 영화의 중요 내러티브를 구성한다. 봄밤에 내리는 좋은 비=春夜喜雨. 시의 전문은 다음과 같다.

> 好雨知時節(호우지시절) 좋은 비는 시절을 알아
> 當春乃發生(당춘내발생) 봄이 되니 곧 내려 만물을 소생하게 하네
> 隨風潛入夜(수풍잠입야) 바람 따라 밤에 몰래 스며들어 만물을
>   적시는데
> 潤物細無聲(윤물세무성) 가늘어 소리조차 없네
> 野徑雲俱黑(야경운구흑) 들길은 구름에 묻혀 온통 어두운데

---

1 영화 〈호우시절〉은 2009년 허진호 감독이 제작하였다. 중국과 한국의 합작 영화로 중국 배우 고원원이 여주인공 역을, 한국 배우 정우성이 남주인공 역을 맡았다. 올 로케이션은 중국 사천의 청두에서 진행되었다.

江船火燭明(강선화독명) 강에 배의 불빛만이 홀로 밝구나

曉看紅濕處(효간홍습처) 새벽녘에 붉게 젖은 곳을 바라보면

花重錦官城(화중금관성) 늘어진 꽃들이 금관성에 가득하겠지

이 영화는 이 시 속 첫 행의 구절 '호우지시절 好雨知時節'에서 빌려 와 제목을 만들었다. '좋은 비는 때를 알고 내린다'는 시행의 의미는 영화의 전체 이야기를 관통하는 핵심 주제로서 기능을 한다. 남편을 잃고 어두운 자기 세계 속에 갇혀 있는 메이에게 마침 그때, 한 남자 박동하가 나타나서 못 이룬 사랑을 완성해 간다. 시심(詩心)을 잃고 전혀 다른 세계의 일을 하는 과정에서 우연히 만나게 된 메이를 통해 동하 역시 잃었던 시에 대한 열정을 되찾으며 시인으로서의 정체성을 구현해 간다. 시에 대한 열의를 얻어 가는 과정은 잃었던 메이를 찾아 가는 과정이다. 결국 메이 역시 동하에게는 마침 그때 나타난, 호우 시절인 셈이다.

누구에게나 있을 수 있는 어렵고 힘든 시절. 한 번쯤은 꼭 찾아올 수 있는 시련의 한때. 이때 누군가는 혹은 무엇인가는 좋은 비가 되어 사랑과 평화를 베풀며 선사한다. 평안의 호우가 찾아 올 때, 그 호우 시절은 삶을 견뎌내게 만드는 큰 힘을 가져다 준다. 왜, 그런 때가 있지 않은가. 힘들고 고달플 때, 내밀어주는 누군가의 손. 그것이 우연이든 필연이든. 이것이 바로 호우 시절인 게다. 그래서 모두 서로가 누군가에게, 무엇인가에게 호우 시절이 될 수 있다면 좋은 게다. 그렇게 살고 지고 하면 되는 게다. 난리를 피해 지난한 삶을 잠시나마 모면하게 해준 청두에서의 머물기도 두보에게 있어서 호우 시절이었을 게다.

두보에게 좋은 비가 내려 주었다. 청두라는. 좋은 비. 두보초당은 이러한 호우의 이야기를 담지해 놓은 채, 관광객을 맞이한다.

두보초당(杜甫草堂)은 대나무 숲으로 **빽빽**하다. 태양의 그림자조차 다녀가지 못할 정도로 울창한 대나무 사이 사이에 바람이 들며 날면, 여름조차 청량해진다. 두보 역시 그 옛날 대나무 숲에 기대어 여름을 보냈다 한다. 대나무 숲은 여름나기인 셈이다. 청두의 여름은 온도가 아주 높지 않다. 31~32도 오르내리는 날씨 속에서 푹푹 찌는, 숨 막힐 듯한 여름의 엄습은 없다. 그럭저럭 견뎌낼 만한 여름의 날씨 정도가 되는 그런 온도이다. 동하의 사랑 온도도 이 정도일 게다. 적당히 뜨겁고 적당히 청량할 수 있는 정도의 사랑 온도. 그래서 메이와 동하의 미래는 크게 파국이 일어나지는 않을 것이다. 사랑하기에 온당한 날씨이니까. 대나무 숲 사이 바람이 이들의 달아 오른 열기를 식혀 주면서 쉬어갈 틈을 제공할 것이다. 대나무 숲 바람 속에는 메이의 소리를 들을 수 있는 틈새의 통로가 있기 때문이다. 그래서 여름과 남방, 그리고 오행 중 불을 상징하는[2] 빨강색이 이 영화에는 들어설 자리가 없다. 초록의 푸르름에 빨강이 압도 당하기 때문이다.

두보초당(杜甫草堂), 메이와 조우한 우연히 어느 날. 대나무 숲 바람은 귀의 통로를 열어 메이의 목소리를 전달한다. 바람을 가르며 들려 오는 메이 목소리에 동하의 마음도 열리고 만남은 연분홍 복사꽃 무리 앞에서 꽃 피어나듯 화사하게 이루어진다. 소리의 떨림. 청각의

---

  2   이주노·김은희 역, 『색채와 중국인의 삶』, 전남대 출판부, 2011, 78쪽.

열림. 사랑은 그렇듯 시작된다. 복사꽃 빛은 아리땁고 교태로워 여인의 자태[3]에 비유되곤 한다. 아름다운 여인의 얼굴과 모습은 이 빛색을 닮기 마련이고, 이상적인 세상 역시 이 색빛에 비유되어 무릉도원, 선경 등으로 지칭되기도 한다. 메이가 있는 이곳, 이곳에서의 메이는 이 복사꽃인 셈이다. 봄이 돌아 와 온통 계절을 흔들어놓는 복사의 봄꽃이 메이이다. 메이는 그렇게 봄으로 연결되어 상징된다. 여기에 굳건한 동하의 메이에 대한 사랑, 지진으로 인해 잃은 남편에 대한 굳은 지조는 이 대나무 숲과 연동하며 오버랩 된다. 그리고 대나무 숲의 초록 우거짐은 이들 사랑의 푸르름을 강조한다. 그리고 여기에 사각 사각 일렁이며 부는 바람에 청명한 사랑은 대기와 허공 속으로 흩어지며 수묵 채색하듯 초록빛으로 번져 간다. 청각에서 시각으로 이어지는 섬세한 자극의 움직임과 함께 동하의 사랑 수행이 관객에게 수 놓아지며 감각화된다. 그리고 아래 영화 속 대사가 몽글 몽글, 마음 속에 피어오른다.

꽃이 피어 봄이 오는 것일까, 봄이 와서 꽃이 피는 것일까

청두에는 대나무 숲이 산재한다. 두보초당(杜甫草堂)의 대나무 숲과 닮은 무후사(武侯祠)의 그것도 이 사당을 지키는 충성스러운 영웅 인물들처럼 푸르고 청명하다. 무후사(武侯祠)는 삼국지의 영웅들. 유비,

—— 3   황런다, 『중국의 색』, 조성웅 역, 예경, 2013, 94쪽.

관우, 장비 그리고 제갈량을 모신 사당이다. 이 외에도 여러 역사적인 영웅들을. 그 유명한 제갈량의 출사표가 여기에 전시되어 있다. 그래서인지 무후사(武侯祠)는 올곧은 충성과 절개의 기운이 도사리고 있는 듯하다. 애초에 '무후(武侯)는 촉나라의 승상 제갈량을 말하기 때문에',[4] 제갈량의 사당인데 제갈량과 그 임금 유비를 함께 모신 것을 보니 그 관계가 예사로워 보이지 않는 듯하다. '보통 군신을 같이 모시지 않은 관례로 인해 특별한 의미를 가지는'[5] 일례라 할 수 있다.

모양도, 느낌도 비슷한 두보초당(杜甫草堂)과 무후사의 대나무 숲 한 컷씩 찍어 내밀어 보노라면, 어디가 무후사이고 초당인지 알 리 만무하다. 그렇게 대나무 숲이 닮아 있다. 그리고 이 대나무 숲은 또, 다른 공간에서 발견된다. 사천을 대표하고 중국을 상징하는 팬더가 살고 있는, 팬더 공원(熊猫 公园)에도 대나무 숲이 울창하다. 대나무는 팬더가 좋아하는 주된 먹거리이다. 이 공원은 하나의 산을 이룰 정도로 규모가 크고, 대나무 서식지라 할 정도로 숲이 울창하다. 곳곳에 심어져 있는 대나무와 대나무가 이루어내는 숲들 사이에서, 청두는 대나무의 고장이라 불릴 만하다. 한국의 대나무 집결지, 담양처럼 청두의 대나무도 시그니처 나무라 할 수 있다. 그래서인지 죽순 요리들이 많고 유명하다. 다양한 요리 방법에 따른 죽순 요리를 음미하노라면 강하고 굳건한 충성스러운 지조가 생겨나는 듯하다.

---

4 『위키백과 사전』, 「무후사」, 검색 일자 2022.6.1.수요일. https://ko.wikipedia.org/wiki/%EB%AC%B4%ED%9B%84%EC%82%AC

5 위의 자료, 검색 일자 2022.6.1.수요일.

두보 초당-무후사-팬더 공원

무후사(武侯祠)에 모셔진 영웅들과 대나무, 팬더 공원(熊猫 公园)과 대나무 그리고 두보 초당(杜甫草堂)과 대나무, 이들은 청두를 대표하는 상징물로서 회자된다. 그리고 영화 〈호우시절〉에서 이 대나무의 이미지는 겹겹이 중층화 되어 지조와 절개가 굳건한 인물들로 그려진다. 무후사(武侯祠)에 모셔진 유비, 관우, 장비, 제갈량 등 촉나라의 영웅들처럼 인물들의 올곧은 사상과 신념은 대나무 이미지 속에서 변하지 않는다. 변함없이 충성스러운 마음과 의지는 메이의 죽은 남편에 대한 정절 속에, 동하의 메이에 대한 사랑 속에 형상화된다. 대나무 숲이 바람에 일렁일 때, 눈을 감고 귀 기울여 보면 들려 오는 내면의 소리, 자연의 소리. 숲과 바람이 선사하는 최고의 선물이다. 메이와 동하의 사랑은 이 숲과 바람의 움직임 속에 서로를 바라보며 확인된다. 두보 초당 → 무후사 → 팬더 공원으로 이어지는 대나무 숲 속, 초록 바람은 청두의 싱그러움을 고조하며 21세기 지금, 1200년 전의 두보를 소환한다. 이곳에.

그리고 메이와 동하는 서로에게 호우 시절이 되어 희망 가득찬 미래를 예고하며 영화가 끝나는 시점에, 봄은 가고 여름이 온다. 봄=

메이라면, 여름=동하이다. 영화 속 모든 구성 장치들은 메이가 봄임을, 동하가 여름임을 알린다. 이들의 열정 있던 어린 시절에 지나간 사랑은, 동하라는 여름의 힘에 다시 길러지기를 기대한다. 사랑의 2막이라고 해야 할까. 메이=5월, 동하=여름'夏'을 지칭하는 듯한 작명에서처럼 봄에 피어난 사랑이 여름에 달궈지기를 바라는 희망을 영화는 담아낸다.

3. 빨간 양념 짙은 열기: 2마 1훠 통(通)하는 매운맛, 뜨거운 인생, 빨강의 힘냄!

2마 1훠=마파두부, 마라탕, 훠궈를 지칭한다. 세 음식어의 줄임어이다. 그냥 붙여 본 말이다. 무언가 그럴 싸해 보이지 않을까 해서. 특별한 의미는 없지만, 무엇인가 의미를 부여하고 싶어 간략하게 줄여보았다. 요즘 소위 MZ 세대들이 무엇이든 줄여 말하곤 하는 맥락을 따라 보았다. 누군가 한 사람이라도 이 말을 사용해 알려진다면 의미는 생겨날 것이겠지만, 그렇지 않다면 뜻 없는 말로 생명을 다하고 말 언어에 불과할 것이다. 남용된 언어라 할까. 줄임을 하는 데에는 그 사용의 필요성이 있어 그러할 진데, 그저 재미에 편승해 만들어낸 2마 1훠, 이 용어는 그 요구됨 없어 회자될 리 만무하다. 그러나 재미와 유희를 추구하는 요즘의 포스트모던한 시대를 쫓아 가는 모습은, 닮아 상통한다. 포스트모던한 재미를 잠시 쫓아 본 것이다. 그렇게 시대와

통(通)하고 싶었나 보다. 세대에 맞추고 싶었나 보다. 기의는 사라지고 기표만 남아 있는 요즘에, 그 통(通)하는 그 언어들에. 그런데 제 몸에 맞는 옷은 아닌 게다. 어색하다. 제대로 갖추어 입어야겠다. 맛으로 말하자. 음식은 맛이다.

요즘 시대와 세대를 강타하고 있는 맛은 매운맛이다. 소위 통(通)하는 맛인 게다. 지난 몇 년 동안, 매운맛은 우리 사회의 구석 구석에 깊이 각인되어 남아 있다. 그리고 다함 없이 여전히 진행형이다. 그 사이 너무나 많은 사람들이 매운맛을 찾아 유명 맛집을 즐비하게 늘어뜨려 세워 놓았다. 경제 상황이 어렵고 삶이 힘겨울 때, 매운맛을 찾는다는데, 아마도 그 고난과 시련을 버티며 살아내기에는, 뇌가 통각으로 인식해 버려 삶의 통증을 잊도록 만들게 한다는 매운맛이 필요했었나 보다. 찾을 수밖에 없었나 보다. 매운맛은 뇌를 속이는 맛이다. 이쯤 되면 고통의 맛, 매운맛은 삶의 맛이라 할 수 있다. 매운 냉면, 매운 고기, 매운 카레, 매운 치킨, 매운 떡볶이 등등 온갖 모든 음식에 '매운'이라는 형용사가 수식되지 않으면 음식이라 불릴 수 없는 시대 분위기였다. 온갖 나라를 대표하는 매운맛의 고추들이 소개되었다. 베트남 고추, 필리핀 고추, 멕시코 고추 등등. 고추의 종류가 이렇게 다양하다니. 게다가 맛도 다르다. 매운 정도와 깊이에 따라 달라진다. 이 다른 것에 놀라 웁다. 건강이 좋지 않아 매운맛을 도저히 받아들일 수 없었던 시절이었던 터라, 이 한 때 통(通)했던 음식들은 그저 지나가는 그림의 떡에 불과했다. 매운맛의 화끈 화끈, 통각을 자극하는 뜨거운 음식들도 몸이 편해야 받아들일 수 있는 게다. 신체 건강하고 뜨거운 인생을 살고 있는 사람들에게나 매운맛은 통(通)하는 것 같

마파두부	훠궈	마라탕
최초 사천 '성도' 두부, 두반장, 고기 외	사천 국물 요리 고기, 해물, 채소, 버섯 외	사천 '러산' 두부, 고기, 야채 외

2마 1훠: 마파 두부, 훠궈, 마라탕

다. 얼마나 삶이 뜨거웠는지, 맵다 못해 통증처럼 뜨겁게 느껴지는 맛이 아니면 안 되었나 싶다. 건강한 신체들은 매운맛의 끝을 좇아 헤매이듯 이제는 다른 맥락의 매운맛이 우리 곁에 자리 잡기 시작한다. 일명 2마 1훠.

2마 1훠는 모두 사천을 대표하는 음식으로서 빨간색 고춧가루 양념을 기본으로 한다. 분지가 발달한 사천의 지리적 조건과 비가 자주 오는 날씨에 영향을 받아 사천에서는 매운 음식이 발달되어 있다. 그래서 사천은 마파두부, 마라탕, 훠궈 등 매운맛의 본고장으로 정평이나 있다. 이 음식들은 한국에서도 인기 있는 음식 메뉴이다. 현재 도처에 마라탕과 훠궈 음식점들이 쏙쏙들이 생겨나서 많은 사람들이 이 음식들을 즐긴다.

마파두부는 이미 한국의 중화 요리(=중국집) 식당에서 대중적으로 알려진 음식이다. 하얀 속살의 두부와 빨간 고춧가루에 중국 양념 소스들이 한데 어울려 풍미를 자아낸다. 이를 마파두부 덮밥이라는 형식으로 자주 먹어 보았다. 짭조름한 소스가 베인 두부와 하얀 쌀밥이 잘 어울린다. 마라탕은 1인용 훠궈라고 불리우는데, 한국에서는 MZ세대의 입맛을 사로잡은 음식이다. 먹는 방식 - 재료를 담가 먹는 방식 - 에 있어서는 훠궈와 다를 바 없지만, 어떤 재료를 가지고 넣어 먹느냐에 따라 차이가 난다. 마라탕에서 탕은 국물을 지칭하는 것이 아니라, 이용하는 방식이나 방법을 의미한다고 한다. 따라서 마라탕은 마라 국물을 이용해서 먹는 음식이라고 인식하면 올바르다. 한국의 육개(게)장을 닮아 있어 시각적으로는 한국인에게 익숙해 보이는 음식이다. 그러나 중국식 양념 소스 때문에 한국식 육개(게)장과는 맛에 있어서 차이가 난다. 훠궈의 경우는 북경식과 사천식이 있는데, 사천식은 내장을 국물에 담가 먹는데 비해 북경식은 고기나 야채를 주로 담가 먹는다. 한때 한국에서 유행했던 월남 샤브샤브 음식과 유사하다. 이 음식은 고기, 야채 등을 국물에 담가 먹는 방식에 있어서는 훠궈와 유사하다. 그러나, 국물의 맛과 소스 등은 다른 특성을 갖고 있어 맛의 차이를 드러낸다. 물에 담가 먹는 방식을 한국에서는 선호하나 보다. 찌개나 전골 음식에 익숙해서 그런가. 아니면 삼면이 물바다에 둘러싸여 있어 물을 좋아하는지도 모르겠다.

이 음식들은 모두 빨갛다. 너무 빨개서 뜨거운 열기가 느껴지는 듯하다. 그런데 이 색은 중국인들이 숭배하던 색으로 불과 태양[6]을 상

---

6   황런다, 앞의 책, 17쪽.

징하기도 한다. 그래서인지 빨개 보이는 음식들은 불과 태양의 기운이 서려 있다. 한동안 많은 사람들이 이 불의 맛을 찾았다. 불의 열정과 태양의 황홀한 기운을 받아, 보다 삶을 불 태우고 환하게 빛나는 생을 이루려 했는지, 알 수 없지만 그렇게 통(通)했던 맛인 듯하다. 빨강색은 중국에서는 좋은 운수, 기쁜 일, 혼인, 열정[7] 등을 상징하는 색이다. 중국에서 빨강색은 7세기가 되어서야 비로소 독자적인 지금의 색으로서 인정받게 되었다[8]고 한다. 애초에 빨강색은 복숭아색이나 분홍색 등을 가리키는 말이었다가 시간이 흘러 의미가 변하는 과정에서 역사적으로 적색을 가리키는 말이 된 것이다. 색과 그 명칭의 기원을 거슬러 보는 것도 흥미로운 작업이 될 듯하다.

　　이 색은 서구에서 위험이나 선명한 피, 멈춤, 경고 등을 의미하는 것과 달리, 중국에서는 긍정, 지위, 진취적 기상 등의 밝고 명랑한 의미를 갖고 있다. 이러한 색의 뜻은 중국인들 심성에 긍정적이고 밝은 기운을 돋아 주기 때문에 옷과 음식 등 일상에서 빨강빛은 흔하게 사용된다. 요컨대 객관적인 자연조건, 생활환경, 종교 사상이나 전통 관념 등의 여러 가지 영향 요인 때문에 빨강색은 '정색'으로 인식되면서 중국인들의 삶에 깊게 관여한다. 따라서 빨강색은 중국을 상징하는 색이다. 본래 중국인들이 좋아하는 색은 황금색과 빨강색인데, 전자의 경우 주로 왕이나 신분이 높은 계층들에게 속해 있었기 때문에 빨강색이 서민들의 색으로 수용되었다. 좋은 기운을 가져다 주는 것으

7　　위의 책, 17쪽.

8　　위의 책, 24쪽.

로 인식된, 빨강색은 하나의 믿음 체계가 되어 중국인들의 의식 영역에 크게 자리 잡았고, 도처에서 이 빨강색이 활용되면서 다민족 국가를 하나로 통합하는 의식의 메커니즘으로 기능을 하였다. 음식 영역에 이르기까지 빨강색은 중국, 중국인을 상징한다.

청두에서 먹은 중국 음식은 사실 입에 맞지 않아 쉽게 목 넘김을 할 수 없었다. 한국의 토종 음식 맛에 미각의 DNA 시스템이 온 몸에 치장되어 구조화되어 있는 터라, 웬만해서는 다른 나라의 음식을 즐기지 못한다. 예전에 미국 서부 여행을 갔었을 때, 여행사가 주관하는 투어 코스를 따라다니는 동안, 내내 물만 마시면서 고생하며 지냈던 것이 생각난다. 고기, 빵, 우유, 커피, 계란 프라이, 소시지 등등. 뱃속은 기름기 좔좔, 흘러 내려 니글 니글, 느끼함이 연일 지속되었다. 계란 프라이도 즐겨 먹지 않았던 터라 거의 빈 속으로 지내면서 오렌지 주스만 들이켰다. 오렌지는 산지라서 그런지 어디 비할 바 없이 맛이 있었던 기억이 난다. 겨우 한 끼, 한인 식당에서의 소찬이 정찬마냥 며칠 동안의 한국 음식에 대한 굶주림과 허기를 달래주었다. 성대 가까이 혀 안쪽 끝의 바닥에 다다를 때, 김치의 목넘김이 가져다 주는 그 개운함이란.

그래서 여행을 멀리 가는 것이 두렵고 어렵다. 낯선 음식에 대한 거부감이 여행 의지를 약화시키기 때문이다. 물론 그때는 어리고 젊었으니 음식에 대한 치기와 호불호가 강렬했을지 모른다. 지금, 이 나이, 웬만한 것은 대충 눈 질끈 감고 넘길 수 있다. 세월이, 시간이 그렇게 나의 경계를 허물어 뜨렸다. 문제는 소화 기관이다. 너덜해진 신체의 소화 시스템에 빨강색 경고등만이 깜빡 깜빡할 뿐. 먹고 싶은 것도 이제는 주저하며 경계해야 할 나이에 이르렀다. 그래서 가까운 곳, 내 나라, 내 땅이 좋다. 이 땅에서 나고 자라난 섭생물들이 편하다. 그렇다고 내 나라조차 발을 디뎌 다니며 많은 여행을 한 것은 아니지만. 견문도 좁고 세상을 보는 시야가 크게 발달하지 않은 것도 이런 이유에서이다. 넓고 탁 트인 세상을 구경하고 새로운 깨우침이 필요한데, 참 좁게 살고 있다.

사천식 향료는 단순히 입에 맞지 않아 선호하지 않는 게 아니라, 그냥 낯선 맛이라 접근하기가 어렵다. 익숙하지 않은 것에 대한 거리낌과, 심한 거부감이 새로운 맛에 대한 도전을 방해하곤 한다. 낯익지 않은 것을, 외면하는 성미 탓이기도 하다. 고급 식당에서 화려한 사천의 음식들이 풍미를 자랑하며 뽐을 내어도 입맛만 다시며 멍하니 바라볼 뿐이다. 그래서 음식에 대한 이야기는 즐겁고 길게 하지 못한다. 아는 바도 많지 않지만, 맛에 대한 경험한 바도 크지 않기 때문이다. 그러나 빨간 빛깔의 음식들은 중국을 드러내는 데에 충분하다. 충분히 먹지 않았어도 색을 통해 맛을, 맛 속에 담겨 있는 사람들의 마음을 헤아릴 수 있다. 중국인이 갖고 있는 세상에 대한 의식과 감정들이 이 색감 속에서 빛나고 있기 때문이다. 음식에도 그들의 사상과 감정

메이 vs 동하	
메이	동하
김치는 먹기 불편해 당신이 중국 음식을 좋아했었더라면, 우리는 결혼했을 거야	중국 음식 좋아해 당신이 김치를 좋아했었더라면, 우리는 완벽한 커플이 되었을 거야

메이-동하의 갈등: 음식편

이 담겨 있다.

영화 〈호우시절〉은 빨강 빛깔의 강렬한 사랑보다는 초록빛 푸름과 복사빛 연분홍 속에 잔잔한 연인들의 이야기가 전개된다. 그래서 갈등의 축이 크게 형성되지 않는 것처럼 보이지만, 서로 다른 나라의 음식을 통해 상호 협치될 수 없는 강한 감정의 부딪힘이 만들어내는 파국의 이미지를 만들어낸다. 중국 음식과 한국 음식의 격돌은 메이와 동하의 충돌로 이어지고 이들의 사랑을 방해하는 근원 요소로서 작용을 한다.

서로가 경험해 보지 못한 각기 타국의 음식은 인물들 서로를 이해하지 못하게 하는 기반으로서 장치화 된다. 김치를 좋아했더라면, 돼지 내장탕을 먹을 수 있었더라면 애초에 이들은 사랑을 이루어 결혼에까지 이를 수 있었을 것이다라는 명제 하에 음식에 대한 집착과 욕망을 드러낸다. 요컨대 음식이 사랑을 방해하는 주요 요소가 된 셈이다. 청각에서 시각, 시각에서 미각까지 건드리고 자극을 하며 이 영화는 인간 이해에 대한 기본 지침을 제출하는 듯하다.

사랑이란 무엇일까. 사랑이 허용할 수 있는 상대에 대한 이해와 배려의 범위는 어디까지일까. 사랑에 대해 갖추어야 하는 몸과 마음의 근거는 어디까지 두어야 할까. 등등. 사랑이 성사되지 않는 것을 음식과의 불협화음에 핑계를 두면서 근거를 마련하고 이 영화는 사랑에는 경계가 없다는 사실을 이야기하고 싶어하는 것 같다. 그러나 국경 없는 사랑은 현실적으로 어려움을 내포하고 있다는 것을 또한 알리고 싶어 하는 듯하다. 그래서 보다 이 난관들을 극복해 가는 과정을 그려내고자 하는 데에 영화는 집중을 한다. 그래서 메이는 김치를 먹지 않지만, 한국의 소주를 달달하다고 이야기하며 즐겁게 마신다. 동하는 중국 음식 애호가라는 허언을 남기며 이를 증명해 보이기 위해 돼지 내장탕을 꾸역 꾸역 고통스럽게 목 넘김한다.

따라서 붉은빛 사랑의 염도가 강렬한 음식 메뉴들은 이 영화에서 필요하지 않다. '사랑에는 국경이 있다'라는 것을 당당하게 이야기하고 있기 때문에 이를 희석해줄 청량하고 깨끗한 색감의 음식이 요구될 뿐이다. 이미 강렬한 빨강빛 부딪힘이 끝난 이후에 붉은 빛 마라탕이나 훠궈는 필요하지 않아 없어도 무방하다. 만약에 이 붉은 음식들이 등장하여 서사에 관여했더라면 어떠했을까. 새로운 사랑의 시작이 이루어졌을까. 알 수 없지만, 글쎄. 그저. 돼지 내장탕의 꾸역한 목넘김 정도면 된다. 물 같은 음식의 쌉쌀한 소주 정도면 된다. 그만큼이면 충분히 서로를 이해하고 배려했다. 그러다가 한참 지나 세월 따라 어느 날, 메이가 김치를, 동하가 돼지 내장탕의 애호가가 되어 있을지 모른다. 사랑은 그렇게 시간과 세월에 어울려, 아물어 가는 것이다. 붉은 빛 없어 조화로운 영화이다. 영화 2탄이 나온다면 훠궈와 마라탕을 등장시키면 어떨까. 여기에 튼실한 사랑이 이루어지게 탄탄면을 삽입하여 등장시키면 어떨까. 아니 이 음식들을 주인공으로 설정해 보는 것은 어떨까. 빨강빛 사랑이 이루어져 영화 온통, 붉은 빛으로 채색을 해보자. 이런 사랑 이야기도 기대해 볼 만하다. 이 빛색은 생명 의지를 소산시켜 주니까. 아! 글을 쓰다 보니 저절로 드는 생각이 하나 앞선다. 붉은 음식들을 찾아 헤매이는 것은 이런 강렬한 생명 에너지를 얻고자 함이 아닐까 하는. 그러고 보니 영화 '패왕별희(覇王別姬)'에는 빨강 빛색이 난무하지만, 이 색감의 음식은 등장하지 않는구나 싶다. 어쩌면. 에너지 충만했을 텐데. 그래서 사랑 가득했을지도 모른다.

이 색빛을 드러내는 음식을 한국이, 찾아 좋아한다. 그 이유가 무엇이든, 어디에 있든. 어느 지역, 어느 나라의 맛이든지 나의 몸에 이로워 맛있으면 충분하다. 이 태양 같은 불 맛의 빨간 맛 속에 뜨거운 인생의 역경을 속아 넘어가게 만들어 잊어 버리고 싶은 삶, 내려 놓아 힘을 얻을 수 있다면 찾아 마땅한 것 아닌가. 뜨거운 인생, 짙은 열기 속 빨강색 빛의 매운맛은 여전히 '찾기-진행'된다.

4. 변신의 나라, 변신의 도시: 변검(變臉) 그리고 경극(京劇)

빨강색은 삶의 변형도 가져다 준다. 빨간 옷을 입고, 빨간 분장을 하는 순간, 어제의 나는 사라지고 새로운 나가 존재하기 시작하기 때문이다. 빨강색이 생명의 색이기 때문에 새로운 삶으로의 도래를 가능케 한다는 점에서 빨간 빛색은 변신의 문제와 연관한다. 빨강빛 변신. 그래서인지 대중문화 텍스트에서 여성 인물들의 변신은 이 빨강 색감을 통해 이루어지는 경향이 있다.

변신은 변형이라고도 일컬어지며 주로 인간이 동식물 또는 돌과 같은 다른 이류이물(異類異物)로 그 형태가 갑자기 또는 서서히 변하는 변화 현상[9]이다. 누구나 변신에 대한 원망(願望)과 강박적인 환상

— 9   이재선, 『현대소설의 서사주제학』, 문학과 지성사, 2007, 341쪽.

을 지니고 있기 때문에 변신을 꿈꾸고 욕망한다. 하지만, 실제로는 현실적인 삶의 제약과 한계를 뛰어 넘으려고 할 때, 이 감정은 강렬해진다. 변신은 현실에서 이룰 수 없는 것을 꿈꾸게 하고 충족시킬 가능성을 내포하고 있기 때문이다. 변신이 현재 직면한 자기 문제를 회의하고 성찰하는 자아 탐색의 지점이라면, 그 원망(願望)은 자아 찾기에 대한 존재론적 탐구 방식이라 할 수 있다. 이런 측면에서 변신은 문제 해결을 위한 근원적 탐색의 원형 지점이라 이야기할 수 있다. 이 원형적 탐색이 이루어지는 것은 자기 확인이 어렵고 불확실할 때에 대체로 야기되는 경향이 있다. 자기 확인이 불투명한 것은 자아 기반이 약해져 있기 때문이다. 따라서 개인도, 사회도 자기를 상실하고 정체 규명을 하기 어려울 때, 변신을 시도한다. 외형이든, 내면이든.

사천의 변검(變臉)과 북경의 경극(京劇)은 이러한 변신의 원리를 기반으로 새로운 시대와 사회에 적응하기 위해 모색된 연극 형태이다. 청나라 말기는 근대 사회 체제가 성립되면서 새로운 테제에 맞는 삶의 기반이 형성되던 시기이다. 전통극이 새로운 사회 체제에 부합하지 않아 퇴출될 위기에 몰리자 연극인들은 새로운 연극을 모색하기에 이르는데, 변검(變臉)은 그런 과정에서 만들어진 가면극으로서 변검술사가 얼굴에 씌운, 여러 개의 가면을 벗겨내면서 신기에 가까운 연기를 펼쳐내는 연극이다. 변검(變臉)은 천극(川劇) 공연 중 꽃이라 불릴 정도로 각광을 받는 연극이다. 천극은 주로 기예, 노래, 춤으로 이루어진 극으로서 사천의 전통극이고 이 극 안에 변검(變臉)이 공연된다.

일명 천극지화(川劇之花). 가면들이 벗겨질 때마다 나타나는 색깔이 연극 내용의 의미를 형성하고 관객은 하나의 약속된 기호의 의미를 풀어내듯, 이 가면 색에 따라 내용을 해독한다. 변검(變瞼)은 천극(川劇) 공연 중에 삽입극으로 무대화 되지만, 단독 공연으로도 많이 무대에 올려진다. 따라서 독자적으로 쇼 연출이 가능해서 적재적소하게 어디에서든지 연출이 가능한 공연이다. 화려한 색감의 가면들이 하나씩 벗겨질 때마다 관객의 흥분은 고조되고 호기심이 채워진다. 19세기 말에서 20세기 초에 희곡개량의 과정에서 만들어진 변검(變瞼)은 세기를 초월해서 더 대중에게 다가가고 있는 추세이다.

가면의 빨강색=충성과 지모를, 검정색=용맹을, 파랑색=강건함을 그리고 흰색=음흉함을 상징한다. 아울러 주황색=악함을 의미한다. 이외에도 가면의 여러 가지 색들이 각각 고유의 의미를 확보하여 관객들에게 내용을 전달한다. 색들은 약호화 되어 변검(變瞼) 극의 내용을 상징한다. 가면의 벗김은 색의 변신이다. 색이 변할 때마다 하나의 세상이 펼쳐진다. 열두 개의 가면이 벗겨지면 열두 개의 세상이 나타나고 관객은 이 세상들을 맞딱뜨리면서 자신을 정체화한다. 이러한 정체화는 사천의 전통극이 새로운 현실에 기반하고 살아남기 위한 자구적 몸부림인 것이다. 새로운 시대에 전통 연희를 적응시키고자 하는 열렬하고 뜨거운 모색의 과정에서 변검(變瞼)은 비로소 출현해 색의 도움을 받는다. 그리고 色을 입는다.

변검(變瞼) 외에도 중극을 대표하는 연희 형태 중 하나가 경극(京劇)이다. 경극(京劇)은 북경을 중심으로 발달한 연극 형태로서 변검(變瞼)과 마찬가지로 가면극의 일종이다. 다른 점은 직접 얼굴에 분장을 한다는 점이다. 변검(變瞼)이 얼굴에 씌운 가면을 벗겨 내는 데에 집중을 한다면, 경극(京劇)은 다양한 분장 기법을 바탕으로 해서 극을 구성한다. 정해진 인물 연기에 맞추어 분장의 색감이 조절되고 이 색깔은 바로 극 내용과 연결되어 의미를 형성한다. 이 경극(京劇)에서의 분장을 검보(臉譜)라고 한다. 검보(臉譜)는 변검(變臉)의 가면처럼 색의 의미가 동일하다. 빨강색=충성과 지모를, 검정색=용맹을, 파랑색=강건함을 그리고 흰색=음흉함을 지칭하는 데에 있어서 크게 다르지 않다. 색에 대한 인식의 근거가 중국인들에게 유사한 구조를 형성하고 있기 때문이다. 경극(京劇) 역시 색의 도움을 받고 色을 입는다.

결국 변검(變臉)이나 경극(京劇)에서 만들어내는 색의 의미는 중국이라는 나라와 중국인이 색을 통해 인식하는 세계의 모습인 셈이다.

경극(京劇) 역시 청나라 말기에 새로운 시대에 맞추어 모색된 연극 형태이다. 노래와 춤 중심으로 구성된 극으로서 베이징 오페라라고 불리는데, 고정된 인물 캐릭터에 맞는 분장과 연기가 관객에게 인지되어 약호화된다. 이 약속된 연기의 구성과 패턴을 이해하면 경극(京劇)의 재미가 상승될 수 있다. 경극(京劇)의 배우는 자신이 맡은 연기 하나만을 평생 수행하기 때문에 때로는 현실과 극을 구분하지 못하는 경우가 있어 자신을 극의 배역으로 생각하면서 생활에 지장을 초래하는 경우가 있다고 한다. 현실과 허구의 경계 사이에서. 그렇다면 그런 배우를 대하는 관객들도 배우들을 바라볼 때, 혼돈과 착각이 일어나지 않을까 하는 의문이 든다. 어떤 방식으로 배우들을 받아들일까. 현실에서 살고 있는 사람들로? 아니면 무대 위에서 연기의 꿈을 꾸는 사람들로? 그리 중요하지 않고 의미 없는 궁구이지만, 이러한 이면의

변검 變臉

천극 川劇	청나라	특징 1
변검 = 천극지화 변검술사 가면을 바꾸는 예술	청나라 말 19C 말~20C 초 희곡개량 중국 3대 연희 중 하나	천극 중 행당 行當 담당 배역 쇼이 활용 배역의 유형화
특징 2	**분장**	**영향**
인물의 심리 변화 서스펜스성 기예성	검보 붉은 색: 지모/충성 검은 색, 검푸른색: 용맹 흰 색: 음흉함 파란색: 강건한 감정 등	음악 형식에 변화 경극 등 타 예술 분야와 콜라보

경극 京劇

청나라	북경	내용
1790년, 강희 황제 탄신일	창극, 베이징 오페라 지방극 '휘반'	권선징악-의리/ 탐관오리 횡포/ 황제 풍자 등
형식	**분장**	**레퍼토리**
연기의 약속-관람 방식 배우의 일생 한 연기: 생(生)단(旦)정(淨)축(丑)말(末)	검보 붉은 색: 혈기/강직 관우 검은 색: 무모한 용기/영숙, 강경함 이규/포청천 흰 색: 의심/간사함 조조 파란색: 강직함/도도함 등	〈삼국지연의〉, 〈패왕별희〉 〈손오공〉, 〈수호전〉 등

변검(變臉)과 경극(京劇)

이야기들을 상상해 보면 즐거움이 절로 생겨난다. 흥겨웁고 재미있는 연극과 배우가 유발하는 힘일지도 모르겠다.

변검(變臉)과 경극(京劇)은 주제 내용에 있어서 권선징악이나 문제 상황에 대한 비판과 풍자적 자세를 취한다. 따라서 〈수호지〉나 〈삼국지연의〉 등의 영웅 이야기들이 극 이야기의 주된 레퍼토리로 등장한다. 이 중에서 〈패왕별희(覇王別姬)〉도 경극(京劇)의 공연 종목 중 하나이다. 이 두 연극은 색을 이용해서 신체의 변신을 이루어내면서 각각 지역극으로서의 전통극을 유지하고 보존하기 위해 역사성을 획득하는 공통점을 갖는다.

영화 〈패왕별희(覇王別姬)〉[10]에는 이러한 경극(京劇)의 이야기가 잘 형상화되어 있다. 청나라 말기와 경극(京劇) 그리고 인물들의 운명이 한데 점철되어 극중극의 형식을 띠면서 영화 이야기가 전개된다. 이때 인물들이 입은 의상이나 검보는 영화의 의미를 잘 부각시킨다. 그리고 이 의미는 총 천연의 다채로운 색을 통해 드러난다. 검보(臉譜)란 분장의 형태로 얼굴에 가면을 씌우는 일종의 탈에 해당한다. 배우들의 맨 얼굴에 여러 가지 색으로 무늬, 점, 색 등을 분장하면서 충의, 우직함, 악함 등의 의미를 드러낸다. 이 때, 각각의 색들이 의미를 완성하는 매개가 된다. 따라서 이 검보(臉譜)를 '표정이 있고 근육이 살아 숨쉬는 탈'[11]로 지칭하기도 한다. 이러한 경극(京劇)의 색이 갖고 있는 의미가 영화 속에서도 그대로 형상화되어 영화의 주제를 드러낸다. 이 영화에서 색감의 의미가 가장 잘 부여되는 인물은 청데이와 쥬샨이다. 청데이는 두지(=도즈)라는 다른 이름을 갖고 있는 남자이면서도 여자로서 이중적인 삶을 살아가는 인물이다. 태생은 남자이지만 여자로서의 성 역할을 부여받으면서 남자와 여자 사이에서 애매한 정체성

---

10 영화 〈패왕별희(覇王別姬)〉는 중국의 첸 카이거 감독이 연출한 작품이다. 1993년에 개봉되어 수 많은 관객들의 감성을 울린 영화이다. 장국영, 공리, 장풍의가 출연하였고 칸 영화제에서 황금종려상을 비롯해 각종 세계 영화 시상식에서 상을 거머쥐며 호평을 받았다.

11 한국색채학회, 『色이 만드는 미래』, 도서출판 국제, 2002, 36쪽.

을 갖고 살아 간다.

이러한 역할 구성은 청데이가 경극(京劇) 〈패왕별희(覇王別姬)〉에서 우희 역할을 맡으면서 더욱 강화된다. 배우로서 우희 역할을 평생 전담해 나아가는 과정에서 메이는 자신을 여자라고 여기며 혼란을 겪기도 하는데, 이 때 우희의 색은 빨강으로 표현된다. 빨강은 여자로서의 정체성을 확고하게 해주면서 샬로에 대한 열정을 의미화한다. 그런데 이 빨강의 색이 또 다른 여인, 쥬샨에게 부여되면서 청데이와 쥬샨 사이에 긴장감이 발생하고 인물 간의 갈등이 크게 고조되기에 이른다. 빨강은 여자의 색이면서 샬로를 향한 두 인물의 충성스러운 사랑과 열정을 의미하기도 한다. 그러나 이 열정빛의 빨강이 파편화 되어 흩어지는 순간은 샬로가 쥬샨과 청데이를 버리고 거부하는 그 시점이다. 빨강은 한 남자를 향한 두 여인의 비극적 사랑을 켜켜이 쌓아 놓았지만, 그 몰락은 바로 그 한 남자의 한마디 말에 의해 순간, 이루어진다. '사랑하지 않아요, 그녀를'.

… 쥬샨의 죽음은 빨강색 치파오의 클로즈업 샷으로 마무리되면서 서글픈 삶에의 허망한 잔상만을 남기고 영화의 우울을 배가한다.

… 청데이의 죽음 역시 빨강색 얼굴 분장에 노랑색 옷이, 샬로와의 마지막 무대에 대한 비련함을 장식하면서 영화의 슬픔을 극대화한다.

이 영화에서 빨강색은 사랑과 열정이 다하는 죽음을 의미한다. 열정이 다한 자리에 남겨지는 허무한 잿더미의 영광을 빨강은 담아낸다. 빨강=열정이면서도=증오와 애증의 색이다. 증오와 애증은 핏빛 자국을 선명하게 남기며 쥬산과 청데이의 육체를 갈갈이 나누어 찢어 허공에 날려 버린다. 피를 대신하는 명칭[12]으로서 빨강은 사랑의 또 다른 이면의 부정적인 정서로서 '위험함'에 대한 경고를 남긴다.

한편 빨강 외에 노랑색도 우희를 담아낸다. 우희의 얼굴은 빨갛게 채색되지만 의상은 노랑색으로 입혀진다. 노랑색=노란색은 중국 민족이 가장 숭앙하는 색깔이다. 노란색은 역대 통치자에게 지극히 존귀한 색깔로 간주되었기 때문이다.[13] 아울러 노란색이란 명칭이 흙을 근거로 했기 때문에 노랑을 흙색이라 여겼고, 흙은 동서남북 사방에서 가운데를 차지하고 있기 때문에 중앙의 색깔, 중화색(中和色)[14]으로도 여겼다. 따라서 존귀함과 상서로움을 상징하는 색으로서 인식되어 왔다. 우희가 패왕의 옆, 귀한 자리에 있기 때문에 환유적으로 노랑색으로 상징된다. 아울러 우희 역할의 청데이가 무대에서 극을 펼치고 노래를 하는 동안 노랑색 의상을 입는다. 극 속 우희, 이를 연기하는 청데이는 노랑색으로 채색되는 존귀한 자인 셈이다. 존귀한 만큼 인기도 많아 숭앙하고 좋아하는 다수의 추종 팬들을 거느리기도 한다. 마지막 죽음이 이루어지는 엔딩 순간에도 청데이는 이 노랑색 의상을 착장하고 있다. 따라서 청데이=노랑색의 화신이다. 그러나, 이 영화에서는 노랑색의 존귀함보다는 빨강색의 붉은 마음이 더 자리를

---

12 이주노·김은희 역, 앞의 책, 79쪽.

13 위의 책, 69쪽.

14 위의 책, 69쪽.

한다. 빨강색이 더 지배적인 색으로 영화 전체를 관통한다. 청데이가 처한 자리의 규모보다는 사랑하는 이를 향한 마음의 크기가 더 중요하기 때문이다. 따라서 노랑색은 빨강색에 자리를 내어준다.

중국에서 빨강은 '양(陽)'의 색이다. 양(陽)은 태양을 상징하고 불을 의미한다. 이는 '사방으로 빛을 발하는 태양의 색깔이며, 활활 타오르는 불꽃이며, 혁명 열사의 뜨거운 피다. 거대한 에너지를 감추고 있는 생명의 원천이며, 활력으로 충만한 그것은 흥분과 감동을 주며, 분발하여[15] 전진하도록 용기를 북돋워준다. 중국에서는 오래전부터 이 태양빛 빨강색을 길상으로 여겨왔다. 따라서 모든 생활과 문화의 기저에는 이 색빛이 자리한다. 먹거리에서 문화 예술 작품들에 이르기까지. 빨강색은 중국인에게 있어서 문화색인 셈이다. 의식과 정서를 지배하는 색이다. 따라서 빨강은 중국인에게 기원, 신성, 으뜸, 생명을 상징하고 사랑을 의미한다. 요컨대 진보·상서로움·신성함의 색깔로 여겨왔다.[16] 따라서 신성하게 여겨지는 이 빨강의 심상은 중국인들의 의식에 지배적으로 자리를 잡으면서 깊은 영향 관계를 맺는다. 색채는 사람의 정서 상태를 즉각적으로 변화[17]시키는 힘을 지니고 있기 때문에 색에 대해 갖고 있는 정서의 문제는 해당 대상의 정체성 확립과 긴밀하게 연결된다. 그리고 특정 국가나 민족의 상징색채는 그 민족

—— 15 위의 책, 79쪽.
—— 16 위의 책, 74쪽.
—— 17 유뢰·이견실, 「중국의 상징색 '빨강'의 역사적 고찰」, 『일러스트레이션 포럼』 42권, 한국일러스트레이션학회, 2015, 68쪽.

과 나라의 사상, 언어, 자연 환경을 반영한다. 아주 오래전부터 '중국 민족이 현재 가장 숭배하는 신성한 색깔이며 시대의 색깔'[18]로서 빨강색에 대해 더, 이제, 유심히 살펴볼 필요가 있겠다.

5. 빨·주·노·초·파·남·보 행복 도시, 사천-청두: 안분지족(安分知足)을 아는 삶, 사람들

사천(四川)은 중국 서부에 위치해 있는, 인구 9천만 명에 육박할 정도로 인구가 많은 큰 도시로서 일명, '사천성(四川省)'이라 불리는 곳이다. '사천성(四川省)'은 중국에서 두 번째로 큰 면적을 차지하면서 대다수 중국인들의 식량을 생산하는 농업 지역으로 역할을 하고 있다. 이곳에는 한족을 위시로 해서 다양한 민족들이 함께 생활 공동체를 이루면서 살아가고 있다. 기원전 15세기 이전부터 유구한 삶을 보전해 왔던 사천은 산으로 둘러싸인 분지 지대에 속해 있어서 기후와 자연의 영향을 많이 받는다. 기후 조건도 크게 문제가 되지 않아 삶을 이루어가는 데에 무리스럽지 않다. 게다가 풍부한 먹거리와 자연 자원을 보유하고 있기 때문에 사천 사람들은 비교적 여유 있는 생활을 한다. 그래서 사천을 '하늘이 내린 땅', 천부지국(天府之國)이라고 일컫는다. 그만큼 천혜 자원의 혜택을 많이 받고 있기 때문이다. 그래서 굳

---

18 이주노·김은희 역, 앞의 책, 80쪽.

이 정복해서 더 얻어야 할 대상을 떠올리지 않는다. 더 가져야 할 이유도, 필요도 없다.

따라서 사천 사람들의 얼굴에는 미소가 가득하고 삶에 여유가 있어 인심도 넉넉하다. 천천히 차를 마시는 습관, 한가한 거리에서의 기공 체조, 그리고 집집마다 놓여 있는 테이블에서의 마작 놀이 등 자신을 돌보며 삶의 즐거움을 향유할 줄도 안다. 영화 〈호우시절(好雨時節)〉에서 메이와 동하가 길거리 체조와 댄스를 하며 사랑의 즐거움과 행복한 느낌을 전달하는 장면에서의 평안함. 그런 행복감. 이러한 생활의 여유는 문화의 발달을 가속화 시켜 풍요로운 삶을 구가하게 하는 힘을 제공하면서 삶의 만족도를 고취시킨다. 따라서 사천 사람들은 행복 지수 1위를 기록할 정도로 일상에 대해 안분지족(安分知足)한다. 자신이 가진 것에 대해 감사하는 마음을 갖고 행복해 하며 남의 것을 굳이 넘다 보며 비교하지 않으면서 상대적 박탈감에 휘둘리지 않는다. 이런 마음의 여유는 주체적으로 자신의 삶을 올곧게 유지하면서 균형 감각을 가지고 살아가도록 유도하여 삶의 행복으로 이어지도록 만든다. 노인이 행복한 나라, 모두가 어울리며 살 수 있는 조화로운 色

마작 놀이와 차 문화: 무지개 빛 삶

의 고장. 사천-청두는 두 편의 영화와 함께 삶의 의미를 전해준다. 그냥. 지금처럼. 여기 있듯. 어디에서나 까르페 디엠. Carpe Diem. 어제보다 내일. 내일보다 오늘. 바로 지금-여기, 무지개 떠오르는 이 순간. 무지개 사라져도 지금 이 순간.

사천 사람들의 삶을 색으로 표현한다면, 무지개 빛깔, 빨·주·노·초·파·남·보 가 아닐까 싶다. 이들은 자신의 삶의 방식에 따라 속도를 조절해 가며 살아가는 일에 충실하다. 속도는 모두가 동일할 수 없기에 각자의 속도에 맞추어 삶의 방향을 정하고 살아간다. 그래서 저마다의 색으로 삶을 빛낸다. 삶의 色을 입는다. 이로써 각자의 삶에 떠오르는 무지개 색을 창조한다. 그 무지개가 희망이든, 기대이든, 행복이든, 각자가 추구하는 삶의 내용과 방식에 맞추어 색을 만들어낸다. 그리고 서로 다른 색이지만 각각의 빛깔들이 한데 어울릴 때, 7가지 반원형의 띠를 만들어내면서 조화로운 삶의 감각을 만들어낸다.

빨강의 열정과 사랑, 주황의 즐거움과 기쁨, 노랑의 유쾌함과 낙관, 초록의 싱그러움과 생명감, 파랑의 조화와 안정, 남색의 지혜로움과 절망적 사랑, 보라의 신비로움과 자유분방함이라는 각각의 삶의 감각들을. 이 색들이 모여 무지개라는 희망과 행복을 기대할 수 있다. 무지개는 이 모든 색들이 함께 할 때, 무지개일 수 있으니까. 비 온 뒤, 땅이 굳어지듯. 비온 뒤 인사하는 Rain Bow, 이 무지개 빛색 안에서 모두가 흥겨웁고 즐거울 수 있다. 넉넉하고 여유로운 삶을 살아갈 수 있다. 욕망이 크지 않게, 크게 내지 않게 소소한 삶의 행복감을 가지면서 살아갈 수 있다.

따라서 이 안에서는 누구나 미래가 계획된다. 현재가 존재하기 때문에. 지금-여기의 삶이 가능하기 때문에. 그래서 미래는 지속될 수 있다. 현재가 있어야 미래가 보장되기 때문이다. 사천의 사람들은 현재를 살아가며 미래를 스스로 확보한다. 그래서 행복하다. 행복 지수가 높다. 의미 있는 삶을 거머쥔다. 의미가 있기 때문에 형식이 완전하게 이루어져 있다. 삶의 형식이라는 모습이. 사천의 계절이 연분홍, 초록, 노랑, 빨강 등의 온통 빛깔 천지인 이유가 바로 이 때문.에서. 비롯된다. 자연과 사람이 조화되는 그 지점에서.

참고문헌

1. 기본 자료

영화 〈호우시절〉, 허진호 감독, 2009년.

영화 〈패왕별희〉, 첸 카이거 감독, 1993년.

2. 논문 및 단행본

유뢰·이견실, 「중국의 상징색 '빨강'의 역사적 고찰」, 『일러스트레이션 포럼』 42권, 한국일러스트레이션학회, 2015.

이재선, 『현대소설의 서사주제학』, 문학과 지성사, 2007.

이주노·김은희 역, 『색채와 중국인의 삶』, 전남대 출판부, 2011.

한국색채학회, 『色이 만드는 미래』, 도서출판 국제, 2002.

황런다, 『중국의 색』, 조성웅 역, 예경, 2013.

3. 인터넷 자료

『위키백과 사전』, 「무후사」, 검색 일자 2022.6.1.
https://ko.wikipedia.org/wiki/%EB%AC%B4%ED%9B%84%EC%82%AC

1930-1940년대 해외 기행시의 인식과 구조

-임화와 김조규의 일본·만주 기행시를 중심으로-

김진희(숙명여자대학교)

1. 일본과 만주 기행시의 시사적 위치

문학사전에 의하면 여행이란 "어떤 곳에서 멀리 떨어진 다른 곳에 이르기 위하여 옮겨가는 과정"[1]을 뜻한다. 기행시(紀行詩)란 여행의 체험을 시적 주제나 제재로 형상화한 양식으로서, 화자나 시적 인물의 공간 이동에 따라 인식의 변화가 수반되는 특징을 보여주며, 외부 세계의 경험과 타자적 인식이 직접적으로 서술되는 것이 아니라, 비유나 상징에 의한 시적 이미지로써 형상화되는 것이다.

이 글에서는 1930-1940년대의 해외 기행시를 연구대상으로 하고자 한다. "근대 기행문학에서 재현(representation)하고 있는 '풍경'은

---

1 장 그르니에, 『일상적인 삶』, 김용기 옮김, 민음사, 2001, 13쪽.

단순히 감각적으로 감지되는 공간이 아니라, 인간의 심미적 의식을 통해 형성된 역사적 산물"[2]이라고 할 수 있다. 애국계몽기부터 민족이나 국토를 발견[3]하게 함으로써 "대중들에게 '내적 동질성'을 부여하고 근대적 사유에 의한 담론 형성"[4]에 일조한 기행문학은, 1930년대에 이르러 일본 제국주의 정책들과의 유기적 관계 속에서 확장된 공간인식의 필요성과 주체형성의 변화를 표출하게 된다.

지금까지 기행문학[5]에 대한 연구는 주로 산문과 소설을 중심으로 진행되었으며, 특히 해외 기행시에 대한 연구는 매우 빈약한 실정이다. 해외 기행시 연구는 한국 시사의 영역을 확대시킬 수 있다는 점에서 대개의 연구자들이 공감하는 부분이지만, 기초 자료의 부족함과 작품성에 대한 시각의 차이 등으로 인해 일부 작품을 제외하고는 연구에서 주변화 되었던 것이 사실이다. 이 글은 해외 기행시에 대한 관심에 우선적 의미를 두고자 하며, 식민지시대를 이해하는데 있어 해외 기행시가 어떤 역할을 하는지, 해외 기행시가 한국 시문학사의 독

---

2   이효덕, 『표상 공간의 근대』, 박성관 옮김, 소명출판, 42쪽.

3   민족이나 국가의 발견을 위해서는 타자화 된 풍경을 발견하는 것이 우선되어야 한다. 그 타자와의 차이나 경계에 의해 민족이나 국가의 개념은 형성된다. 가라타니 고진(柄谷行人)에 의하면 '풍경'이란 하나의 인식틀이며, 일단 풍경이 생기면 곧 그 기원은 은폐되고, 처음부터 외부에 존재하는 객관물(object)처럼 보인다.(가라타니 고진(柄谷行人), 『일본 근대문학의 기원』, 박유하 옮김, 민음사, 1997, 32-48쪽)

4   김현주, 『한국 근대 산문의 계보학』, 소명출판, 2004, 125-127쪽.

5   이때의 기행문학은 근대적 사유를 전제로 하면서, 해방 이전에 씌어진 시, 소설, 산문 등으로 범주화한다.

자적 영역으로 자리매김할 수 있는지, 지리적 공간의 이동이 주체의 형성에 어떤 변화를 주는지 등에 대해 균형적인 시각으로 고찰하고 자 한다. 이러한 문제들을 고려할 때, 우선적으로 기행문학이나 기행 시의 개념을 정립하고 그 발생 배경을 추적하는 연구들을 주목할 필 요가 있다. 특히 최근에 발표된 연구들은 근대문학 형성과정의 일부 분으로서 기행문학을 논의하거나, 탈식민적 관점에서 기행의 의미와 주체의 변화를 고찰한다는 점에서, 기행문학이나 기행시의 개념을 식 민지시대나 근대 또는 탈근대와의 유기적 관계 속에 구축하고 있음 을 알 수 있다. 근대적 여행의 개념은 철도나 선박, 신문 등 식민지시 대에 보급된 근대적 매체와 기행문학의 확산으로 인해 비로소 인식되 었다.[6] 때문에 근대적 매체의 활용이나 여행의 동기 파악 등은 기행시 분석과정에서 중요한 전제 조건이 된다.

　　1930-1940년대 우리나라 해외 기행시에 대한 논의들은 주로 일 본과 만주 여행 체험의 시들을 대상으로 하여 기행 담론을 양산하고 있다. 대동아 공영권이라는 일본 제국주의의 정책 속에서 조선과 일 본, 만주는 하나의 법적 테두리 속에 있었다. 제국주의 일본에게 식민 지 조선과 만주는 동화의 대상이기도 했지만, 한편으로는 절대 동등해 질 수 없는, 반드시 차이를 두어야만 하는 주변인들이었다. 경제적으 로 몰락한 노동자나 농민들을 비롯하여, 근대적 학문과 사상을 동경하

　6　가라타니 고진은 루소의 알프스 등반 체험글로 인해 '알피니스트'라는 말이 생긴 것을 예로 들면서, 근대적 의미의 여행을 가능하게 하는 것은 '문학'임 을 서술하고 있다.(가라타니 고진, 앞의 책, 41쪽)

는 유학생, 막연한 환상을 갖고 떠나는 유랑민, 국책사업에 동조하기 위해 여행하는 지식인, 식민지의 억압적 상황을 견디지 못해 도피하는 사람들의 다양한 이야기가 당시의 기행문학에 담겨있다. 문학을 통해 여행의 개념을 추출할 수 있듯, 문학을 통해 인간의 삶을 발견하게 되는 것은 당연하다. 더구나 그 삶이 공간의 이동과 함께 생산되는 것이라면, 공간에 대한 사유들은 기행시를 이해하는 척도가 될 것이다.

　이 글에서는 1930-1940년대 일본과 만주 기행의 시들 중에서 임화(林和)와 김조규(金朝奎)의 해외 기행시를 초점화하여 고찰하고자 한다. 임화의 일본 기행시와 김조규의 만주 기행시는 우선적으로 식민지시대 상황에서 비롯되는 공간의 특성을 형상화하고 있으며, 시적 자아의 낭만성과 서정성을 토대로 하는 가운데 공통적으로 서사적 구조를 지향하고 있다. 일본과 만주라는 공간은 일본 제국주의의 식민지 정책으로 연계되면서 기행의 여로를 확장하고 있었다. 이 여로 속에서 시적 주체들은 공간 이동에 따라 대조적인 정체성을 발견하게 된다. 일본 기행문은 주로 유학생 지식인들의 귀가나 복귀를 여로의 대상으로 하면서 그들의 내면과 고독감을 고백하는 것이 주를 이루었다. 이에 반해 만주 기행문은 같은 유학생 지식인의 글이라 해도 취직 이민이나 도피적 이주의 성격이 주를 이루면서, 경제적 곤란으로 인해 북행열차를 탄 같은 동포들의 현실에 동질감을 표출하고 있다.[7] 이러한 경향은 임화와 김조규의 기행시에서도 확인할 수 있다.

　　7　차혜영, 「세계체제 내 식민지 근대의 심상지리」, 민족문학사연구소 기초학문 연구단, 『한국 근대문학의 형성과 문학 장의 재발견』, 소명출판, 2004, 417쪽.

임화에게 있어 일본 유학은 선진 사상 수학(修學)의 의도가 전제된 것이었다. 때문에 임화의 기행시들[8]에 대한 기존의 연구는 공간의식이나 여행의 체험보다 '현해탄'의 의미와 상징적 근대성에 집중하고 있다. 이 글에서는 기존의 시각과 차이를 두어, 임화의 시집 『현해탄』(1938)이 일본 유학의 체험을 제재로 삼고 있는 기행시라는 양식에 주목하고자 한다. 근대 문명의 직접적인 수혜자가 되기 위해 선택한 일본 기행을 통해 시인은 어떠한 정신적 변화를 경험하게 되었는지, 기행시의 형식은 변화하는 세계관을 표출함에 있어 어떤 효과를 내고 있는지 고찰하고자 한다.

한편 김조규에 대한 연구들은 대개 통시적 고찰이나 개별 작품에 대한 개략적인 정리에서 벗어나지 못하고 있으며, 그 분량도 매우 미비한 편이다. 김조규의 시는 쉬르레알리즘 계통의 심리주의에서부터 낭만주의와 현실주의에 이르기까지 다양한 시세계를 망라하고 있으며, 그에 동반된 주체 역시 전도된 변화의 과정을 보여준다. 이 글에서는 김조규의 만주 기행시들을 선별하여 그들이 식민지 시대의 현실과 모순을 형상화한 전거로서 어떤 역할을 하는지 고찰해볼 것이다.

임화와 김조규에 대한 해외 기행시 연구는 같은 역사적 상황과 같은 시적 양식을 전제로 하는 시들이 기행 공간에 따라 문명과 야만, 기대와 절망의 상반적 인식으로 표출되고 있음을 확인할 수 있다. 이 글에서는 문학사회학적으로 추출된 기행시의 인식을 연구의 기율로 하

---

8 1938년 동광당 서점에서 발간한 『현해탄』에 실린 시들이 임화의 일본 기행시라고 할 수 있다.

여, 내용적 측면과 구조적 측면을 분석하고자 한다. 연구 과정에서 주체의 형성, 공간적 인식, 시적 인물, 경계의식 등이 구체적으로 논의되겠지만, 이들은 전술한 방법과의 유기적인 관계를 벗어나지 않을 것이다.

2. 내적인식의 전경화와 주체 재구성: 임화 『현해탄』

2-1. 심미적 인식과 이데올로기의 전경화(前景化)

기행시에서 전제되는 공간의 이동은 언어에 의해 '풍경'으로 묘사된다. 가라타니 고진에 의하면 "묘사란 단순히 이질적인 외부세계를 그리는 것이 아니라, 외적인 것에 무관심한 '내적 인간(inner man)'에 의해 발견되는 것"[9]이다. 즉 발견자의 심미적 인식의 동요에 의해 풍경은 비로소 타자로서의 실재적 의미를 갖는 것이다. 심미적 인식과 익명의 풍경이 만나는 접점에서 동질감이 형성되고 내면의 전도가 이루어지면서, 근대적 의미의 풍경은 탄생하게 된다. 때문에 같은 공간을 여행한다고 해도 심미적 인식이 생성되는 환경에 따라 풍경의 형상은 다를 수밖에 없다. 임화의 초기 시에는 다다이즘(Dadaism)적인 경향이 나타난다. 낯설고 새로운 것을 찾아 나서는 '가출모티브'[10]는, 임화의 초기 시세계부터 계급의식을 주제로 하는 시편들에 이르기까지

---

9   가라타니 고진, 앞의 책, 38-42쪽.

10   김윤식, 『임화연구』, 문학사상사, 1989, 22-28쪽.

일관적인 인식 형성의 계기로 작용하고 있다. 임화의 기행시에는 풍경을 발견하기 이전의 내적 인식이 전경화되고 있으며, 인식의 구축에는 이데올로기가 개입하고 있다. 때문에 기행시의 형식을 취하고 있으되, 여행의 경로나 물질적 체험을 형상화하기 보다는 이데올로기적 내면의 고백을 위주로 하는 것이 특징이다.

임화의 『현해탄』 기행시편들에 나타난 인식적 변화에서 우선 주목할 수 있는 것은 계급의식의 범주가 세계화되고 있다는 것이다. 임화가 '현해탄'의 기행시를 쓴 시기는 일본 유학을 다녀온 이후 즉 1930년대 중·후반이다. 따라서 '현해탄'의 기행시는 회고적 성향을 띠고 있으며, "카프의 해체를 겪고 난 상황에서 비롯되는 현실타개의 모색"[11]이 드러난다. 임화를 동경으로 떠나게 한 근본 동기는 한일 관계의 역사성이며, 프롤레타리아의 국제혁명관계 자체였다.[12] 특히 카프의 핵심 인물이었던 임화에게 볼세비키화된 계급의식의 학습은 필요했고, 일본에 체류하고 있던 이북만을 만나면서 그의 이데올로기적 목소리는 "종로 네거리에 선 순이"로부터 생면부지의 친구들에게로 향하고 있다.

그들은 하나도/어디 태생인질 몰랐다./아무도 서로 묻지 않고,/이야기하려고도 안했다.//나라와 말과 부모의 다름은/그들의 우

---

11 이경훈, 「임화의 1930년대 후반기 시 연구」, 『비평문학』 7호, 한국비평문학회, 1993, 218쪽.

12 김윤식, 앞의 책, 276쪽.

정의 한 자랑일 뿐, /사람들을 갈라놓은 장벽이, /오히려 그들의
마음을/얽어매듯 한데 모아

「내 청춘에 바치노라」 부분[13]

일본 행 선박에서 만난 사람들은 나라와 말이 같지는 않지만, 이
데올로기가 계기가 되어 어우러진 사람들로, 시적 자아[14]에게 이러
한 우정은 피보다 진한 것으로 인식되고 있다. 한편 시적 자아가 타고
있는 국제선은 "다인종성과 다국적성의 공간으로 보편적 문명을 체
험"[15]할 수 있는 곳이다. 즉 시적 자아는 변화된 공간에서 태생도 모르
는 낯선 사람들과 어울림으로써, 민족의 폐쇄적 경계를 허물고 세계
화된 계급의식을 실천하려는 것이다.

임화 기행시의 인식적 변화에서 또 한 가지 주목할 수 있는 사실
은, 세계화된 계급의식의 실천을 지향하면서도 자신과 같은 조선인을
보는 시선이 '양가적(ambivalent)'이라는 것이다. 즉 식민지인으로서 내
재하고 있는 '식민지적 무의식'과 법적 일본인으로서 갖고 있는 '식민
주의적 의식'이 동시에 나타나면서, 분열된 주체의 모순과 대립이 수

—— 13 임화의 시는 『임화전집 1』(김외곤 엮음, 박이정, 2000)에서 인용.

—— 14 본고에서 '시적 자아'와 '화자'는 쓰임새가 다르다. 화자가 각 시편의 주인공
       (시적 주체)을 의미한다면, 시적 아는 '내포작가'와 동일한 의미로 한 시인의 시
       편들을 통괄하는 인식 주체라고 할 수 있다. '화자'는 '시적 자아'와 동일인물
       로 사용되기도 하지만, 시인의 시적 편력에서 보면 '화자'와 '시적 자아'는 같
       다고 할 수 없다. 본고에서는 이러한 점을 전제로 하면서, '시적 자아'로 그 명
       칭을 통일하기로 한다.

—— 15 차혜영, 앞의 글, 앞의 책, 414쪽.

반되는 것이다.[16]

> '반사이!' '반사이!' '다이닛……'/이등 캐빈이 떠나갈 듯한 아
> 우성은, /감격인가? 협위인가?/깃발이 '마스트' 높이 기어올라갈
> 제, /청년의 가슴에는 굵은 돌이 내려앉았다.//어떠한 불덩이가, /
> 과연 층계를 내려가는 그의 머리보다도/더 뜨거웠을까?/어머니를
> 부르는, 어린애를 부르는, /남도 사투리, /오오! 왜 그것은 눈물을
> 자아내는가?
>
> 「해협의 로맨티시즘」 부분

위의 구절에는 이등 선실의 풍경을 타자화시켜 바라보는 시적 자
아의 대응적 심경과 감정적 흔들림이 동시에 드러나고 있다. "반사이
(만세), 다이닛(대일본제국)"이라는 아우성이 감격스러운지 위협적인지
판단하지 못하며 혼란스러워하는 시적 자아, 그 말을 감격으로 느껴
졌다면 식민지 지배자의 입장에서 표출되는 '식민주의적 의식' 때문
이며, 협위로 느꼈다면 식민지 피지배자에 내재한 '식민지적 무의식'
때문이다. "청년의 가슴"에 내려앉는 "굵은 돌"은 시적 자아의 혼란
한 심상을 상징한다고 볼 수 있다. 이어서 시적 자아는 "어머니를 부

---

16 고모리 요이치는 식민화의 타자가 또 다른 식민화의 주체를 꿈꾸어 그러한
타자성을 상쇄하려는 욕망에 대해 '식민지적 무의식'이라고 명명하였으며,
'만국공법'적인 서구 열강에 의해 산출된 제국주의적 식민주의가 형성한 연
쇄적 모방과 흉내(mimicry)의 일환으로 나타나는 것을 '식민주의적 의식'이라
하였다.(고모리 요이치(小森陽一), 『포스트 콜로니얼』, 송태욱 옮김, 삼인, 2002)

르는, 어린애를 부르는 남도 사투리"에 연민을 표출하고 있다. "남도 사투리"라는 말을 통해 시적 자아는 식민지인으로서의 열등감과 식민자로서의 타자성을 동시에 드러내면서, "한국어와 일본어의 대립을 간접화"[17]하고 있다. 양가적 인식 속에서 시적 자아가 선택한 것은 "몹시 낯익"은 사람과 말(언어)을 자신과는 멀리 떨어진 거리에 놓고 타자화시키는 것이었다.

> 사투리는 매우 알아듣기 어렵다./하지만 젓가락으로 밥을 날라가는 어색한 모양은, /그 까만 얼굴과 더불어 몹시 낯익다.//너는 내 방법으로 내어버린 벤또를 먹는구나.//(중략)//나으리들뿐이라, 누구한테 엄두를 내어/물을 수도 없구나.//다시 한번 손목시계를 들여다보고 양복쟁이는 모를 말을 지저귄다./아마 그 사람들은 모든 것을 아나 보다./면소(面所)에서 준 표지를 보지, 하도 지척이 안 뵈니까 그렇지!//(중략)//노하지 마라 너의 아버지는 소 같구나./빠가! 잠결에 기대인 늙은이의 머리를 밀쳐도, /엄마도 아빠도 말이 없고 허리만 굽히니……
>
> 「夜行車 속」 부분

위의 시에는 낯익은 "까만 얼굴"과 "사투리"를 타자화시키기 위해 일본인을 비롯한 외국인으로 짐작할 수 있는 "나으리"나 "양복쟁

—— 17 이경훈, 「서울, 임화 시의 좌표」, 문학과 사상연구회, 『임화문학의 재인식』,
      소명출판, 2004, 140쪽.

이" 등이 등장한다. 또한 "사투리"와 대응되는 "모를 말"이 투입되어 '사투리를 쓰는 까만 얼굴'이 주변화 되면서 정체성의 변화가 이루어진다. 시적 자아가 기대하는 이상적 인간의 모습은 "모든 것을 아"는 문명화된 "양복쟁이"이며, 그런 모습을 바라보는 시적 자아 또한 "양복쟁이"의 보편성을 지향한다. 그러한 인식의 변화로 인해 시적 자아는 '사투리를 쓰는 까만 얼굴'들에게 "소"나 "빠가" 등의 조롱 섞인 말이 부여되는 사실마저 보편적인 것으로 받아들이고 있다.

> (가) 어버이를 잃은 어린 아이들의/아프고 쓰린 울음에/대체 어떤 죄가 있었는가?/나는 울음소리를 무찌른/외방 말을 역력히 기억하고 있다.
>
> 「현해탄」 부분
>
> (나) 아, 고향아!/너는 그 동안 자랐느냐? 늙었느냐?//외방 말과 새로운 맵시는 어느 때 익혔느냐?
>
> 「상륙」 부분

위의 두 시에 공통적으로 사용되고 있는 "외방 말"은 인식적 측면에서 보면 쓰임새의 의도가 판이하다. (가)에서의 "외방 말"은 「눈물의 해협」에서의 "외방 욕설"과 같은 의미로서, 식민지인인 시적 자아에게는 동경의 대상이 아닌 위협으로 인식되고 있다. 한편 (나)에서의 "외방 말"은 「夜行車 속」에서의 "모를 말"과 같은 의도로 사용되면서, 보편적인 문명의 일환이기에 모방해야할 대상으로 인식되고 있다. 이렇게 동일한 시적 대상에 대한 인식이 상반됨으로써, 시적 자아[18]

가 발견하는 풍경은 전혀 다른 분위기를 산출한다. 따라서 풍경 묘사의 변화는 심미적 인식의 변화를 추적할 수 있게 한다. 그 한 예가 구체적 인물들의 사건전개를 위주로 하는 편지체 시 형식이, '현해탄' 시편에서 '나'라는 시적 자아의 내면을 강조하는 형식으로 바뀐 것이다. '나'로 형상화되는 '화자'는 임화의 시편들에 일관적 인식을 주도해가는 '시적 자아'와 일치되는 성향을 나타낸다.

1930년대 이전 '단편서사시'라 불리던 임화의 시에는 '순이, 영남이, 오빠, 아비, 어머니' 등 시적 자아와 직접적인 관계를 맺고 있는 인물과 '종로 네거리, 영등포, 용산, 수도 경성' 등의 국내의 구체적 장소[19]가 제시되어있다. 반면 '현해탄' 기행시편들에는, 시적 자아와 관계없는 사람들의 가족을 비롯한 낯선 사람들과 '청년, 우리, 그대, 해협, 현해탄' 등의 인물들과 장소가 등장한다. 국내 정주자에서 일본 여행자로 시적 자아의 거주 공간이 바뀌면서, 공간의 구체성이 해체되고 등장인물의 층위가 변화하는 것이다. 즉 정주자의 시선에서 발견한 사람

---

18 이때의 시적 자아는 실제 작가와 화자를 매개시켜주는 보이지 않는 '내포작가'(웨인 부스 명)의 성격을 지니는 것으로 규정한다. 캐틀린 틸롯슨은 '내포작가'를 '제 2의 작가'라고 칭하고 있다.(시모어 채트먼, 『영화와 소설의 서사구조』, 김경수 옮김, 민음사, 1990)

19 공간과 장소는 그 의미가 다르다. 공간은 추상적 용어로 서구 세계에서는 일반적인 자유의 상징이다. 공간은 열려져 있으며, 미래를 암시하며 행동을 초대한다. 때문에 부정적 의미에서 공간과 자유는 위협이 된다. 이에 비해 장소는 공간에서 분화되어 가치부여를 함으로써 독자성과 안정된 분위기를 주는 일종의 대상(object)이다. 장소들과 대상들은 그것에 기하학적 특성을 주면서 공간을 구체적·심리적으로 한정한다.(이푸 투안(Yi Fu Tuan), 정영철 역, 『공간과 장소』, 태림문화사, 1995)

들이 시적 자아와 직접적인 관계를 맺고 있던 가족이나 주위 사람들이었다면, 여행자가 되어서 만난 사람들은 가족이나 태어난 나라도 모르는 낯선 얼굴들이다. 기행시편에서는 시적 자아와 시적 대상의 거리가 멀어지면서, 실명을 가진 구체적 인물이 아닌 '우리, 그들, 이름, 형제, 청년, 행인' 등 익명의 인물들이 등장하는 것이다. 기행시를 쓰는 의도 역시 구체적 인물의 일상적 사건전개보다는 이데올로기의 실천에 의한 새로운 시대의 도래를 노래하는 것이기 때문에, 시풍도 낭만적 자아의 감탄과 의문 등에 의한 간결함을 특징으로 한다.[20] 한편 서사성이 약화되고 낭만성과 관념성은 부각되면서, 시적 자아와 등장인물들의 거리가 인식에 따라 달리 조정되는 것을 확인할 수 있다.

임화는 「낭만적 정신의 현실적 구조」라는 글을 통해 '낭만적 정신'에 대한 소견을 피력하고 있는데, 여기에서 '낭만적 정신'은 "특정 시대, 특정한 문학상의 경향이 아닌 원리적 범주"[21]를 의미하는 것으로, '주관성'과 '서정적 자아'가 강조된다. 인물들에게 배역을 부여했던 단편서사시와는 시적 형식에서 판이하게 달라진 것이다. 한편 임화는 '서정적 자아'의 '주관성'이 객관적 사실을 바탕으로 하고 있음을 밝히고 있다. 이러한 인식의 변화를 통해 시적 자아는 언어나 문명의 보편성(세계화)을 추구하고 있지만, 그 보편성의 이면에는 권위적

—— 20 유종호는 임화의 '현해탄' 시편의 시풍을 논하면서, 비명체(碑銘體, lapidary style)의 대척점에 있으며 '낭만주의적'이라고 규정하고 있다.(유종호, 『다시 읽는 한국 시인』, 문학동네, 2002, 74쪽)

—— 21 임화, 「위대한 낭만적 정신」, 『동아일보』, 1936.1.1~4.

시각에서 비롯되는 보이지 않는 경계가 형성되고 있다. 그것은 주체의 내적 변화가 형성되고 있음을 반증하는 것이기도 하다.

2-2. 지리 공간의 이동과 고향의 변화

임화의 시에서 지속적으로 등장하면서 그 실체를 바꾸는 공간으로 '고향'을 들 수 있다. 고향의 모습이 달리 형상화된다는 것은 고향에 대한 시적 자아의 인식이 바뀐다는 것인데, 임화의 기행시에서 고향에 대한 인식의 변화는 지리 공간의 이동과 대응되고 있다. 고향은 일반적으로 자연·가족·이웃들과의 관계 속에서 삶이 형성되는 장소라고 정의된다. 그러나 마르크스주의 사상에서 고향의 개념은 이와 다르다. 사회적 이데올로기 속에서 고향은 과거적 지평이 아닌 미래적 지평을 지니며, 고향의 개념 자체가 정치적·사회적 이데올로기에 따른 구호나 선전어로 변용된다. 이렇게 "이데올로기화된 고향은 '유토피아'를 의미하게 되는데, 이때 고향은 뿌리를 지칭하는 것이 아니라 열매에 해당되며, '회상'의 개념이 아니라 '희망'의 개념"[22]이 된다. 1930년대 후반, 특히 프로시에 많이 씌어진 '탈향-귀향의 모티프'[23]는 이러한 맥락에서 이해할 수 있다.

임화 기행시의 고향 찾기 편력은 서울의 '종로 네거리'에서 시작

---

22 전광식, 『고향』, 문학과지성사, 1999, 67-68쪽.

23 최현식, 「낭만성, 신념과 성찰의 이중주」, 문학과 사상연구회, 『임화문학의 재인식』, 소명출판, 2004, 220쪽.

되었다. 시적 자아에게 고향인 '종로 네거리'는 안정적인 삶의 공간이 되지 못했다. 고향의 현실에 만족하지 못한 시적 자아는 자신이 원하는 고향을 직접 찾아 나선다. 고향 찾기의 여로에 나선 시적 자아의 모습은, 제국주의의 핍박 때문에 고향을 떠날 수밖에 없었던 식민지 조선인의 전형적 인물이라고 할 수 있다.

> 번화로운 거리여! 내 고향의 종로여!/웬일인가? 너는 죽었는가, 모르는 사람에게 팔렸는가?/그렇지 않으면 다 잊었는가?/나를! 일찍이 뛰는 가슴으로 너를 노래하던 사내를, /그리고 네 가슴이 메어지도록 이 길을 흘러간 청년들의 거센 물결을, //(중략)//오늘 밤에도 예전같이 네 섬돌 위엔 인생의 비극이 잠자겠지!
>
> 「다시 네거리에서」 부분

이 시가 창작된 1935년은 임화가 서기장으로 있던 카프가 해산되고, 일본이 파시즘적 군국주의 체제로 돌입했던 해이다. 계급혁명을 통해 구축하고 있던 시인의 정체성이 붕괴되면서, 새로운 현실을 모색할 수 있는 주체의 형성이 필요한 시기이기도 했다. 시적 자아의 고향인 "종로"의 현재 모습은 제국주의 일본에 의해 개발되어 번화롭기는 하지만, 예전 "청년들의 거센 물결"을 잊고 죽은 듯 고요하다. 그 위를 걷는 사람들 또한 절망과 방황의 모습뿐이다. 남의 것은 범람하지만 우리 것이 사라진 공간에서 시적 자아는 비감에 잠기고 있다. 이 과정에서 개인적 고향인 '종로 네거리'가 공적인 공간으로 전환되면서, 그곳의 사람들 역시 공적인 사람들로 의미화 된다. 고향의 참담

한 풍경들을 보면서 시적 자아는 "내가 한 마리 이름 없는 벌레와 다른 게 무엇이냐"(「벌레」)고 자학하듯 읊조린다. 시적 자아의 주위에는 "내일 낮도 없을 듯"(「안개 속」)한 어둠만이 가득하지만, 그 어둠 속에서 "안개 끼인 밤에는 호롱불이 보름달 같"(「안개 속」)다는 소중한 발견을 하게 된다. 결국 임화는 단호하게 "잘 있거라! 고향의 거리여!"(「다시 네거리에서」)를 외치며 '서울 종로 네거리'를 떠난다. 비로소 시적 자아의 고향 찾기 여로와 주체의 형성이 진행되는 것이다.

> 고향은 들도 좋고, 바다도 맑고, 하늘도 푸르고, /그대 마음씨는 생각할수록 아름답다만, /울음 소리 들린다, 가을 바람이 부나 보다.//(중략)//기어코 오늘밤 또 이민 열차가 떠나나 보다.//(중략)//그대는 고향에 자는가?/나는 다시 이 바다 뱃길에 올랐다.
>
> 「밤 갑판 위」 부분

한 가지 주목할 것은 시적 자아의 고향이 서울인데 비해, "그대"로 불리는 사람들의 고향은 '농촌'이나 '강가' 등의 지방이라는 점이다. 이처럼 시적 자아와 타자의 거주 공간 경계를 확실히 하고 거리감을 둠으로써, 새것을 향한 시적 자아의 의지를 보다 적극적으로 표출할 수 있게 된다. '고향에 자는 그대 / 뱃길에 오는 나'의 대비에도 그러한 의도가 담겨 있다. 하지만 현실은 많은 사람들이 계속해서 "이민 열차"를 타고 어디론가 떠나야만 한다. "이민열차"를 탄 사람들이 가는 곳은 "일본 열도"(「해상에서」)거나 "되놈의 땅"(「야행차 속」)이며, 그들은 서로 상반된 모습을 하고 있다. 일본으로 가는 인물의 신분은 "학생"으로 근대의 표상 공간인 "일본 열도"에서 공부하여 자신의 고향을 위해 일조하고자 한다. 따라서 그의 일본행 여로는 기대감으로 충만해 있으며, "고향"과 당장의 이별을 아쉬워하지 않는다(「해상에서」). 이에 비해 만주로 가는 인물은 고향의 땅을 빼앗기고 "농사" 지을 땅을 찾아 가고 있으며, "지척"도 보지 못하는 우둔함과 무기력함의 소유자이므로 만주에서의 생활도 힘겨울 수밖에 없다(「야행차 속」). 당시 유학생을 비롯한 지식인들이 거의 일본 유학을 선택했다면,[24] 항일투사를 비롯해 대다수의 농민들이 고향땅에서 쫓겨나 간 곳은 만주였다. 남행과 북행의 이동 방향에 따라 그들의 여행 목적과 신분, 인간적 성향까지 판이하게 달랐는데, 이러한 측면은 1930-1940년대에 창작된 일본 기행시와 만주 기행시의 전반적인 차이이기도 하다. 그들이 고향을 떠난 목적은 서로 달랐지만, 고향을 그리워하는 마음은 다르지 않았다. 한편 시적 자아는 고향에 대한 향수와 새로운 현실에 적응해야하는 심경 사이에서 갈등하며 정체성의 변화를 겪는다. 그러한 변화를 인정하기 위해 시적 자아는 자신이 옛 고향을 버리고 떠나야 하는 명분을 찾는다.

---

24 식민지 시대 일본 이민의 기본적 성격은 '노동 이민'에 근접한 것이다. '회사령'(1910)으로 조선인 민족자본을 저지하고, '삼림령'(1911)을 통해 조선농민의 삼림사용을 억제함으로써, 대다수의 농민과 노동자들이 토지와 삶의 터전을 잃고 국내외 유민으로 전락할 수밖에 없었다.(윤영천, 『한국의 유민시』, 실천문학사, 1987, 158-160쪽)
이 글에서는 일본 이민의 기본적 성격을 '유이민'이 아닌 '유학생이나 지식인'으로 설정했다. 그 이유는 '기행시'라는 것이 주체적 인식을 필요로 하고 있고, 일제 식민지 시대의 주체 형성에 자율적 측면과 타율적 측면이 어떻게 작용하는지 고찰하기 위해서이다.

아들이 마을 전설과 옛 노래를 익힌 곳도 게 아닙니까?//오는 비가 내리면, 그대는 광이를 잡고, 논 가운데 섭니까?/당신의 굽은 등골의 아픔이 아들의 온 몸에 사모칩니다.//아아! 이길 수 없습니다. 그대 슬픔은 너무나 큽니다./그대 정숙한 아내도 이 속에 죽었고, //당신의 청승궂은 자장가로 자란 누이도 이 속에 죽고, //그만 떨치고 일어나, 당신을 받들 먼 날을 그리어 내지(內地)로 간 아들의 마음입니다.

「고향을 지나며」 부분

어머니의 "굽은 등골의 아픔"과 "정숙한 아내"와 "누이"의 죽음 등은 시적 자아에게 감당할 수 없는 슬픔을 주었다. 그런 현실을 극복하기 위해 "전설"과 "옛 노래"를 배운 고향이지만 "떨치고 일어나" "내지"인 일본으로 떠나려는 의지를 갖는다. 위의 시에서 여성 인물들은 '서발턴(Subaltern)'이라 할 수 있다. 이러한 하위 주체들의 억압적 경험을 말하기 위해서는 그것을 담론화하는 지식인이 필요한데,[25] 그 역할을 시인이 하려는 것이다. 그는 시적 자아의 역할을 극대화하기 위해 식민지시대를 살면서 가장 고통 받고 힘없는 존재인 여성들의 모습을 등장인물로 형상화시키고 있다. 시적 자아가 고향을 떠나는 것은 개인적 이유가 아닌 사회적 상황에서 비롯되는 것이기 때문에, 자신의 "마음" 역시 '공적'인 것이어야 한다고 인식한다. 한편 시적 자

—— 25   가야트리 스피박, 『다른 세상에서』, 태혜숙 옮김, 여이연, 2003, 544쪽.

아는 고향에서 듣던 "옛 노래"를 "누이"에게 대응시켜 "청승궂은 자장가"라 하는 등, 고향에서 자신이 취하던 옛것을 사회적 하위 주체인 '서발턴'과 연계시키면서 비극적 현실로 폄하하고, 자신은 "청승궂은 자장가"가 들리는 시간과 공간에서 빠져나와 '공적 마음'의 전위적 주체로 자리하고 있음을 밝히고 있다.

고향을 떠난 시적 자아는 "알지 못할 운명에 촛불처럼 떨"(「다시 인젠 천공에 성좌가 있을 필요가 없다」)면서 불안해하고, "시골 어머니" 생각에 힘들어하지만 "끝내 고향에 돌아가지 않았다"(「황무지」). 시적 자아는 공리적 인물인 "청년"에 자신을 포함시키면서,[26] "청년"에게 "바라보이는 것은 한 가닥 길뿐"(「지도」)임을 강조한다. 그 선택을 통해 시적 자아가 얻으려는 것은 "반도의 새 지도", 즉 고향의 새로운 모습이다. 이처럼 시적 자아는 일본으로 떠나는 과정을 결정하기까지 내적 갈등을 겪기도 하지만, 변화된 미래를 소망하기에 과감한 결정을 한다. 지리 공간의 이동을 통해 갈등과 의지를 표명한 임화의 기행시는, 낭만적[27] 자아의 부각과 함께 성찰적 면모를 드러낸다. 자아의 '낭만성'은 부정적인 현실을 극복할 때 생길 수 있는 '유토피아적 충동'[28]으로 작용하면서, '고향'에 대한 이미지와 인식 자체를 변화시킨다. 임화 기행

—— 26 유성호, 「비극적 근대시인의 시적 경로」, 문학과 사상연구회, 『임화문학의 재인식』, 소명출판, 2004, 181쪽.

—— 27 고모리 요이치는 '낭만'주의를 "있는 그대로의 자기로부터 있어야 할 자기로 상승해 가려는 욕망의 표현 형태"라고 규정하고 있다.(고모리 요이치, 앞의 책, 90-91쪽)

—— 28 최현식, 앞의 글, 앞의 책, 206쪽.

시의 마무리는 귀향의 여로와 감회로 그려지고 있다. 그가 일본에서 돌아왔을 때 고향의 모습은 예전과 달랐다.

> 내가 입고 자란 옷, /주절대고 큰 말소린/하나도 찾을 길이 없다./나는 고향에 돌아온 것 같지도 않고, /아, 고향아!/너는 그 동안 자랐느냐? 늙었느냐?//외방 말과 새로운 맵시는 어느 때 익혔느냐?//(중략)//나의 고향은 이제야, 대륙의 명예를 이을 미더운 아들을 낳았구나.
>
> 「상륙」 부분

고국에 상륙한 시적 자아가 "고향"에서 발견한 것은 일본 말이라고 할 수 있는 "외방 말"과 "새로운 맵시"이다. 그것은 시적 자아 역시 일본 유학을 통해 습득한 보편적 문명의 일부분이기도 하다. 시적 자아는 고향의 겉모습뿐 아니라 사람들의 모습까지 바뀌기를 소망하는데, 그것은 근본적이고 지속적인 변화를 통해 새로운 고향의 역사가 시작된다고 믿는 진보적 사고 때문이다. 긍정적 기대와 새것만을 주창하는 위의 시편에서 보면, 시적 자아는 식민지적 무의식에 매몰된 듯하다. 그러나 시 「현해탄」을 고찰해보면, 시적 자아의 인식을 단순히 한쪽 측면으로 경사지어 판단할 수 없음을 알게 된다.

> (가) 첫 번 항로에 담배를 배우고, /둘째 번 항로에 연애를 배우고, /그 다음 항로에 돈맛을 익힌 것은, /하나도 우리 청년이 아니었다.(6연)

(나) 청년들은 늘/희망을 안고 건너가, /결의를 가지고 돌아왔
다./(중략)/그러나 인제/낯선 물과 바람과 빗발에/흰 얼굴
은 찌들고, /무거운 임무는/곧은 잔등을 농군처럼 굽혔
다.(7, 8연 부분)

(다) 나는 이 바다 위/꽃잎처럼 흩어진/몇 사람의 가여운 이름
을 안다.//어떤 사람은 건너간 채 돌아오지 않았다./어떤
사람은 돌아오자 죽어갔다./어떤 사람은 생사도 모른다./
어떤 사람은 아픈 패배에 울었다.(9, 10연)

(라) 비록 청춘의 즐거움과 희망을/모두 땅속 깊이 파묻는/비
통한 매장의 날일지라도, /한 번 현해탄은 청년들의 눈앞
에, /검은 상장(喪帳)을 내린 일이 없었다.(12연)

(마) 삼등 선실 밑 깊은 속/찌든 침상에도 어머니들 눈물이 배
었고, /흐린 불빛에도 아버지들 한숨이 어리었다./어버이
를 잃은 어린 아이들의/아프고 쓰린 울음에/대체 죄가 있
었는가?/나는 울음소리를 무찌른/외방 말을 역력히 기억
하고 있다.(14연 부분)

(바) 오오! 어느 날/먼먼 앞의 어느 날, /우리들의 괴로운 역사
와 더불어/그대들의 불행한 생애와 숨은 이름이/커다랗게
기록될 것을 나는 안다.(17연 부분)

위의 구절들은 시적 자아를 비롯한 "청년"들이 "현해탄"을 건너
가서 다시 고향으로 돌아오기까지 겪었던 일들과 자신의 행위에 대한
판단까지, 바다 시편 전체를 요약하고 있다. 임화의 바다시편들이 회

상의 형식이기 때문에 과거에서 미래까지 아우르며 시화할 수 있는 것이다. (가)에는 일본행 배 위에 있는 우리 청년들의 모습이 배제의 기법에 의해 형상화되고 있다. 그들은 개인적 행복이나 쾌락을 추구하는 모습을 보이지 않았는데, 그것은 곧 시적 자아의 모습이기도 하다. (나)에는 청년들이 귀향할 때의 모습이, (다)에는 일본 이주자 중 희생된 사람들의 모습이 그려지고 있다. 그럼에도 불구하고 현해탄을 건너야하는 이유가 (라)와 (마)에 제시되는데, 그중에서도 (마)는 보다 본질적인 이유라고 할 수 있다. 또한 (라)의 이유가 시적 자아를 비롯한 청년들에게 자의적으로 현해탄을 건너게 했다면, (마)는 시적 자아와 청년들의 선택 이면에 새겨진 역사적 그늘로서, 그들이 극복해야 할 현실로 제시되고 있다. (마)의 현실을 감당하는 자신의 모습을 시적 자아는 (나)에서 청년들의 힘겨워하는 모습으로 형상화하고 있다. (바)에서 시적 자아는 현해탄에서 희생된 "이름"들을 기억하면서 그들의 역사적 가치를 거론한다. 그것은 시적 자아의 내적 의지와 희망이 언급된 것이라고 할 수 있다. 이러한 시적 내용들은 시간적으로는 '(마)→(가)→(다)→(라)→(나)→(바)'의 순으로 진행될 수 있겠으나, 임화는 귀향하는 시적 자아의 현재를 중심으로 하여 기억과 미래를 교차시키면서 회상시의 성격을 살리고 있다.

임화 기행시에서 지리 공간의 이동은 시적 자아의 성찰을 진행시키면서, '고향'이나 '주체'의 변화를 동반하고 있다. 즉 지리 공간의 변화는 단순한 시각적 풍경의 교체에 의한 것이 아니라, 내적 인식과 상응하는 풍경의 변화에 의해 옮겨지고 있다. 이때 중요한 역할을 하는 것이 '낭만적 자아'라고 할 수 있다. '낭만적 자아'는 고향에 자기 정체성을 두면서, 절망적 현실 극복과 새로운 미래의 주체라는 인식을 고향의 변화를 통해 실천하는 것이다. 하이데거(Heidegger)는 인간의 본질을 '내 던져진 존재'로 규정한다. 그것은 정신적 고향 상실의 의미로 치환시켜 해석할 수 있는데, 그런 측면에서 볼 때 인간이라는 존재는 '영원히 머무를 수 있는 공간'을 찾을 수 없는 것이다. 임화가 '고향'의 변화된 모습에 집착하는 것도 '인간의 본질규정(Wesenbestimmung)'[29]이 가능한 공간을 찾으려는 시적 의지로 평가할 수 있다.

3. 만주 유이민의 현실과 서발턴: 김조규 『김조규시집』[30]

3-1. 식민지 유랑 현실의 서사화

19세기 중엽 월강잠입(越江潛入)의 형태로 시작된 조선인들의 만

—— 29 김계현, 「인간과 공간에 관한 교육인간학적 연구」, 『교육철학』 12집, 한국교육철학회, 1994.12, 7쪽.

—— 30 1990년 김조규가 별세한 이후 한국과 연변대학에서 시전집들이 발행되었다. 김조규 시전집으로 가장 최근에 완성된 것은 연변대학조선언어문학연구소에서 편집한 『김조규시전집』(흑룡강조선민족출판사, 2002.8)으로, 해방 전의 시 147편과 해방 후의 시 171편을 합한 총 318편의 시가 실려 있다. 본고에서 텍스트로 사용하는 것은 숭실대 어문학회에서 편집한 『김조규시집』(숭실대 출판부, 1996.6)이다.

주 이주는 청나라의 봉금정책 해제에 의해 그 수효가 점증되었다.[31] 조선인의 만주 이주와 정착은 급기야 간도 영유권 문제의 빌미가 되어 1909년 '간도협약'으로 연결되었다. 이 협약에 따라 청나라는 간도의 조선인 이주민에게 거주권과 토지 소유권을 부여하였고, 그 결과 더 많은 조선인이 간도로 몰리게 되었다. 1931년 만주사변으로 일본이 만주를 실질적으로 장악하면서 조선인의 만주행은 '선만척식회사'에 의해 통제[32]를 받기도 했지만, 궁핍에서 벗어나려는 농민들이나 새로운 희망을 찾아보려는 지식인들의 이주는 지속적으로 증가하였다.[33] 만주사변 이전과 이후의 달라진 조선인 이주자의 모습을 함대훈은 「남북만주편답기」에서 다음과 같이 서술하고 있다.

'만주로 간다' 이 말이 만주 사변 전엔 조선서 쫓겨가는 불쌍한 농민들이 바가지를 꿰차고 보따리를 든 초라한 모양을 연상했지만, 만주 건국 이래 6년의 세월이 흐른 금일에 있어서는 만주로 간다는 말이 '일을 하러 가고 희망을 갖고 간다'고 할 수 있게끔 되었다.[34]

—— 31 김기훈, 「조선인은 왜 만주로 갔을까」, 『만주』, 고구려연구재단, 2005, 183-184쪽.
—— 32 일본은 일본 농민의 만주 이주에 우선권을 두고 있었다.
—— 33 김기훈, 앞의 글, 앞의 책, 186-194쪽.
—— 34 『조광』, 1939.7.

위의 글에서 함대훈이 형상화하고 있는 대상은 거개가 '만주로 가는 농민들'이다. 하지만 농민들의 곤핍한 만주 생활과 의식을 담론화하는 주체는 지식인들이었기에 문학작품 등을 통해 나타난 지식인들의 인식은 여러 가지 이유에서 중요한 고찰 대상이 된다. 조선의 지식인들이 만주에 관심을 가진 이유 중에는 만주에 대해 조선인들이 가질 수 있었던 주체적 우월감이 중요하다. 조선이라는 공간에서는 일본의 차별대상이 되어 핍박받지만, 만주에서는 준일본인이라는 법적 정체성 획득에 의해 만주인의 우위에 놓이는 것이다. 조선과 일본에서는 불가능하던 조선인으로서의 주체성이 만주라는 공간에서는 확인 가능하게 되는데, "여기에는 '문명'과 '야만'이라는 이분법적 논리가 개입"[35]할 수밖에 없다. 식민지 조선인의 입장에서 "만주국을 '식민지적 무의식'과 '식민주의적 의식'이 실현되는 공간으로 해석"[36]한 김철의 시각은 그런 의미에서 적절하다고 볼 수 있다. 식민지인과 식민주의자의 의식을 공유하는 조선인의 주체성은 이중적일 수밖에 없었고, 그러한 혼란을 거치면서 주체는 새롭게 형성되었다.

김조규의 시를 통해서도 만주 유랑의 비극적 현실과, 지식인으로서의 갈등과 의지 등을 읽어낼 수 있다.[37] 특징적인 것은 김조규의 시

—— 35 배주영, 「1930년대 만주를 통해 본 식민지 지식인의 욕망과 정체성」, 『한국학보』, 일지사, 2003. 가을, 39-44쪽.

—— 36 김철, 「몰락하는 신생: '만주'의 꿈과 '농군'의 오독」, 『상허학보』, 상허학회, 2002.9, 128쪽.

—— 37 김조규는 숭실전문학교에 다닐 때부터 일본 경찰에게 불온 학생으로 간주되어 평양 경찰서의 출입이 잦았으며, 일경들의 눈을 피해 만주로 쫓겨 간 것

들이 거의 기행시[38] 형태를 취한다는 것이며, 서정적 자아의 심상에 토대를 두면서도 시적 구조는 서사성에 의거한다는 것이다. 따라서 김조규의 시적 인식은 공간의 이동과 병행하는 과정에서 형성되며, 시적 대상으로 식민지 유랑민이나 민족, 고향, 여성 등 식민지적 타자의 현실에 주된 관심을 두되, 서정적 자아의 감정을 중시하고 있다. 이런 측면에서 김조규와 임화의 시는 '내포작가'의 인식적 궤도가 비슷하다고 할 수 있겠다. 다른 점이 있다면 전술했듯이 일본이나 만주로 떠나는 사람들을 바라보는 시선이었는데, 임화의 시선이 그들과 거리를 두려한 것이었다면, 김조규의 시선은 그들과 자신을 동일시하는 시선이었다. 그러한 차이는 당시 일본이나 만주로 유학을 했던 여타 지식인들의 시선과도 일치하는 것이었다.

김조규는 1939년부터 1945년까지 만주에 거주[39]하면서 『만주시인집』(1941)과 『재만조선시인집』(1942)에 작품을 등재하고 『재만조선시인집』의 편집까지 주도하는 등, 시인으로서 인상적인 족적을 남겼

으로 알려지고 있다.(김태규, 「나의 형님 김조규」, 『김조규시집』, 숭실대 출판부, 1996, 198-199쪽)

—— 38 북한 사회과학원 실장인 류만은 김조규에 대해 "광복전 시창작의 14년 세월을 그나마도 절반 남짓이는 조국에서, 나머지 기간은 중국의 간도 일대에서 흘러갔다"고 진술하고 있다.(류만, 「김조규의 광복전 시창작에서 주목되는 점」, 『화해와 협력 시대의 코리아학』, 국제고려학회, 2007.2, 249쪽)

—— 39 김조규가 중국 간도로 간 시기와 이유에 대해서는, 자신이 교사로 있었던 조양천 농업학교의 지하혁명조직 학생친목회활동과 관련한 글의 "내가 독서회 사건으로 고향을 떠나 간도로 피신하여 연길현 조양천에서 영어, 역사 교원으로 있던 때가 1939년 6월부터 1944년 3월"이라는 부분을 참조할 수 있다.(류만, 위의 글, 250쪽)

다. 1990년 병고로 서거하기까지 북한문학 발전에 기여한 점 등이 북한에서는 높게 평가[40]되고 있으나, 한국 문학사에서는 낯설고 소외된 시인 중의 한 명이다. 분단국가의 상황이 분단 이전에 창작된 한 시인의 작품들을 차단하고 있는 것이다. 문학을 통해 인간은 삶을 터득하고 사회와 세계를 인식하며, 그러한 인식을 통해 역사에 조응하는 자아를 형성할 수 있다. '차단'이라는 상투적 경계를 해체시켰을 때 문학사의 범주는 확대될 수 있을 뿐 아니라 모호하게 가려져있던 부분들도 실체를 드러낼 수 있다.

(1) 특정 공간의 상징성 : 기차, 대합실, 역

김조규의 기행시에 빈번하게 등장하는 공간으로 '기차'와 '대합실', '역' 등이 눈에 띈다. 「삼등대합실」, 「북행열차」, 「대두천역에서」, 「한 교차역에서」, 「연길역 가는 길」 등의 시가 그에 해당한다. 만주로 가기 위해서는 북행열차를 타야 했기 때문에, 기차와 역주변의 풍경이 자주 그려질 수밖에 없었다. 그곳에 모인 사람들의 모습은 굶주리고 무력한 유랑민 의 처참함을 보여주고 있었다. 철도가 등장하면서

40　1990년 12월 4일 김조규의 부고를 발표한 『내외통신』에는 "시인 김조규 동지는 오랜 병환 끝에 1990년 12월 3일 2시 76살을 일기로 애석하게도 서거했습니다. 김조규 동지는 위대한 수령 김일성 동지의 현명한 영도 밑에 재능 있는 시인으로 자라나 사회주의 문학 발전을 위하여 헌신적으로 사업했습니다. (중략) 동지는 비록 서거했으나 주체문학 발전에 이바지한 그의 공로는 길이 남아 있을 것입니다."라는 '조선작가동맹 중앙위원회'의 추도문이 함께 실려있다.(『한국일보』, 1991.12.10)

"자족적이고 폐쇄적인 전통공간은 인위적이고 근대적인 도시 공간"[41]
으로 바뀌었다. 그러나 철도를 중심으로 하는 새로운 공간은 일본이
식민통치의 거점으로 사용하였기 때문에, 철도로 인한 문명적 혜택을
체감하고 산 조선인은 그리 많지 않았다. 식민지 조선에서 열차는 남
행열차와 북행열차로 나뉜다.[42] 만주로 가기 위해 북행열차를 탄 많은
사람들은 취직을 위해 가는 경우도 있었지만, 자신의 터전을 잃고 무
작정 가는 경우가 허다했다. 때문에 그들의 미래는 막막할 수밖에 없
었다. 그러한 풍경들이 김조규의 시에도 사실적으로 형상화되고 있다.

　　안개 짙은 밤/나는 그늘진 나의 청춘을 안고/북행열차에 실
려/도망치듯 고향을 떠났노라//산 속을 기어/海岸을 달음질쳐/
北關千里…//車室은 우리 모두가 안고 있는/한 폭의 生活 縮圖런
가//(중략)//오라는 글발도 없고/기다리는 사람도 없는/밤과 밤을
거듭한/追放의 막막한 나그네 길//나는 내가 내리는 이 곳/북행열
차는 끝닿는 줄 알았는데/아, 어제도 오늘도/또 내일도/北行列車
는 더 큰 불행과 슬픔을 싣고/어덴가 자꾸 떠나고 있어라

　　　　　　　　　　　　　　　　　　　　　「北行列車」 부분

──　41　박천홍, 『매혹의 질주, 근대의 횡단』, 산처럼, 2002, 190쪽.

──　42　서울의 남대문에서 출발해 부산을 거쳐 관부연락선을 통과하고 다시 일본
　　　　내에서 주로 대판, 횡빈으로부터 동경까지 이르는 열차의 여로가 남행열차이
　　　　다. 반면 남대문에서 출발해 한반도의 북쪽지역을 통과하면서 압록강철교를
　　　　건너 봉천역까지가 북행열차의 여로이다.(차혜영, 앞의 글, 앞의 책, 415쪽)

시적 자아는 "안개 짙은 밤" "도망치듯" "북행열차"를 탔다고 하여, 자신이 고향을 떠나는 이유가 자의적이 아니며, 극한 상황에서 떠나고 있음을 밝히고 있다. 기차 여행의 성격이 본래 차창 밖으로 빠르게 지나가는 경치보다는 객차 안의 풍경이나 몽상적 사유에 심취되기 쉽다. 위의 시에서도 시적 자아는 창밖을 보는 것이 아니라, "차실"의 풍경을 보면서 그것을 불행으로 꽉 찬 "생활 축도"라 말한다. 고향을 빼앗기고 "추방"당한 입장에 있는 사람들에게 기차는 공간 이동을 위한 운송 수단에 지나지 않는다. 아무도 오라지 않고 기다리는 사람도 없지만, 그런 곳에라도 가야하는 현실이 "어덴가 자꾸 떠나고 있어라"라고 진행형으로 표현되면서 떠남의 지속성이 강조되고 있다. 그렇다면 그가 떠나는 길에서 본 사람들의 모습은 구체적으로 어떠하였을까.

우묵 패인 볼/두드러진 뼈/눈동자는 저마다 닥쳐올 운명에/촛불처럼 떨고 있으니/貧窮의 한 배 속에서 나온 형제들이냐/행복이란 손에 한번 쥐어 못본 얼굴들이다//(중략)//흐트러진 머리를 쓸어올릴 생각도 없이/흙바닥만 뚫어지게 들여다보는 여인/눈물자국 마르지 않은 걸 보니/오는 길에 애기를 굶어 죽인 게로구나//할머니는 천리길 걸어 아들 면회갔다가/ '비적'의 어머니라 구두발에 채여/감옥 문간에서 쫓겨났다지요?/먹다 버린 벤또를 주어 먹는/애야 너는 그렇게도 배가 고프냐?

「大肚川驛에서」 부분

위의 시에는 만주로 가는 사람들의 피폐한 모습이 사실적으로 형상화되면서, 그들의 비극적 사연들이 서사화되고 있다. 특히 '애기가 굶어죽는 것을 봐야했던 여인'과 '비적으로 몰린 아들을 찾아 천리길을 걸어온 할머니', '버린 벤또를 주워먹는 아이' 등의 이야기를 통해 조선 유민의 비극적 현실을 상징적으로 압축하고 있다. 이 시에서 "대합실"은 운명의 칼날을 기다리는 기다림의 장소인 동시에, 자기 것을 빼앗긴 전국 각지의 사람들이 섞이어 서로의 슬픔을 나누는 곳이기도 하다. 시적 자아는 그 사람들을 보며 "이 사람들 위해/내 할 수 있는 일이 있다면"이라고 생각하면서 지식인으로서의 책무를 통감한다. 자신 역시 그네들과 별반 다르지 않은 입장이었지만, 지식인으로서의 책임감을 버릴 수 없었던 것이다. 김조규가 갖고 있던 지식인의 책임감은 우선적으로 버림받은 유민들과 자신을 동일시하는데 데 있었다.

> 고향 사투리가 듣고 싶어/오가는 사람들로 붐비는/저녁 停車場으로/내 蹌踉이 나아오다//(중략)//人生은 뭇자국 어지러운/三等待合室/행복보다도 不幸으로 가득찬/三等待合室//(중략)//아, 언제 닥칠지도 모를/그 무서운 폭압의 채찍이 내리기 전/나도 어디든지 떠나야 할 것 아닌가/한마디 고별의 인사도 없이/밤차에 숨어/밤차에 홀로…
>
> 「三等待合室」 부분

일제는 객차의 내선차별과 등급분리를 제도화하여, 급행열차의 경우 조선인과 일본인이 타는 차량과 기차의 칸까지 구분하였다.[43] 만주로 가는 궁핍한 조선인들이 타는 기차는 3등 완행열차였다. 시적 자아는 유랑을 떠나는 조선인들을 만나기 위해 "정차장"으로 나간다. 그에게 "고향 사투리"를 쓰는 사람들은 고향이나 다름없기 때문이었다. 3등 열차를 타기 위해 대합실에 모여 있는 사람들을 보며, 동병상련과 연민을 표출해보지만, 시적 자아 역시 "무서운 폭압의 채찍"을 피하기 위해 어디로든 떠나야 하는 입장이기에, 무기력한 감정표출로 끝날 수밖에 없는 것이 현실이었다. 기차를 타고 가는 중에 시적 자아는 상실된 자신의 정체성을 찾기 위해 힘겨워하는 과정을 보여주기도 하는데, 그것은 기차나 대합실 주변에서 만난 고향 사람들의 비극적 현실을 통해 형성된다. 북행열차를 타고 도착한 곳에서 시적 자아를 비롯한 조선인들이 만난 것은 「연길역 가는 길」에서 본 것처럼 '갈잎도 고량도 아무도 없는 벌판' 뿐이었다. 기차역 주변의 공간 형상화를 통해 시인이 보여주는 것은 식민지인의 비극적 현실과 만주로 쫓겨 가는 유랑민의 모습들이다. 그런 중에 자아의 감정이 드러나긴 하지만, 서사적 형식과 상응하면서 주관적 감정에 경사되지 않는 모습을 보여준다.

(2) 모순적 현실에의 대응

일제는 만주국 통치의 이념으로 '오족협화(五族協和)'와 '왕도낙토(王道樂土)'를 표방하였으나, 실권은 관동군사령관에서 장악하고 있었

---

43   박천홍, 앞의 책, 98쪽.

다. '오족(五族)' 중에서 조선인은 일본인 다음으로 위계를 인정받은 민족이라고 했지만, 실제로는 일본인들과 중국인들에게 차별과 질시를 받는 입장이었다. 김조규가 만주 '조양천 농업학교'에서 영어 교사로 재직할 당시의 일화에는, 불안정한 만주의 현실과 그 상황에 적응해야하는 조선인의 비애가 드러나고 있다.

> 선생은 강의를 끝마치자 교과서를 덮고 나서 그냥 흥분된 감정 세계에 잠겨 학생들을 한바퀴 쭉 - 훑어본다. "시 한수 읊으면 어드래?" 뜻하지 않게 조선말로 물었다. 다른 과목도 아닌 국문시간에 조선말을 한다는 것은 괴이한 사건 가운데서의 괴상한 일이었다. 학생들은 생신한 기분으로 일제히 박수를 쳐 환영의 뜻을 표하였다. (중략) 학생들의 숨소리마저 들리지 않는 조용한 분위기속에서 시낭송은 끝났다. 조선말로 창작된 시를 읊는 선생도 만족해하였고 듣는 학생들도 흡족해하였다. (중략) 학교당국에서는 경찰서나 헌병대와 밀모하여 학생 속에 자기네의 끄나불을 박아 넣고 교원과 학생들의 동태를 감시하도록 하였다. 한데 우리 학급에서는 그따위 졸개들이나 망나니들이 없었던 모양으로 누구나 고자질을 한 사람이 없었다.[44]

「삼등대합실」과 「연길역 가는 길」 등은 김조규가 '조양천 농업학

―― 44 현룡순, 「김조규 선생을 회상하며」, 연변대 조선언어문학연구소 편, 『김조규 시전집』, 흑룡강조선민족출판사, 2002, 487-490쪽.

교'에서 위험을 무릅쓰고 낭송했던 시들이다. 1930년대 후반에 이르러 일제는 '내선일체(內鮮一體)'의 한 방편으로 '한국어말살정책'을 추진하였다. 일본어를 국어로 받아들이지 않으면 물리적 처벌이 가해졌던 시기였기에, 우리말과 정신을 지켜내려는 김조규의 일화는 그 상황 자체에 극적인 긴장을 내포하고 있다. 일제가 표방한 만주의 모순적 현실에 대한 대응을 김조규는 시에서 현실에 대한 비판과 고향에 대한 그리움으로 형상화한다.

> 풀 한 포기 돋지 못한 墳墓의 언덕엔/뼈만 남은 고목이 한 그루/깊은 가난 속에 파묻힌 초가지붕들/창문은 우묵 우묵 안으로만 파고들었다.//여기는 流浪의 정착촌/쫓겨 온 이민 부락//누구를 막으려/무엇을 경계하여/토성을 두 세 길 쌓고도 모자라/숨은 참호까지 깊이 팠느냐.//(중략)//오늘도 또 한 사람의 '통비분자'/묶이어 성문 밖을 나오는데/〈王道樂土〉 찢어진 포스타가/바람에 喪章처럼 펄럭이고 있었다.
>
> 「찢어진 포스타가 바람에 날리는 풍경」 부분

위의 시는 "유랑민"의 폐쇄적 현실과 "통비분자"의 잠재적 힘을 형상화하면서, 모순적 현실에 대한 비판적 대응에 힘을 싣고 있다. "통비분자"는 일본 제국주의자들이 항일유격대와 연계를 가진 조선인을 이르던 말이다. "통비분자"의 정신이 지속되는 한, 제국주의 일본이 내세우는 만주국의 이념인 〈왕도낙토〉란 것은 "찢어진 포스타"처럼 스러질 허상임을 강조하고 있다. 김조규는 사실주의 시 창작법을 지향했는데, 그것은 이 시에서 "정착촌"의 참혹한 풍경을 냉철하게 묘사하는 부분에서 확인된다. 또한 조선인이 희생된 "분묘의 언덕"에 "상장처럼 펄럭이"는 "찢어진 포스타"를 맞대응시키면서, 조선인의 죽음의 의미를 상징적으로 형상화하고 있다. 그러한 저항의 의지는 만주에서 조선까지 뻗어있는 "전선주"(「전선주」)로 이어지면서, 식민지인이기에 감내해야하는 굴욕적 현실을 극복하고 근원적 정체성을 발견할 수 있는 고향의 역사를 회복시키려 한다.

古朝鮮의 옛 宮殿 터엔/屠殺場이 건설되고 있으니/필요한 存在로 내가 설 자리는/저 넓은 들/어느 한 곳에도 없단 말인가//아, 성실하고 외로운 것은/蔑視와 조롱을 받는/野蠻의 세월이여/호수 속에는 또 하나 다른 내가/未來를 찾아 헤엄치고 있었다.

「南湖에서(2)」 부분

시적 자아는 자신이 있는 만주 땅에 "도살장"이 세워지는 풍경을 보면서 그 곳의 터전이었던 "고조선"을 생각한다. "고조선의 옛 궁전"에 "도살장"이 "건설되"는 현실은 비극적이고 절망적이지만, "도살장"에서 "야만"적인 죽음이 수없이 진행된다 해도 역사의 흔적을 지울 수는 없는 것이다. 역사의 흔적과 자신의 유기적 관계를 인지하는 순간, 시적 자아는 새로운 정체성을 발견한다. 그리하여 "성실하고 외로운 것"이 "멸시와 조롱을 받는" "야만"의 현실 속에서도 시적 자아는 자기 성찰을 통해 "미래"를 찾는다.

김조규의 기행시에서 중심이 되는 주제 중의 하나는 '향수'이다.

모순적인 현실에 강한 의지로 비판적 대응을 하면서도 시적 자아는 고향에 대한 그리움에 빠지곤 한다. 특징적인 것은 '향수'의 감정을 청각이나 시각적 이미지로 형상화하면서 모더니즘적 자의식으로 표출한다는 것이다. 이러한 모더니즘적 의식은 이미지의 전경화보다는 뚜렷한 현실인식을 토대로 한다는 점에서 당시 국내 모더니스트들의 시와 차이가 있다.[45]

> (가) 가야금아/전해오는 이 땅의 슬픈 역사/오늘에 울리어 줄을 튕기느냐?/나라 망하니 가야산 깊은 산 속에서/마디마디 울리던 애연한 가락//울면서 타는 소리냐?/타면서 우는 마음이냐?//그 소리에 움직여/집집마다 소리 없이 창문을 열고/그 가락에 취하여/길 가던 젊은이들 발길 멈추는데//(중략)//자라서도 그리운/어머니의 자장노래/잃었기에 찾아야 할/조국의 노래란다.
>
> 「가야금에 붙이어」 부분
>
> (나) 나타샤, 너는 아직 白薔薇를 안고 있느냐?/꿈을 잃었다, 故鄕도 없다, 사랑마저 南 쪽에 묻고, /하이랄의 心臟은 코스모포리타니즘으로 탄다는데/黃昏이면 부푸는 은 鄕愁는 웬일이뇨?//噴水여 울어라 슬퍼해라 幌馬車야/흔들어도 떠오르는 옛 女人의 影像, /愁煙은 휘동그래진다. 퍼진

---

45 우대식, 「김조규 시 연구」, 『숭실어문』 14집, 숭실대 출판부, 1998.6, 211쪽.

다. 오호 감긴다.

「鄕愁」부분

(가)의 시는 악기의 소리를 통해 "어머니의 자장노래"를 듣고 있다. "가야금"의 "가락"에 옛 시간과 향수가 실리면서, 가야금의 소리는 식민지 조선인의 상처를 달래주는 어머니의 소리가 된다. (가)의 시와 「호궁(胡弓)」은 시적 발상이 유사하며, 동일한 구절들이 중복되는 것으로 보아, 동일한 제재와 형식으로 만들어진 시라고 볼 수 있다. (나)의 시는 "하이랄" 거리에서 이방인으로 쫓기는 현실을 몽상의 힘으로 달래는 모습을 보여준다. 시각적 이미지를 중심으로 한 공감각적 이미지가 시의 흐름을 주도하면서, "쫓겨온 에트랑제의 설움"은 시적 인식으로 형상화된다. 이처럼 김조규의 시에서 '향수'는 시각이나 청각의 공감각적인 이미지에서 어둠이나 죽음의 분위기와 연결되면서 내면의 불안을 드러내고 있다. 어둠 속에서 시적 자아는 죽음이라는 극단적 상황에 도달하기도 한다. 무시간적 몽환 속에서 존재들은 서정적 시적 자아의 의식에 의해 이미지로 현현된다.

3-2. 식민지적 타자 '누이'의 변신

김조규 시에서 여성 인물은 등장의 빈도수가 잦으며, 그 칭호와 형상화된 성격, 직업 등을 통해 변신하는 모습을 발견할 수 있다. 본고에서 초점화하는 김조규 시의 여성 인물들은 '누이'로 통칭할 수 있다. 그들은 시간과 공간에 따라 다른 모습을 하고서 시적 자아와 유기적 관계를 갖는 인물로 묘사된다. 「누이야 고향 가며는」에서부터 등장하는 시적 자아의 '누이'는 고향을 잃고 그리워하는 연민의 대상이다. '누이'에 대한 칭호는 그 이후 '소녀, 처녀, 여인, 나타샤, 안나' 등의 성장한 '누이'로 바뀌고, 만주 기행시에 이르러서는 '매음부, 하나꼬, 미스 조선, 에트랑제의 처녀' 등으로 등장하는데, 칭호가 바뀜에 따라 '누이'의 역할과 그에 대한 시적 자아의 태도 역시 달라진다. 이때 동반되는 심정적 불안은 현실에 대한 주체의 머뭇거림으로 나타나는데, 여성 인물에 대한 형상화는 그러한 측면의 인식이 반영된 경우라 할 수 있다. 김조규의 기행시에서 '누이'로 통칭할 수 있는 인물은 타국에서 정조를 팔며 돈을 벌거나, 시적 자아의 향수의 대상으로 등장하거나, 시적 자아를 위로해주는 모습으로 형상화된다. 이러한 과정에서 시적 자아의 아니마적인 측면과 데카당스한 감각이 표출되면서, 몽상적 요소와 운명적 분위기가 특징적으로 나타나고 있다.

김조규의 기행시에 등장하는 '누이'의 첫 번째 변신은 정조까지 팔아야 하는 "미스 조선"의 모습이다. 이방에서 "하나꼬"라는 이름을 쓰고 있는 조선의 여성은 임화 시에서 거론했던 '서발턴'과 같은 층위의 인물이다. '서발턴'을 통해 '역사 속 차이의 공간'[46]을 확인하고, 그들을 역사의 주체로 복원하는 과정에서 '식민지적 공공성'[47]은 구축된다.

—— 46 김택현, 「식민지 근대사의 새로운 인식」, 『당대비평』, 2000. 겨울, 220쪽.

—— 47 식민지 인식의 회색지대, 즉 저항과 협력이 교차하는 지점에 '정치적인 것'=공공영역이 위치하는 것을 '식민지적 공공성'이라 한다.(윤해동, 「식민지 인식의 '회색지대」, 『당대비평』, 2000. 겨울, 149쪽)

너의 양 길손 흰 저고리와 다홍치마는 '하나꼬'라는 낯선 異邦 이름과는 조화되지 않았으니 너의 검은 머리채 속에는 네가 잃어 버린 것 그러나 잊을 수 없는 모든 것이 그대로 깃들어 숨쉬고 있 는 것이 아니냐? (중략) 아아 채 여물지도 못한 비둘기 할딱이는 네 젖가슴을 우악스런 검은 손에 내맡기고 너의 貞操를 동전 몇 닢으 로 희롱해도 너는 울지도 반항도 못하고 있고나. (중략) 네 어린 동 생의 영양실조의 눈동자가 창문에 매달려 들여다보는데도 너는 등 을 돌려대고 내게 술잔을 권하고 있으니/아아 버림 받은 人生은 내가 아니라 '하나꼬' 너였고나. '미쓰 조선' 너였고나.

「카페 '미스 조선'에서」 부분

위의 시는 생계를 위해 이방에서 "정조"를 팔아야 하는 조선 '누 이'들의 이야기이다. 시적 자아는 "미스 조선"의 처절한 모습을 낱낱 이 묘사하면서 이방으로 쫓겨난 식민지 조선인의 현실을 각인하고 있 다. 시의 어미가 '~냐?' 혹은 '~나'로 끝나는 것이 특징적인데, 이러한 의문형·반신반의형의 어미에는 조선의 또 다른 '누이'인 "미스 조선" 의 절망적 현실을 안타까워하는 시적 자아의 감정이 담겨 있다. "하나 꼬"라는 일본 이름을 쓰면서 "쾌락"과 "환락"이 난무하는 "일대광란 속에서"도 벌이를 위해 익지로 웃어야 하는 모습은, "미스 조선"의 현 실일 뿐만 아니라 만주 땅에서 낯선 생활을 시작하려했던 조선 유민 전체의 현실이기도 한 것이다. 이 시는 「다점 '알라라도' 2장」과 함께 식민지적 고통을 극한 상황에서 견뎌야하는 조선인 '매음부'의 이야 기를 시적 대상으로 하고 있다. 자신의 서글픈 인생을 달래려 술집에

간 시적 자아는, 그 곳에서 자신보다 버림 받은 여성인 "미스 조선"을 만나게 된다. 그동안 자신의 무력함에 절망하였던 시적 자아는 오히려 자신이 "미스 조선"을 위로해줄 수 있는 존재임을 확인하지만, 그것은 결국 시적 자아가 "미스 조선"에게 위로 받은 것이기도 하다.

「야수일절」, 「야수이절」등과 위의 시는 오장환의 시 「매음부」와 같은 맥락으로 읽을 수 있다. 물론 오장환의 시가 이미지를 전경화하고, 김조규의 시가 현실적 서사를 위주로 한다는 점에서 차이가 있긴 하다. 그러나 데카당스한 감각과 더불어, 누구보다 어려운 환경의 여성을 식민지적 인물로 타자화하여 문명을 비판하거나 현실을 재구성한다는 측면에서, "서발턴을 역사의 행위자로 복원"[48]시키려는 식민지시대 시인들의 인식적 유사성을 발견할 수 있다.

김조규의 기행시에서 '누이'의 두 번째 모습은 시적 자아의 '향수'의 대상으로 변신한다. 그 여성을 중심으로 하여 이루어지는 몽상적 분위기는 시적 자아의 아니마를 이미지화한 것인데, 그 속에 등장하는 여성 인물은 옛 기억을 회상하는데 절대적으로 필요하다. 상실의 시대에서 사랑의 추억은 여러 가지 긍정적 역할을 할 수 있기 때문이다.

(가) 그리움을 안고/바다에 오니/歲月의 안개 속에 묻혔던 記憶/물새 되어 가슴에 날아 들어/너는 수줍음 많은 처녀 그

---

48   윤대석, 『식민지 국민문학론』, 역락, 2006, 81쪽.

대로/내 아픈 追憶 속에 살아 있고나(「그리움을 안고」부분)

(나) 아무도 좋으니/가까이 좀 와 주렴/그리고 가마 타고 울면

서 간/그 女人의 소식 알려주렴/종이장처럼 얇은 가슴을

움켜쥐고/장미꽃 같은 피를 吐하고 죽었다는/그 이야기

좀 더 소상히 전해 주렴(「아무도 좋으니」 부분)

「追憶의 바다가에서」 부분

(가)와 (나)는 단편 시 5편이 서사화 된 「추억의 바닷가에서(단상 시편)」 중, 첫 번째와 세 번째 시이다. 시적 자아가 사랑하는 여인을 만나던 곳이었던 '바다'는 김조규의 시 전편에 자주 등장하는 공간이기도 하다. 바다는 당시 시인들의 기행시에서 자기 성찰의 공간으로 등장하는 경우가 많다. 위의 시에서도 시적 자아는 바다의 풍경을 형상화하고 있지만, 실제로 그가 인식하고 있는 것은 지나간 세월과 떠나간 여인에 대한 기억이다. 시적 자아는 "수줍음 많은 처녀"였던 애인이 "피를 토하고 죽"은 사연을 회상하면서 안타까움을 표하고 있다.

'향수'의 대상으로 등장하는 '누이'는 시적 자아에게 시간적 회귀를 기대하게 한다. 시 「에트랑제」에서는 "옛 여인을 잊지 못한단다 깨어진 꿈이 서럽단다"라고 하면서, 사랑하는 사람과 함께 했던 시간을 그리워한다. 그러나 어느 날 갑자기 "포악한 손아귀에 이끌려 소리 없이 교살당"(「내 여기에」)해버린 시간의 변화로 인해 시적 자아는 혼돈에 빠져버린다. 김조규의 '누이'는 그러한 시적 자아를 모성애로써 달래주는 역할을 하기도 한다.

(가) 라오콘의 배암처럼 칭칭 감긴/이 숨막히는 어둠을/혼자서
　　　는 견딜 수 없어/女人과 마주 앉았습니다//죽음의 靜寂에
　　　묻힌 듯한/분묘의 지붕 밑/女人은 말이 없고/나도 침묵하
　　　고…

「그 밤의 생명을」 부분

(나) 벌려도 뽐이 못되는 엷은 가슴팍으로/나는 저 하늘과 뭇
　　　별/삶의 온갖 것을 부정하고/어둠을 향해 내동댕이 치려
　　　는데//女人은 안문 덧문/조심 조심 잠그면서/혼자 중얼거
　　　립니다/밤도 깊었으니/이제 새일거예요/이 저주로운 숨
　　　막히는 밤도…

「밤과 여인과 나」 부분

　　　김조규의 기행시에서는 시적 자아가 여성 인물에게 기대는 모습
들이 형상화된다. 그러한 과정에서 부각되는 내적 연약함은 자아의
감정 표출과 상응하고 있다. (가)와 (나)에서도 "밤"과 상응하는 시적
자아의 내면이 이미지화되면서 현실의 답답함이 형상화되고, 그 힘겨
움을 "여인"에게 위로받는 모습으로 이어진다. 다시 말해 시적 자아
는 몽상적 사유를 통해 개인적·시대적인 문제를 초현실적 인물인 "여
인"의 힘을 빌려 전도시키려한다.
　　　'누이'로 시작되는 여성 인물의 변신은 시간적 변화와도 유기적
관계가 있다. '서발턴'적 인물인 "미스 조선"의 삶은 버림받은 조선 유
민의 현실이자 시적 자아의 현재를 반영하는 것이며, 향수의 대상으
로 등장하는 여성들은 시적 자아의 과거를 유추하게 하고, 모성애로

써 시적 자아를 위로해주는 여성은 긍정적인 미래에 대한 예시를 하고 있다. 즉 시적 자아의 인식의 변화에 따라 여성 인물의 모습과 환경이 달라지고 있음을 확인할 수 있다. 또한 그 여성들을 식민지적 인물로 타자화하여 자신을 반추하고 있다는 측면에서 자기 성찰적 요소를 지적할 수 있다.

4. 경계 해체와 정체성 구축의 여로

이 글에서 해외 기행시의 타자적 인식과 자기 성찰에 의한 주체 형성을 고찰하면서, 연구 범위를 초점화시켜 1930-1940년대 해외 기행시의 특징적인 내용과 구조를 분석하였다. 구체적 연구 대상은 임화의 일본 기행시와 김조규의 만주 기행시이며, 연구 과정에서 주체의 해체와 재구성, 공간적 인식, 등장인물의 변화, 경계의식 등이 논의되었다. 지금까지 한국 현대 시사에서 해외 기행시의 위치는 '풍경의 발견'과 '해외 이주민의 삶', '항일의식', '향수' 등을 형상화하는 문학 양식이었으며, 근대를 체험하는 통과의례적 단계로 여겨진 것이 일반적이었다. 식민지 시대를 체험하면서 많은 시인들이 기행시를 썼지만, 기행시의 양식을 특성화하여 그것이 시인의 시적 편력에 어떤 위치를 차지하는지, 기행시만의 특징적인 구조가 있는지, 기행시에서 발견할 수 있는 시적 변화는 무엇인지 등을 독자적으로 연구한 자료는 많지 않다.

기행시의 가장 주된 특징이 화자나 시적 인물의 공간 이동에 따라 인식의 변화가 수반된다는 점을 고려할 때, 기행시에 등장하는 인물과 화자의 모습은 곧 시적 변화와 상응한다고 할 수 있다. 때문에 등장인물이나 화자의 공간 인식과 정체성 연구는 기행시 연구의 핵심이 된다. 임화의 시집 『현해탄』과 김조규의 시집 『김조규시집』에 실린 기행시 역시 그러한 맥락에서 고찰되었다. 1920-1940년대에 시 창작 활동을 한 임화와 김조규의 기행시를 비교하면서, 당시 두 시인이 서로 직접적인 연계성은 없었지만, 기행시의 인식과 형식 등에서 비교할 점이 많다는 사실을 발견했다. 임화와 김조규는 식민지 시대를 경험한 시인으로서 경향적 사고를 시적 인식의 중심으로 구축하고 있으며, 서사적 구조와 시적 자아의 낭만성을 특징으로 한다는 점에서 유사성을 나타내고 있기 때문에, 두 시인의 기행시를 같은 맥락에서 비교할 수 있다고 판단된다.

임화의 일본 기행시에는 풍경을 발견하기 이전의 내적 인식이 전경화되어 있고 김조규의 만주 기행시에는 식민지 유랑민의 절망적인 풍경들이 사실적으로 묘사되고 있다. 임화는 계급의식의 범주를 세계화시키거나 공간 이동에 따라 '고향'의 정체성을 다르게 두면서 주체의 변화와 현실모색을 시도하였는데, 이때 강조된 것은 낭만적 자아의 주관성이었다. 이에 비해 김조규는 식민지 유랑민이나 민족, 고향, 여성 등 버림받은 식민지적 타자의 현실에 주된 관심을 두었으며, 서정적 자아의 감정을 중시하였다. 이러한 측면을 비교할 때 김조규와 임화의 시는 '내포작가'의 인식의 궤도가 비슷하다고 할 수 있는데, 그것은 임화가 초기 시 창작을 할 때 다다이즘의 영향을 받았다는 사실과, 김조규가 시 동인 『단층』의 활동을 하면서 쉬르레알리즘 경향의 시를 썼다는 사실에서 비롯된다고 할 수 있다.

두 시인의 기행시에서 또 다른 차이점은 일본이나 만주로 떠나는 사람들을 바라보는 시선이었다. 임화의 시선이 식민지 조선인들과 자신의 거리를 멀리 두려한 것이었다면, 김조규의 시선은 그들과 자신을 동일시하는 것이었다. 식민지적 타자와의 거리 차이에 따라 시의 형태는 관념적이거나 구체적으로 나타난다. 그러한 차이는 당시 일본이나 만주로 유학을 했던 여타 지식인들의 시선과도 일치하는 것이었다. 또한 두 시인이 이동을 하기 위해 선박과 기차를 타면서, 근대의 대표적 교통수단이라 할 수 있는 선박과 기차의 공간적 특색과 이중적 의미 등을 형상화하는 과정에서 시선의 차이가 나타나기도 한다.

식민지시대 중에서도 일본이나 만주로의 이동이 많았던 1930-1940년대 해외기행시를 고찰하면서, 특히 식민지적 무의식과 식민주의적 의식에 따라 시적 자아는 양가적 상태의 내적 혼란을 드러낼 수밖에 없었다. 또한 임화와 김조규의 기행시에서 여성 인물은 각각 이데올로기적 주체와 서발턴적 존재라는 차이가 있긴 했지만, 시적 자아의 감정을 드러내는 대상으로 등장하면서 인식 변화를 주도하였다는 면에서는 동일한 역할을 했다고 할 수 있다.

이상의 연구는 임화와 김조규 시세계에서 기행시의 양식만을 추출하여 비교 고찰한 것이다. 특히 '대동아공영권'이라는 일본 제국주의의 정책 아래, 타지에서 '동화'와 '차이'라는 양가성을 체험하던 주체는 모순적 현실에 대해 혼란에 빠지고 그것을 극복해야만 하는 상황에 도달한다. 그러한 모습을 타자에 대한 냉정한 관찰과 자기 성찰로써 형상화하였다는 측면에서 두 시인의 기행시는 시사적 의미를 둘

수 있다. 기행시를 통해 시적 자아는 공간적 경계를 해체하게 되지만, 자기 정체성의 경계는 지키려 한다. 그러나 일본과 만주에서 조선인으로서 자기 정체성을 지킨다는 건 쉬운 일이 아니다. 임화와 김조규의 기행시에서도 주체의 해체와 혼란 및 재구성 문제가 중점적 논의 대상이었지만, 결과적으로는 주체의 변화를 유도하는 시적 인식과 등장인물의 특성에 경사된 측면이 있다.

임화에 대한 연구 자료와 김조규에 대한 연구 자료는 그 분량에 있어서 많은 차이가 있다. 김조규에 대한 연구와 자료 발굴은 특히 부족한 상태이기 때문에, 본고는 김조규의 시를 알리고, 당시 시들과의 연관성까지 밝힌다는 측면에서 의미를 둘 수 있을 것이다. 김조규의 시들은 내용이나 제재 등에서 비슷한 시들이 많고, 아직 밝혀지지 않은 시들도 있기 때문에, 더 많은 연구자들의 노력이 필요한 상태다. 임화의 기행시에 대해서는 전술했듯이 '현해탄'에 대한 상징성보다는 기행시로서의 공간인 현해탄을 읽으려 했다. 임화와 김조규의 기행시를 비교함으로써 1930-1940년대 기행시의 양상을 모두 정리할 수는 없겠지만, 앞으로의 기행시 연구에 도움이 될 수 있으리라 생각한다.

참고문헌

1. 자료

숭실어문학회 편,『김조규시집』, 숭실대학교, 1996.

임화, 김외곤 엮음,『임화전집 1』, 박이정, 2000.

2. 논문 및 단행본

고구려연구재단,『만주』, 2005.

권영진, 「김조규의 시세계」,『숭실어문』 9집, 1991.5.

김계현, 「인간과 공간에 관한 교육인간학적 연구」,『교육철학』 12집, 한국교
　　　육철학회, 1994.12.

김영주, 「1920-1930년대 기행시 연구」,『한국문학논총』 42집, 2006.4.

김우규, 「전파를 타고 온 북한시인 김조규의 사망」,『문학사상』 237호,
　　　1992.7.

김윤식,『임화연구』, 문학사상사, 1989.

김진균·정근식 편저,『근대주체와 식민지 규율권력』, 문화과학사, 1997.

김철, 「몰락하는 신생: '만주'의 꿈과 '농군'의 오독」,『상허학보』, 상허학회,
　　　2002.9.

김태규, 「재북시인 김조규」,『동화』 4권8호, 1991.8.

김태진, 「김조규의 시세계」,『더듬이의 언어』, 보고사, 1996.

김현주,『한국 근대 산문의 계보학』, 소명출판, 2004.

김호영, 「재동경조선인의 현상」,『조광』, 1939.2.

김호웅,『재만조선인문학연구』, 국학자료원, 1998.

김예림, 『1930년대 후반 근대인식의 틀과 미의식』, 소명출판, 2004.

류만, 「김조규의 광복전 시창작에서 주목되는 점」, 『제2회 세계코리아학 대회 공동논문집: 화해와 협력시대의 코리아학』, 국제고려학회, 2007.2.

문학과사상연구회, 『임화문학의 재인식』, 소명출판, 2004.

박천홍, 『매혹의 질주, 근대의 횡단』, 산처럼, 2003.

배주영, 「1930년대 만주를 통해 본 식민지 지식인의 욕망과 정체성」, 『한국학보』, 2003. 가을, 일지사.

서경석, 「만주국 기행문학 연구」, 『어문학』 86호, 한국어문학회, 2004.

신규호, 「시인 김조규론」, 『믿음의 문학』 8호, 믿음의 문학사, 1999.

소재영 편, 『간도 유랑 40년』, 조선일보사, 1989.

송지문, 「재대판조선인의 생활상」, 『조광』, 1939.2.

오양호, 『한국문학과 간도』, 문예출판사, 1988.

우대식, 「김조규 시 연구」, 『숭실어문』 14집, 숭실대 출판부, 1998.6.

유종호, 『다시 읽는 한국 시인』, 문학동네, 2002.

윤대석, 『식민지 국민문학론』, 역락, 2006.

이경훈, 「임화의 1930년대 후반기 시 연구」, 『비평문학』 7호, 한국비평문학회, 1993.

이해문, 「시단춘추」, 『조선중앙일보』, 1935.8.31.

이형권, 「현해탄 시편의 양가성 문제」, 『한국언어문학』 49집, 한국언어문학회, 2002.

이효덕, 『표상 공간의 근대』, 박성관 옮김, 소명출판, 2002.

임규찬·한기형 편, 『카프 해산기의 창작방법 논쟁』, 태학사, 1990.

전광식, 『고향』, 문학과지성사, 1999.

정덕준·김정훈, 「일제 강점기 재중 조선인 시문학 연구」, 『현대문학 이론연구』 23, 2003.

조헌범,『문명과 야만: 타자의 시선으로 본 19세기 조선』, 책세상, 2002.

차혜영,「1920년대 해외 기행문을 통해 본 식민지 근대의 내면 형성경로」,
『국어국문학』137, 2004.9.

최두석,「임화의 시세계」,『사회비평』2권, 나남출판사, 1989.

황송문,『중국조선족 시문학의 변화양상 연구』, 국학자료원, 2003.

가라타니 고진(柄谷行人),『일본근대문학의 기원』, 박유하 옮김, 민음사, 1997.

고모리 요이치(小森陽一),『포스트콜로니얼』, 송태욱 옮김, 삼인, 2002.

구마끼 스또무(熊木勉),「김조규 연구(상) 초기시에 대한 일고찰」,『숭실어문』
14집, 숭실대 출판부, 1998.6.

오오무라 마스오(大村益夫),『윤동주와 한국문학』, 소명출판, 2001.

가야트리 스피박(Gayatri Chakravorty Spivak),『다른 세상에서』, 태혜숙 옮김, 여이
연, 2003.

시모어 채트먼(Seymour Chatman),『영화와 소설의 서사구조』, 민음사, 1990.

장 그르니에(Jean Grenier),『일상적인 삶』, 김용기 옮김, 민음사, 2001.

모리스 블랑쇼(Maurice Blanchot),『문학의 공간』, 박혜영 옮김, 책세상, 1990.

볼프강 쉬벨부시(Wolfgang Schivelbusch),『철도 여행의 역사』, 박진희 옮김, 궁
리, 1999.

영화 〈말할 수 없는 비밀〉로 다시 만난 단수이

송경란(한국공학대학교)

1. 코로나19로 접한 랜선여행

우뚝 솟은 야자수 사이로 뻗은 길을 따라가면 맞닥뜨릴 수 있는 빨간 지붕의 벽돌건물. 웬일인지 낯설지 않았다. 입구 바로 위 하얀 벽에 붙은 교표며 중국 전통양식인 팔각정 지붕이 눈길을 확 끌었다. 그곳이 단장가오지중쉬에(淡江高級中學)란 걸 단박에 알아볼 수 있었다. 6년 전에 가봤던 그곳이었다. 타이완의 신베이시 단수이구에 있는 담강고급중학. 그때만 해도 관광명소라 해서 찾았던 곳이었는데, 다시 보니 이렇게 반가울 수가…….

'사립담강고급중학'이라는 교명을 보고, 닫힌 교문 너머로 학교 건물이며 교정을 들여다본 기억이 난다. 우리식으로 말하자면 '담강 사립고등학교'라고 했는데, 그때도 찾는 사람이 많다고들 했다. 1월인데도 방학이 아니라 수업을 한다고 해서 안에 직접 들어가 볼 수 없었다. 그 아쉬움을 달래려고 그 옆에 보이는 타이완 최초의 대학이라는 전리따쉬에(眞理大學)로 발걸음을 옮겼다. 서양식 정원과 어우러진 서양식 대학 건물이 유럽 대학을 연상시켰다. 근대와 식민지 역사를 그대로 남겨두었다고 했다. 오욕의 역사 흔적이라고 없애려 애쓸 법도 한데 말이다.

처음 타이베이를 접했을 때만 해도 이 나라 교육기관을 둘러보러 온 게 아닌데 싶어서, 담강고급중학과 진리대학 같은 곳은 교정 중심으로만 살펴보고 사진 몇 장 찍고 지나친 게 전부였다. 그보다는 스페인의 목조요새였다가 네덜란드 요새로 변신했다는 홍마오청(紅毛城), 청나라 때 개항한 뒤 세웠다는 영국식 관세사무소 건물인 샤오바이공(小白宮)이 더 궁금했다. 그리고 석양이 아름답다는 위런마터우(漁人碼頭)에서 로맨틱한 저녁시간을 보내려는 마음에 서둘렀다. 칭런다오(情人橋)도 걸어보고 간단히 요기한 뒤 요트가 보이는 카페에서 차를 마시며 여행의 피로를 풀었다.

그런데 왜 담강고급중학 얘기를 먼저 꺼냈는지 궁금하지 않은가? 단순히 단수이에 있는 명문학교를 구경했다는 이야기만 하려고 이 글을 시작한 것은 아닐 테니 말이다.

사실은 얼마 전에 담강고급중학을 배경으로 한 영화를 보았다. 코로나19 대유행(이하 팬데믹)으로 여행 문이 막힌 바람에, 헛헛해진 마음을 달래려고 랜선여행이나 해볼까 하다가 맞닥뜨린 영화였다.

처음에는 국내외 여행콘텐츠를 다룬 비대면 랜선여행에 접속하며 팬데믹이 종식되면 떠나리라고 기대했다. 노트북을 열어 방송여행 프로그램을 재생하거나 OTT로 각종 여행 크리에이터가 제공하는 랜

진리대학 정원(2016)

선여행 콘텐츠를 구독하기도 했다. 가끔 구글맵을 열어 특정 지역을 클릭하여 자연경관과 거리거리의 모습을 세세히 들여다보며 실제로 가면 어떻게 여행할지 계획도 해보았다. 비대면 기간이 생각보다 길어진데다가, 대면은 도전처럼 조심스레 이루어졌기에 내면의 갈증은 더욱 심해졌다. 그래서 여행영화나 여행지를 떠올리는 영화나 드라마를 정주행하기 시작했다.

먼저 전국 일주부터 해 나갔다. 〈도깨비〉(김은숙 극본, 2016-2017)로 강릉을, 〈봄날은 간다〉(허진호, 2001)로 삼척, 〈동백꽃 필 무렵〉(임상춘 극본, 2019)로 포항 구룡포, 〈경주〉(장률 감독, 2014)로 경주, 〈변호인〉(양우석 감독, 2013)으로 부산, 〈밀양〉(이창동 감독, 2007)으로 밀양, 〈계춘할망〉(창감독, 2016)으로 제주도, 〈서편제〉(임권택 감독, 1993)로 완도, 〈택시운전사〉

(장훈 감독, 2017)로 광주, 〈8월의 크리스마스〉(허진호 감독, 1998)로 군산, 〈클래식〉(곽재용, 2000)으로 대전과 아산, 그리고 〈태양의 후예〉(2016)로 강원과 수도권 일대, 그리스 자킨토스섬(외국) 등을 돌아보며 여행의 감각을 살렸다.

　　물론 국내 여행만 꾸준히 했다는 얘기는 아니다. 틈틈이 외국영화를 보며 해외여행의 설렘을 되살려보기도 했다. 〈맘마미아〉(2008)로 그리스 스키아토스섬을, 〈사운드 오브 뮤직〉(1965)과 〈비포 선 라이즈〉(1996)로 오스트리아, 〈미드나잇 인 파리〉(2011)로 파리의 명소, 〈라라랜드〉(2016)로 미국 LA, 〈리플리〉의 이탈리아 휴양지, 〈피케이: 별에서 온 얼간이〉(2014)로 인도여행, 〈패왕별희〉(1993)로 상하이와 베이징, 〈비정성시(悲情城市)〉(1989)로 타이완을 돌아보았다. 그리고 청룽(성룡)의 〈80일간의 세계일주〉(2004)나 〈어벤져스〉 시리즈를 꾸준히 챙겨보며 세계 일주도 했다.

　　그러다가 EBS에서 방영된 영화 〈말할 수 없는 비밀(不能說的秘密, Secret)〉(2007)을 접하고, 여행의 추억을 되살리는 재미를 발견하게 되었다. 이 영화는 최근 우리 영화로도 리메이크된 바 있다. 얼마나 대단한 영화이기에 우리 영화 버전으로 재탄생된 것일까? 6년 전 단수이(淡水, Tamsui)에서 만난 학생들의 여행 이유가 이 영화에 있었다니까 더욱 호기심이 생겼다. 그렇게 이 영화를 8번이나 봤다. 영화는 한두 번 보면 족하다는 게 내 영화감상방식인데.

2. 단수이에서 만난 영화 한 편

"어떻게들 왔어요?"

6년 전 타이완 여행을 하던 중 타이베이 북부에 있는 단수이에서 우리나라 학생들을 많이 만났다. 마치 단체 수행여행이라도 온 듯 젊은 친구들이 가벼운 배낭을 메고 길을 건너려고 서 있었다. 그들은 한결같이 "〈말할 수 없는 비밀〉 촬영지 보려고 왔어요."라고 답했다. 영화 제목은 들어본 것 같은데, 직접 보지는 못해서 어떤 영화인지 자못 궁금했다. 외국인들이 우리나라에 오면 아직도 드라마 〈겨울연가〉(윤석호 연출, 2002) 촬영지인 남이섬을 많이 찾는 것과 별반 다르지 않으리라. 마음에 와닿는 드라마나 영화를 볼 때면 거기서 만난 장소가 예사롭지 않다. 그곳에 가면 반복되는 일상에 지친 나를 위로해 준 그를 만날 것만 같고, 눈에 익숙한 그곳에서 색다른 일상을 꾸려보면 어떨까 하는 호기심도 발동한다. 그렇다고 여행 때문에 일상을 포기할 수는 없다. 짬을 내어 좋은 추억을 만드는 정도면 족하다. 그래서 만족도가 어느 정도 보장될 만한 인기 영화 촬영지나 관광명소를 찾는 게 아닐까.

타이완에 와서 놀란 것 중에는 그들의 오토바이와 자전거 문화였다. 타이베이 도심에서는 흔하게 볼 수 있는 게 오토바이를 탄 사람들이었다. 교차로에서 빨강 신호등이 켜지면 일제히 정지선에 맞추어 서는데, 1차선에는 버스, 다음에는 오토바이가 3~4줄 나란히 서고 그 뒤에 택시나 승용차가 서 있는 장면을 자주 목격할 수 있었다. 오토바이나 자전거 전용도로도 있어 이륜차를 타고 안전하게 다닐 수 있는 곳이란 생각이 들었다. 물론 도로가 넓지 않아서 이륜차 사용이 일반화되었다고는 하지만, 더욱 놀란 것은 출근과 통학 시간대에 오토바이를 탄 사람 뒤에 안전모를 쓰고 탄 학생의 모습이었다. 그것도 한두 명이 아니었다. 등 뒤에 교과서 같은 것을 대놓고 들여다보고 있는 게 아닌가. 내가 방문한 시기가 타이완의 대학입시를 앞둔 1월이라 그렇다고는 해도, 오토바이 뒤에 타고서도 공부할 정도라니 놀라웠다. 타이완도 우리 못지않게 입시 열기가 대단하다고 했다.

타이완 영화 〈말할 수 없는 비밀〉의 주인공들은 고등학교 졸업을 앞둔 학생들이다. 그렇다면 이들도 고3 학생인 만큼 입시 열기 속에서 시달리다가 우연히 만나 현실도피처로 연애를 택하게 된 것은 아닐까?

예상과는 달리, 이 영화에서 고3의 입시 열기는 전혀 나타나지 않는다. 교사들은 학생들의 태도만을 지적할 뿐 공부하라는 소리는 별로 하지 않는다. 고3 담임조차 학생의 진로보다 심리상태를 걱정하고 그 문제조차 반장에게 전가하는 경향을 보인다. 이 영화를 보면서 교사가 학생들 간의 중재 역할을 소홀히 하다가는 문제가 생길 수 있다는 경고를 발견할 수 있다. 이 영화의 시나리오와 연출을 맡은 저우제룬(周杰倫)이 졸업한 담강고급중학에서 촬영했다고 하니, 그의 학창시절이 투영된 것일 수도 있겠다.

실제로 단수이에 갔을 때 젊은 층의 관광객들을 많이 만날 수 있었다. 내 또래 중년층은 그리 많지 않았다. 그때가 1월인지라 타이완에서 가장 추운 절기에 해당했다. 그들은 평균 10~15℃의 기온인데도 춥다고 꽁꽁 싸매고 다녔다. 우리나라로 치면 10월 중순에서 말쯤에 해당하는 늦가을 기온이었다. 일기가 고르지 않아 일교차가 났고, 비가 자주 내리니까 비옷은 안 챙기면 손해였다. 구름 사이로 해가 나온 다 싶으면 얼른 비옷을 벗고 햇볕을 쬐며 마냥 즐거워하기도 했다. 이 렇게 햇볕을 반가워하기는 오랜만이었다.

지하철인 MRT로 타이베이 중앙역에서 출발해 30여 분만에 단수이역에 도착했다. 2번 출구로 나와 홍(紅)26버스를 타고서 5분 만에 홍마오청 정류장에서 내렸다. 정류장 앞에는 대부분 영화 촬영지를 좇는 나선 젊은 사람들이었다. 그들을 따라 정류장에서 길을 건너 오르막길을 조금 걸어 올라가니 홍마오청이 나오고, 그 오른쪽 뒤편에 진리대학 건물도 보였다. 그 옆에는 담강고급중학이 있다.

영화 〈말할 수 없는 비밀〉에서는 첫 장면으로 담강고급중학 정문에서 바라본 정원과 학교건물이 나타난다. 앞서 소개한 교정의 모습 그대로다. 영화에서는 우뚝 솟은 야자수 사이로 난 길을 걸어가는 두 학생의 뒷모습과, 양쪽 풀밭에서 그림을 그리거나 독서나 이야기를 하는 학생들의 모습이 평화롭게 보인다. 학교 전경 속에서 전학생에게 학교를 안내하는 학생의 상냥한 목소리가 들린다. 소개에 따르면, 이 학교는 피아노로 유명하고 100년 넘은 건물이 있는 오래된 명문예술고등학교다. 남학생이 오래된 건물이 멋지다고 칭찬하자마자 여학생은 졸업식 날 철거된다고 얘기한다. 이 건물은 영화에서 인물 캐릭터만큼 중요한 캐릭터 역할을 한다. 전학생에게는 오래되었지만 멋지게 보이는 이 건물이, 학교나 후배들을 위해서는 철거해야 할 대상이라는 설정 때문이다. 옛 피아노 연습실이 속한 이 건물이 실제로는 아직도 건재한 홍마오청이다. 네덜란드풍을 띤 이 건물은 요새와 영사관저로 쓰이다가 식민지 잔재를 띤 채로 국가 1급 문화재로 지정되었

구글맵에 표시한 담강고급중학 위치(별표시. 2022)

고, 지금은 관광명소로 더 유명하다. 오래된 이 건물에서 〈말할 수 없
는 비밀〉 속 주인공 남녀는 처음 만났고 썸(something)과 연애(戀愛) 사이
에서 운명(運命)을 바꾼다.

3. 〈말할 수 없는 비밀〉이 지닌 장소성

잠시 〈말할 수 없는 비밀〉의 줄거리를 따라 주인공들의 발자취를
좇아가며 여행을 즐겨보자.

어느 날, 피아노 연습실에서 전학생 샹룬(湘倫)과 샤오위(小雨)가
우연히 마주친다. 피아노 연습실이 있는 건물은 홍마오청으로 설정

정문에서 바라본 담강고급중학 정원(2016)

되어 있으나, 사실 연습실 내부는 전리따쉬에(진리대학) 정문 가까이에 있는 경상대학 학장실이다. 전리따쉬에는 캐나다의 맥케이 선교사가 영국 옥스퍼드를 모델로 1882년에 세운 타이완 최초의 서양식 학교라고 한다. 교정의 연못과 인공분수, 정원이 유럽 분위기를 자아낸다. 담강고급중학 바로 옆이라서 눈여겨볼 만한 곳이다. 첫 만남 뒤 교실에 이어 하곳길에 소나기를 피하다가 만났던 담벼락이 여기서 가깝다. 전리따쉬에 정문의 오른쪽 내리막길로 가다가 나오는 갈림길에서 왼쪽으로 가면 십자벽돌 길을 만날 수 있다. 비 오는 날에 방문한다면 거기서 비를 피하며 샹룬이 샤오위를 자전거에 처음 태우던 장면을 떠올리며 낭만을 느껴볼 수도 있다.

그리고 샤오위 집까지 바래다주면서 같이 자전거로 달렸던 오솔길은 단수이에서 해안선을 따라 2킬로미터 떨어져 있는 곳이다. 바이샤완(白沙灣)의 린산비(麟山鼻) 항구와 작은 마을 사이에 있는 길인데, 택시로 40~50분 정도 걸린다. 그러니 담강고급중학에서 여기까지 자전거로 갈 생각은 말아야 영화 속 낭만을 지킬 수 있다. 샹룬과 샤오위의 자전거 로맨스는 상상만 하는 것으로. 다만 마을 입구에서 린산비

표지판을 따라 걷다 보면 샹룬과 샤오위가 자전거를 타고 가다가 바라본 바다를 즐길 수 있다. 단수이에서 바이샤완까지 펼쳐지는 해안 도로는 타이완 북쪽의 푸른 바다를 볼 수 있는 곳이다. 이곳에서 태평양 바다의 풍경과 즐겨보는 것도 좋다.

샹룬과 샤오위가 데이트하던 장소 가운데 가장 인기 있는 곳이 단수이강이다. 노을 지는 풍경을 바라보며 두 사람이 아이스크림으로 건배하고, 망설이는 듯하다가 첫 입맞춤을 나누던 곳이 바로 그곳이다. 단수이 역에서 나와 바로 왼쪽에 단수이 강이 보인다. 강과 바다가 만나는 곳이라, 저녁 무렵 잔잔한 물결 위에 비치는 노을이 더 멋진 조화를 이룬다. 단수이강을 따라가면 해안선과 만나기 때문에 사랑하는 사람들이 산책하며 미래를 약속하기에 좋은 장소라 더 유명하단다.

이렇게 가까워진 샹룬과 샤오위. 그러니 샹룬으로서는 샤오위를 위해 뭐든 해주고 싶었을 것이다. 그래서 피아노 배틀을 하면서까지 상생스의 〈백조〉 악보를 쟁취하여 샤오위에게 선물하기까지 한다. 천식을 앓는 샤오위가 학교에 자주 나오지 않자 샹룬은 걱정한다. 기다림 끝에 다시 나타난 샤오위에게 샹룬은 쪽지를 전한다. 그러나 운명의 장난처럼 그 쪽지는 잘못 전달된 듯하다. 샹룬은 눈 감은 채 샤오위를 상상하며 입 맞추지만 상대는 칭이(晴依)였다. 때마침 이를 목격한 샤오위는 오해하고 몸을 감춘다.

사실 샤오위는 20년이란 시간을 이동하여 미래로 온 여학생이다. 그는 우연히 피아노 아래 틈에 숨겨진 「Secret」이란 악보를 발견하고, 악보에 쓰인 설명대로 피아노를 친 것뿐이다. 피아노실이라는 동일 공간 속에서 20년 미래의 시간으로 이동하여 샹룬과 만난 것이다. 샤오위로서는 이를 운명이라 여길 수밖에 없었다. 하지만 샤오위는 샹룬의 서툰 행동 탓에 실망을 한다.

1979년의 현실로 돌아온 샤오위는 괴로워하다가 담임선생에게 고민을 털어놓는다. 이때 두 사람이 나란히 앉은 장소가 바로 전리따쉬에 운동장 부근이다. 이 운동장에서 샹룬이 알게 된 럭비부 아랑과 아보가 경기를 했다. 알고 보니 담강고급중학이 럭비로도 유명하단다. 이곳에 우거진 나무는 반얀나무(banyan tree, 벵골보리수)다. 원래 인도를 대표하는 나무라는데, 아열대 기후에 잘 자란다. 길가의 가로수로는 볼품없어 보이지만, 알고 보니 폭풍우에도 쓰러지지 않고 뿌리를 내려 동물들의 안식처가 되어주는 따뜻한 나무라고 한다. 그래서 단수이강 주변에도 반얀나무 터널이 있는 모양이다.

다시 영화 이야기로 돌아가 보자. 담임은 샤오위의 시간 이동 사실을 비밀에 부치겠다고 약속한다. 이를 믿고 샤오위는 담임에게 악보를 건넨다. 그런데 담임이 관심을 당부한답시고 엄마와 학급 반장에게 비밀을 누설한다. 결국 샤오위는 정신병자 취급을 받은 채 마음의 병만 키우게 된다. 5개월 뒤, 졸업식 날이 되어서야 담임의 요청으로 샤오위가 학교에 나온다. 거기서 자신을 위해 졸업 연주를 해준다던 샹룬을 보려고 1999년으로 시간 이동을 한 것이다. 샹룬의 연주하는 모습만 확인하고 돌아서려던 샤오위를 발견한 샹룬은 연주도 마치지 않고 달려간다. 둘은 다시 만난다. 하지만 샹룬이 칭이가 준 팔찌를 한 것을 알아채고 샤오위는 더 크게 실망하여 1979년으로 돌아가 버린다.

샹룬은 샤오위를 만나러 교실에 왔다가 친구들에게 놀림을 당하고 샤오위의 행적에 의문을 품는다. 샤오위 집을 찾아가 그 엄마로부터 담임(자기 아빠)과 샤오위가 찍었다는 사진 한 장을 얻는다. 아빠에게 사진에 얽힌 과거의 이야기를 듣자마자, 샹룬은 곧바로 철거 직전의 피아노실로 달려간다. 거기서 「Secret」 연주를 끝낸 뒤, 샹룬은 교실에서 샤오위를 만난다. 그러나 샤오위는 눈인사를 하며 잠시 미소를 지을 뿐이다. 둘이 처음 만나기 전 시간으로 샹룬이 이동한 것으로 보인다. 다행히 "그해, 나는 그녀와 함께 졸업했다"라는 자막과 함께 졸업사진 찍는 장면이 공개된다. 1979년 졸업식 날, 샹룬과 샤오위가 나란히 서서 학급 친구들과 행복하게 사진을 찍으며 영화는 마무리된다. 다시 단강고급중학교 교정에서 주인공들은 고교 시절을 마감한 것이다.

이 영화에서 학교의 공간은 특별한 장소성을 띤다. 푸코가 『감시와 처벌』에서 언급했듯이, 학교는 군대나 교도소, 병원, 수도원처럼 팬옵티콘(Panopticon)과 같은 감시체계를 갖춘 시설이다. 정해진 시간에 정해진 것을 배우며 적당히 몸을 움직이면서 일사불란하게 통제받는다. 이때 학교의 공간 배치나 예방 조치, 벌칙 제도, 교사의 직책은 모두 권력 체계에 따라 유기적으로 작동해야 한다. 학생들은 어릴 때부터 성인이 되기 전까지 이런 체계에 길들어진다. 그래서 자신의 권리나 발언권을 행사하면 추방되거나 부정당하며 침묵을 강요받는다. 이것은 푸코가 『감시와 처벌』에서 현대 사회의 개인이 '규율적 권력을 생산하는 실재'라고 주장[1]한 데 근거한다. 이런 의미에서 청소년기 영화는 이런 학교의 권력체계를 피력하거나 비판하는 경향을 띠기 마련이다.

〈말할 수 없는 비밀〉에서도 학교의 규율과 교사-학생 간의 갈등 요소가 등장한다. 이는 학교라는 장소성과 관련된다. 옛 피아노 연습실은 주인공들이 만나 취향을 공유하며 사랑의 감정을 키워가는 비밀 장소다. 가끔 학우들(아랑과 아보)이나 교사들(럭비코치와 음악선생)이 방해하기도 하지만. 이와 달리 학교 내 복도나 교실, 운동장은 교사와 학생들이 공유하는 장소이므로 타인의 시선을 의식해야 하기에 둘만의 비밀이 노출되기 쉽다. 그래서 타인의 관여로 방해를 받고 오해의 골이 깊어져 둘 사이에 놓인 장애를 깨닫게 된다. 학교라는 규율 사회에서 학생 개인의 비밀은 유지되기 어렵고, 금방 공론화되고 만다. 이럴 때 개인은 부정당하지 않으려면 타인들을 설득해야 한다. 그러나 이 또한 쉽지 않기에 결국 스스로 추방당하는 수밖에 없다. 이처럼 샤오위는 '말할 수 없는 비밀'을 유지하지 못하게 되자, 학교에서 벗어나 타임슬립마저 포기하고 자기만의 방에 스스로를 가둔다. 한편, 샹룬은 '말할 수 없는 비밀'이 무엇인지를 뒤늦게 깨닫고 학교와 시간의 규율을 과감히 깨면서까지 운명을 찾아 나선다.

4. 〈말할 수 없는 비밀〉로 떠나는 음악여행

〈말할 수 없는 비밀〉은 청춘로맨스영화지만, '타임슬립(time slip)'

—— 1   정규영, 「미셸 푸코의 '규율 권력'과 근대 교육」, 『교육사학연구』 23권 2호, 2013, 157-201쪽 참조.

을 소재로 한 음악영화이기 하다. '타임슬립'은 최근 들어 대중문화에서 주요 콘텐츠로 활용된다. 과거에 대한 미련이나 후회, 먼 미래에 대한 동경과 기대감을 지닌 대중에게 타임슬립 콘텐츠만큼 자극적인 것도 없기 때문이다. 이런 대중의 열망과 상상을 타임슬립 콘텐츠가 대리 실현한다고 볼 수 있다. 주인공은 이런 대중의 대리자로서 타임슬립을 통해 인간의 본질적인 삶에 접근하려 하거나 두려운 현실과 죽음에서 해방되고자 한다. 그러고 보면 〈말할 수 없는 비밀〉은 타임슬립을 통해 자신도 몰랐던 운명적 만남에 대한 갈망, 장애를 극복한 사랑을 담아낸 영화라고 할 수 있다. 물론 일반적인 로맨스 영화가 추구하는 행복한 재회로 마무리되는 '해피 엔딩'은 아니지만 말이다.

이 영화의 오프닝 크레딧에서 등장하는 〈Secret〉 악보'는 타임슬립의 도구치고 단순치 않다. '악보'를 발견한다고 해도 그 악보의 메시지를 따를 능력이 있느냐가 중요하기 때문이다. 무엇보다 피아노 연주 능력이 뒤따라야 한다. 남다른 운명을 선택하려면 그만큼 자신의 능력을 발휘할 줄 알아야 한다는 전제가 깔려 있다. 이는 대중음악의 천재로 알려진 영화감독 저우제룬의 특성이 투영된 것이라고나 할까.

샤오위는 우연히 연습실 피아노에서 발견한 악보를 따라 연주하여("음표를 따라 여행을 떠나세요.") 운명적인 만남("처음 본 사람이 당신의 운명이리니")을 시작한다. 악보가 예언한 대로 영화는 전개된다. 샤오위는 샹룬을 운명의 상대라고 생각하여 시간 이동을 거듭한다. 샹룬은 갑자기 나타난 샤오위에게 관심을 두기 시작한다. 그렇게 샤오위와 '썸'을 타듯 지내다가, 샤오위의 결석이 잦아지자 샹룬의 마음에 변화가 일어난다. '부재'는 그의 존재감을 상기시키는 심리적 기제(機制)가 된다.

샹룬이 샤오위와 만난 뒤 장을 보고 귀가해서 아버지를 위해 요리하는 동안, 쇼팽의 〈이별의 왈츠(왈츠 제9번 Ab장조 Op.69 No.1)〉가 배경음악으로 잔잔히 흐른다. 이 곡은 쇼팽(Fryderyk Franciszek Chopin, 1810~1849)이 사랑했던 마리아 보진스카에게 선사한 곡이다. 쇼팽의 건강 악화와 마리아의 부모 반대로 둘은 사랑의 약속을 지키지 못했다[2]. 샹룬이 샤오위와 만난 날부터 〈이별의 왈츠〉가 흘러나오며 둘이 이별할 수 있음을 암시하는 듯하다. 둘 사이를 틀어지게 만든 원인 제공자가 샹룬의 아빠라는 사실을 안다면, 이 곡이 더 가슴 아프게 다가올 것이다.

이 영화에서 음악적 미장센이 압권을 이루는 장면을 꼽으라고 한다면, 피아노 천재 둘의 피아노 배틀이다. 학교에서 피아노 왕자로 불리는 위하오에게 전학생 샹룬이 도전장을 내민다. 상생스(Camille Saint-Saëns, 1835~1921)가 작곡한 〈백조〉(《동물의 사육제》 제13곡, 1886) 악보를 얻기 위해서다. 《동물의 사육제(The Carnival Of The Animals)》가 당대의 현실을 우화적으로 비판한 관현악곡인 데 비해, 14곡 중에서 13번째 곡인 〈백조(XIII. The Swan)〉만이 평화로이 물가에서 노니는 백조의 아름다움을 표현했다[3].

이 곡의 악보를 얻기 위해 벌인 피아노 배틀(battle)은 클래식을 즐

—— 2   박찬욱, 「"不能說的·秘密"의 음악과 그림에 대한 상호 연관적 분석: 쇼팽과 그의 연인 간 이야기를 중심으로」, 『중국문학연구』 56집, 중국문학학회, 2014, 151-153쪽 참조.

—— 3   [두산백과 두피디아] http://www.doopedia.co.kr

길 줄 모르는 이에게도 흥미로운 장면이다. 연주 첫 곡은 쇼팽의 연습곡에 속하는 〈"Étude" Op.10, No.5〉인데, 검정 건반(흑건) 중심의 연주를 샹룬이 흰 건반(백건)으로 연주하여 신선함을 더한다. 두 번째 곡은 쇼팽의 〈왈츠 7번(No.7 In C Sharp Minor Op.64-2)〉을 편곡한 것으로 손가락의 유연성을 자랑하는 연주가 돋보인다. 그다음이 이 배틀의 하이라이트라고 할 수 있는데, 이때 연주한 곡이 바로 〈왕벌의 비행(Flight of the Bumblebee)〉이다. 이 곡은 림스키코르사코프(Rimsky-Korsakov, 1844~1908)가 작곡한 오페라 《술탄황제 이야기》(1900)의 전주곡을 바탕으로 한 소품이다. 이를 편곡한 〈두금삼(斗琴三)〉을 샹룬과 위하오가 연탄곡(連彈曲)으로 연주한다. 이 장면에서 피아노 선율을 CG로 부각하여 두 피아니스트의 천재성과 현대적 감각을 살린다. 이에 대해 SNS와 유튜브에서 모방하는 연주가 한때 붐을 이룬 적이 있다. 클래식 전공자들은 이 피아노 배틀이 클래식 장르를 왜곡할 수 있다[4]고 문제 제기를 하기도 했다. 그래도 클래식에 문외한인 나로서는 〈말할 수 없는 비밀〉을 통해 피아노 연주곡의 매력을 느낄 수 있어 좋았다.

샹룬과 샤오위가 옛 피아노 연습실에서 행복하게 피아노를 치며 춤추던 장면에 등장하는 연주곡은 감독인 저우제룬이 직접 작곡하고 편곡까지 한 곡들이다. 〈샹룬과 샤오위의 연탄곡(湘倫小雨四手聯彈)〉은 두 사람이 함께 연주하다가 네 개의 손을 포개는 장면이 인상적인데, 이는 두 사람의 행복한 순간을 함축한다. 이와 함께 연습실 벽에 걸린

---

4   [나무위키] namu.wiki〉말할_수_없는_비밀. 2022.4.14.

쇼팽과 그의 연인이었던 조르주 상드(Georges Sand, 1804~1876)의 초상화가 어우러져 이들의 운명을 암시한다. 이들의 초상화는 쇼팽과 절친했던 들라크루아(Ferdinand Victor Eugène Delacroix, 1798~1863)의 유작이다. 조르주 상드가 병약한 쇼팽을 누이처럼 돌보아주었다고 한다. 그런 상드를 위해 지은 곡이 〈빗방울 전주곡(24 Preludes Op.28 No.15)〉[5]이란다.

이와 같은 맥락에서 샹룬과 샤오위의 운명을 이어준 〈Secret〉(저우제룬 작곡)은 작곡가의 재능과 영화적 감각을 느낄 수 있는 곡이다. 빠른 버전과 느린 버전의 의미와 샹룬 버전과 샤오위 버전이 갖는 매력이 극적 분위기를 살린다. 처음에는 오른손과 왼손의 선율을 어우러지게 하여 바로크식 대위법을 사용하고, 중간부터는 고전적인 알베르티 베이스(Alberti bass)를 사용하다가 뒤에서는 오른손 아르페지오(arpeggio)부터 격정적인 멜로디로 낭만주의적[6] 감성을 불러일으킨다.

한편으로 샹룬과 샤오위의 사랑을 이어준 타이완식 전통가요가 한 곡 있다. 우리식으로 표현하자면 '트로트'라고 하겠다. 그 노래가 바로 〈연인의 눈물(情人的眼淚)〉이다. 영화에서는 1982년에 발매한 야오쑤룽(姚蘇蓉)의 노래가 CD에서 흘러나온다. 사랑하는 사람이 떠날까봐 눈물짓는다는 이 노래를 샹룬이 가장 좋아한다며 샤오위에게 들려준다. 이 노랫말처럼 샤오위는 샹룬을 더 이상 만나지 못하게 되자 레코드판으로 이 노래를 들으며 그리움을 달랜다. 이 노래는 1979년에 '저음가후(低音歌后)' 반수경(潘秀瓊)이 처음으로 불렀는데, 차이친(蔡

—— 5   [네이버 지식백과] 「클래식 명곡 명연주」, 2009.8.31.
—— 6   [나무위키] namu.wiki〉말할_수_없는_비밀. 2022.4.14.

鸰)이 부르면서 더 인기를 끌었다. 〈말할 수 없는 비밀〉에 쓰인 덕분에 야오쑤룽의 노래가 타이완에서 역주행했다[7]고 한다. 시간을 건너뛰어도 좋은 노래는 계속 리메이크되듯이, 클래식 또한 세월을 따라 수많은 사연을 쌓아가면서 변주되며 대중의 마음을 사로잡는다.

　그런 의미에서 영화 〈말할 수 없는 비밀〉도 한 편의 청춘로맨스 영화에 불과하지만, 그 속에 담긴 사연은 끊임없이 변주되어 새로운 사랑 이야기로 만들어지지 않을까 싶다. 이 영화에서 두 사람은 '연인의 눈물'이 실현될까 두려워했지만, 뒤늦게 깨달은 상륜의 결단으로 두 사람이 다시 만나면서 마무리된다. 그런데도 이 영화의 결말을 '해피 엔딩'으로 선뜻 받아들이기 어려운 것은 왜일까? 두 주인공이 그토록 그리워하다가 재회했다고는 하지만, 둘의 감정 사이에 시간 차이가 생겼기 때문이다. 샹륜은 재회의 순간에 안도의 표정을 짓지만, 샤오위는 어색한 미소만 띤다. 시간을 건너뛰는 동안 이루어졌던 그들의 무르익은 사랑 감정이 결말까지 이어지지 못한 까닭이다. 영화에서 '타임슬립'은 주인공이 원하는 대로 현실을 바꾸거나 행복을 만들어주는 마법 지팡이가 아니다. 끊임없이 흘러가는 시간 속에서 이따금 벌어지는 변주는 불규칙하다. 인생, 사람의 감정, 음악과 이야기들은 각기 비슷한 리듬과 규칙을 지키기는 하지만, 반드시 같은 결말이나 결과를 내지 않듯이. 그래서 시간을 거슬러 찾아간 과거에서 샹륜과 샤오위의 만남은 졸업식을 거쳐 또 다른 인생의 시작을 기약할

―― 7　[네이버 블로그] "정인적안루(情人的眼淚). Lover's Tears. 말할 수 없는 비밀 OST)/요소용", 2009.8.13. blog.naver.com＞won_2063

수밖에 없다. 그때 흘러나오는 저우제룬의 〈말할 수 없는 비밀(不能說的秘密)〉이 의미심장하다. "이 가을이 지난 뒤에야 알게 될 거야. 이 행복의 조각들을 어떻게 주워야 하는지." 마지막 소절에서 둘의 만남이 또 다른 이야기가 될 수 있겠다는 예감을 하게 된다.

5. 타임슬립을 따라 만난 색다른 여행

여기서 질문 하나를 던져본다. 영화 〈말할 수 없는 비밀〉은 2007년 제작·개봉한 영화인데, 왜 영화 속 이야기는 1999년에서 시작하여 1979년으로 마무리되는가? 그 이유를 생각해 보자.

'1979년'과 '타이완'을 키워드로 검색하면 타이완의 국제관계가 대전환을 맞이했던 해가 바로 1979년임을 알 수 있다. 미국이 중국 정부를 인정하고 수교하면서 타이완과 맺었던 공동방위조약을 폐기한다. 그 대신 '대만관계법(Taiwan Relations Act)'을 제정하여 비공식관계를 유지한다. 그 뒤로 타이완은 국제적 고립 상태에 놓이지만 자유진영의 우방들과 민간외교는 지속한다. 아시아에서 유일하게 우리나라와 수교를 유지했으나 1992년 중국와 우리나라가 국교를 수립함에 따라 타이완과 우리의 공식적 관계도 단절된다. 하지만 지정학적으로나 경제·정치적인 면에서 공통점이 많기에 호혜평등원칙에 따라 협력관계를 유지해 나간다. 이처럼 타이완은 '1979년'을 계기로 냉정한 국제정세 속에서 살아남기 위해 경제적 부흥과 민주화를 추진하며 민간외교에도 힘쓴다.

그러던 중 '1999년'에 최악의 자연재해가 타이완을 덮친다. 이를 '921 지진(九二一地震)'이라고도 부르는데, 타이완 중부 난터우현(南投縣) 지지(集集)진에서 일어났다. 그해 9월 21일에 일어난 규모 7.3의 지진 여파가 26일까지 지속되면서 그 옆의 타이중현(臺中縣)은 물론이고, 멀리 떨어져 있는 타이베이시와 타이베이현, 타이난시에서도 건물이 무너져 사망자와 부상자가 많이 발생했다. 세기말의 분위기 속에서 1999년은 타이완에 악몽을 안겼다.

20세기 말은 냉전 종식과 민주화 열망으로 평화에 대한 기대감이 높았던 때이기도 하다. 그러나 타이완은 냉전 종식과 함께 냉엄한 국제관계를 겪어야 했고, 자연재해의 뼈아픈 상처마저 받았다. 이러한 타이완 사람들의 불안함을 달래준 영화가 청춘로맨스영화였던 것 같다. 1980년대 우리와 마찬가지로 타이완에도 민주화 열기가 한창이었다. 이때부터 일어난 영화계의 뉴웨이브운동으로 〈비정성시〉(1989)와 같이 현대사의 비극을 다룬 청춘영화가 상영되기도 한다. 그러나 미국영화와 홍콩영화의 붐 속에서 타이완 영화는 늘 흥행이 저조했다. 그런데도 청춘영화만은 역사나 현실의 틀에서 벗어나려는 시도를 거듭하며 성장해 나갔다. 식민지 잔재와 역사적 후유증, 전통문화와 현대문화 간의 대립, 사회적 신분에 따른 정체성의 혼란 등을 장르 영화적 기법과 향토적 정서로 담아내려 했다. 2000년에 들어서서 이러한 요소가 개인의 청춘과 성장이라는 주제와 결합하면서 타이완만의 '하이틴로맨스'물로 탄생한다. 그 대표작으로 〈남색대문(藍色大門)〉(2002), 〈영원한 여름(盛夏光年)〉(2006), 〈말할 수 없는 비밀〉(2007), 〈청설(聽說)〉(2009), 〈그 시절 우리가 좋아했던 소녀(那些年，我們一起追的女孩)〉(2011),

〈나의 소녀시대(我的少女時代)〉(2015) 등을 들 수 있다.

그중에서 단수이 여행을 자극하는 영화 〈말할 수 없는 비밀〉은 세기말의 의미까지 특별히 전해준다. 주인공 샤오위는 고3생으로 1979년을 살아간다. 그녀가 피아노 선율을 따라 초월한 세계는 미래이긴 하지만 20세기 말인 1999년이다. 20년 미래로 왔지만, 여전히 불안과 희망이 혼재하는 세기말에 불과하다. 100년 넘은 건물을 무너뜨리고 미래를 건설하려 한다지만, 그것이 희망찬 미래를 반드시 약속하는 것일까? 세기를 거듭해도 변치 않는 것은 '운명적 사랑'을 이루기 쉽지 않다는 사실이다. 더욱이 20년 간극을 둔 사랑은 더더욱 그러하다. 타임슬립의 힘을 얻는다고 해도 그것은 한순간일 뿐이다. 인간의 시간은 과거와 현재를 떠나서는 미래도 없기 때문이다. 그러기에 샤오위가 미래에서 돌아와서 마주한 현실은 더욱 가혹할 수밖에 없었다. 하지만 샹룬은 미래를 버리고 과거를 과감하게 선택한다. 시간의 법칙을 깨면서까지 그가 이루려고 한 것은 샤오위를 만나는 것이었다. 샹룬은 뜻한 바를 이룬다. 그렇게 해서 샤오위에게 남을 뻔한 절망감을 지워준다. 물론, 둘의 감정이 싹트기 전으로 시간을 이동한 것 같아 아쉽기는 하다. 하지만 '운명적 사랑'이란 연인을 떠나거나 그에게 상처를 주지 않는 것임을 명확히 밝혀준다. 샹룬이 좋아하던 노래 〈연인의 눈물〉의 노랫말처럼. 한편, 샹룬이 1999년을 포기하고 1979년으로 시간 이동하여 졸업한다는 사실은, 둘의 새로운 출발을 의미한다고 볼 수 있다. 물론, 〈말할 수 없는 비밀〉을 만든 저우제룬의 생년월일이 '1979년 1월 18일'이라는 사실을 안다면, 이 영화의 결말이 주는 낭만이 반감될 수도 있겠다.

하지만 영화 〈말할 수 없는 비밀〉(런닝타임 101분)에서 피아노 선율을 따라 사랑 이야기와 단수이의 풍경을 만나보면서 색다른 여행을 즐길 수 있다. 이 영화에 관한 우리나라 관객의 반응은 긍정적인 편이다. 2008년 1월 10일에 우리나라에서 개봉된 지 2주일 만에 20여 개 스크린에서 관객 4만 명을 동원하고, 전국 37개 스크린에서 10만 59명의 관객을 동원[8]했다. 이후 '극장에서 다시 보고 싶은 영화' 1위로 꼽혀 2015년 5월 7일 재개봉했는데, 이때는 9만 9천 명이 관람했다. 지금도 포털사이트에서 젊은 관람층의 호응(평점 9.27점)이 높은 편이다. 이러한 긍정 평가에는 청춘스타 저우제룬과 구이룬메이에 대한 호감, 흥미로운 스토리와 '반전', 영화의 미장센을 이룬 피아노 선율과 피아노 배틀 등[9]을 꼽을 수 있다. 물론 단순한 이야기 전개와 결말의 모호함, 샤오위 엄마와 청소부 대용의 캐릭터적 모순을 지적할 수는 있다. 하지만 〈말할 수 없는 비밀〉이 타이완의 단수이 여행을 특별하게 만드는 매력적인 영화라는 것만은 분명하다.

2년여의 팬데믹을 겪으며 일상 속 여가의 소중함을 더 깨닫게 된다. 그동안 다수가 다양한 콘텐츠를 접하며 랜선여행을 경험한 것도 이 때문이 아닐까? 얼마 전 경기도민 대상의 여론조사에서도 '사회적 거리두기 해제에 따라 가장 하고 싶은 일'로 '국내 여행-해외여행-근

---

8 이는 타이완 영화로서는 최고의 관객동원인데, 〈나의 소녀시대〉(2015)가 상영되면서 그 기록이 깨졌다. (장아름, 「'나의 소녀시대', '말할 수 없는 비밀' 제쳤다…10만 돌파 '기염'」, 〈뉴스1스타〉, 2016.5.20. 참조)

9 임대근, 「한국 영화시장에서의 '중국어영화'(華語電影): 대만영화의 '산업'과 '관객'을 중심으로」, 『대만연구』 4호, 2012, 18쪽.

교 나들이' 순으로 응답했다.[10] 대면사회로 전환되어가는 요즘, 일상
회복을 위해서는 사회 적응력을 점검해 볼 필요가 있다. 물론 자기 성
찰의 시간을 틈틈이 가져보는 것도 중요하다. 이럴 때 가끔 청춘영화
를 감상하며 자신만의 감수성과 상상력을 일깨우는 랜선여행을 떠나
보는 것도 좋겠다.

---

10 경기도가 ㈜케이스탯리서치에 의뢰해 2022년 4월 23일, 만 18세 이상 도민
천 명을 대상으로 여론조사(전화)를 진행됐다.(「경기도, 사회적 거리두기 해제 가장 하
고 싶은 일 '여행'」, 〈스포츠서울〉, 2022.5.5. 참조)

참고문헌

1. 기본 자료

저우제룬 감독, 〈말할 수 없는 비밀〉(2007), [EBS 세계의 명화]

2. 논문 및 단행본

김그루, 「시간 초월 모티프 활용 드라마에 나타난 과거의 재구성과 그 의미에 대하여: 2013년부터 2016까지의 드라마를 중심으로」, 서강대학교 석사학위논문, 2016.

김태환, 「스크린 속 도시: 너를 만나기 위해 음표를 따라간 그곳 - <말할수 없는 비밀>의 단수이(淡水)」, 『도시문제』 50권 558호, 2015.5.

담자미, 「한국과 대만 청춘로맨스영화 비교 연구: 〈너의 결혼식〉과 〈그 시절 우리가 좋아했던 소녀」를 중심으로」, 한국외국어대학교 석사학위논문, 2020.

미셸 푸코, 『감시와 처벌: 감옥의 탄생』, 오생근 역, 나남, 2016.

박성연, 『관계맺음의 스토리텔링: 시간과 공간 속 개인의 흔적』, 이화여대 박사학위논문, 2013.

박은비·신유빈·강주영, 「맞춤형 여행 콘텐츠 개발을 위한 OCR 기법을 활용한 영화 속 촬영지 정보 추출 방안 제시」, 『한국빅데이터학회지』 5권1호, 2020.

박찬욱, 「"不能說的·秘密"의 음악과 그림에 대한 상호 연관적 분석: 쇼팽과 그의 연인 간 이야기를 중심으로」, 『중국문학연구』 56집, 중국문학학회, 2014.

서곡숙, 「시간여행 영화의 쾌락: 시간, 죽음, 두려움으로부터의 해방」, 『영상예술연구』 18호, 2011.

이강인, 「대만 영화의 뉴웨이브 운동과 정치성에 관한 담론: 영화 '비정성시(悲情城市)'와 '음식남녀(飮食男女)'를 중심으로」, 『한국시민윤리학회보』 22집 1호, 2009.

이동미, 『장르적 관점에서의 여행영화 연구』, 건국대학교 박사학위논문, 2019.

이정환, 「타임슬립 소재의 영상화에 관한 연구: 영화와 TV드라마의 경우」, 국민대학교 석사학위논문, 2012.

이혁진·신애경, 「영화 및 드라마 촬영지의 관광이미지를 통한 관광자원 활성화 방안」, 『한국사진지리학회지』 19권 4호, 2009.

임대근, 「한국 영화시장에서의 '중국어영화'(華語電影): 대만영화의 '산업'과 '관객'을 중심으로」, 『대만연구』 4호, 2012.

장아름, 「'나의 소녀시대', '말할 수 없는 비밀' 제쳤다⋯10만 돌파 '기염'」, 〈뉴스1스타〉, 2016.5.20.

정규영, 「미셸 푸코의 '규율 권력'과 근대 교육」, 『교육사학연구』 23권 2호, 2013.

한수진, 「'바라봄'으로 표출되는 자의식의 세계」, 이화여대 석사학위논문, 2010.

3. 기타 자료

「경기도, 사회적 거리두기 해제 가장 하고 싶은 일 '여행'」, 〈스포츠서울〉, 2022.5.5.

[나무위키] namu.wiki〉말할_수_없는_비밀. 2022.4.14.

[네이버 블로그] "정인적안루(情人的眼淚). Lover's Tears. 말할 수 없는 비밀 OST)/요소용", 2009.8.13. blog.naver.com〉won_2063

[네이버 지식백과] 「클래식 명곡 명연주」, 2009.8.31.

[두산백과 두피디아] http://www.doopedia.co.kr

[유튜브] "피아노 배틀로 유명한 비밀이 많은 소녀가 나오는 슬픈 영화 (주걸 륜, 계륜미, 피아노영화)", 〈프릭무비〉, 2020.4.12.

[유튜브] "원조 대만 로맨스 영화, 말할 수 없는 비밀에 대한 여러분이 몰랐 던 이야기(9분 순삭)", 〈후달려〉, 2021.4.24.

[유튜브] "(감동주의) 19살 소녀의 말할 수 없는 비밀[영화리뷰 결말 포함 영 화추천]", 〈MovieGaGa〉, 2020.8.13.

[유튜브] "영화 〈말할 수 없는 비밀〉 속 졸업 사진에 얽힌 여러 가지 해 설 방구석1열(movieroom) 147회 | JTBC 210314 방송", 〈JTBC Entertainment〉, 2021.3.14.

[EBS 영화] "말할 수 없는 비밀"(2021.1.9. 토. 밤 10시 45분 방송), 〈세계의 명화〉 공지사항, 2020.12.28.

3부
미국

전숙희 기행산문집『이국의 정서』와 1950년대의 미국 인식[*]

김지윤(숙명여자대학교)

1. 1950년대에 미국 여행을 한다는 것

1950년대에 미국 여행을 한다는 것은 지금과는 전혀 다른 의미다. 해외여행이 자유화된 시기가 아닐 뿐더러 행사조차 찾아보기 힘든 때였으며, 특히 50년대 중반의 한국은 전쟁이 끝나고 어느 정도 안정을 되찾은 시기이지만 경제적으로도 사회적으로도 어려운 현실을 돌파하고 있었던 때였다. 더욱이 여성 혼자 미국을 여행한다는 것은, 더욱 찾아보기 힘든 일이었다.

———— [*] 이 글은 필자의 「전숙희 기행산문집 "이국의 정서"와 50년대의 미국 인식」, 『어문연구』 100, 어문연구학회, 2019를 수정 보완한 것임을 밝힌다. 또한 2022년 숙명여대 교양교육연구소가 용산구청의 위탁교육을 수주받아 진행된 "용산 YES 아카데미" 강의록을 글로 푼 것이다.

당시 유학 목적을 제외한 순수 출국자[1]의 수는 매우 적었으며, 순수 출국자라고 해도 자유 여행이었다고 말하기는 어렵다.[2] 50년대에 많은 사람들이 해외로 나가는 것을 꿈꾸었음에도 대부분은 소수의 특혜 받은 엘리트들만이 문화 교류라는 명목으로 외국에 나갈 수 있었다. 당시 미공보원은 연수프로그램의 일환으로 미국에 시찰단을 파견하였는데 경찰, 법조인 등 공직자, 국회의원 뿐 아니라 언론계, 예술계, 교육계 등 다양한 분야에 종사하는 사람들이 그 대상으로 선정되었다. 미공보원이 당시 진행했던 '리더스 그랜트'는 한국의 지도자층에게 해외 연수를 지원하는 것이었다. 가장 중요한 목표는 "미국의 대한반도 정책이 한국인의 이해와 일치된다는 사실을 깨닫는 계기를 부여"하는 데 있었으며 연수 대상자들로 하여금 미국을 중핵으로 한 자유진영의 질서와 체제 정당성을 논리가 아닌 체험을 통해 자연스럽게 수용하도록 하는 것[3]이었다.

1　　1954년 『조선일보』(1954.4.2.)의 통계에 따르면 총 948명이 해외(아시아, 미국, 유럽 등 세계 각지)로 출국했고 그중 558명이 미국으로 갔다고 하니, 미국 여행의 비율이 압도적으로 높다. 그중 342명이 유학을 목적으로 하고 있음이 보고되었으니 유학생이 아닌 순수한 출국자들은 더욱 적었다는 것을 알 수 있다.

2　　당시 여행의 목적이 단순 관광인 일반 국민의 경우 자유롭게 여권을 발급할 수 없었고, 이유가 소명된 경우에도 여권 발급은 매우 까다로웠으며 여권은 단 1회만 사용할 수 있었다. 정부는 1983년 1월1일부터 연1회에 유효한 관광여권을 일반 국민에게도 발급해주기 시작했으며 그 이후에야 국민의 관광목적 해외여행이 자유화되었다고 할 수 있다. 그나마도 해외여행 가능 연령에 제한이 있어 50세 이상이어야 했고 200만 원을 1년간 예치하는 조건도 있었다. (편집부, 『한국관광50년비사』, 한국여행신문, 1999 참조)

3　　정수진, 「한국인의 세계감각과 자의식의 형성: 1950년대 관광을 중심으로」, 『경제와사회』 90호, 2011, 8쪽.

이런 시기 전숙희는 1955~1956년, 약 1년간의 미국 여행을 통해 미국의 문화, 문명을 보고 돌아와서 기행산문집 『이국의 정서』(1956)를 출간했다. 여행 자체가 이례적인 경우였으며 언론의 조명을 받기도 했다. 1950년대에 미국에 대해 가지는 관심은 전숙희에 국한된 것이 아니라 당대인들이라면 대부분 공유하고 있는 공통정서에 가까운 것이었지만 실제 미국에 다녀온 사람은 매우 적었고 여성으로는 더욱 드물었다. 그나마 다녀와서 그것을 문학작품의 형태로 기록한 경우는 더욱 찾아보기 힘들다. 앞에서 언급했듯 주로 초청, 사절단, 해외 회의 참여 등의 명분을 가지고 가는 여행이 대부분이었던 시기에 전숙희의 여행은 주로 개인적인 일정으로 채워져 있고, 즉흥적인 결정과 우연성이 존재하는 비교적 자유로운 여행이었다는 사실도 특별한 점이다.

　　전숙희 역시 유엔 한국본부의 주선으로 초청을 받아 언론인 자격으로 미국에 가게 된 것이고 특수학생으로 등록하여 청강생으로 대학 생활을 했던 것도 아세아재단의 후원을 받은 것이라 한계를 안고 있었던 것은 사실이다. 이는 개인 자격으로 해외에 가는 것이 극히 어려웠고 심지어 여권발급조차 힘들었던 당시의 사정을 고려해보면 어느 정도 감안해야 할 점이다. 그래도 이 여행의 경험을 바탕으로 쓰인 기행산문집 『이국의 정서』 속 여행 자체는 몇몇 공식 일정을 제외하고는 거의 대부분 사적인 여행 일정으로 가득 차 있고 미국인의 실제 생활공간에서 함께 살면서 직접 그들과 교류하면서 경험한 일들이 많다. 1950년대라는 시대상황을 고려할 때 이런 정도의 체험도 극히 드문 것인데다, 책 한권 분량으로 묶여진 상세한 여행기로 기록된 예는 더욱 이례적이다.

한국사회가 안정된 1960년대 이후에는 한국지식인들의 기행산문이 늘어나기 시작했지만, 전란 이후 회복기인 50년대 중반에 발표된 기행산문은 사실 흔치 않다.[4]

모윤숙의 『내가 본 세상』(1953), 김말봉의 「아메리카 3개월 견문기」, 박인환의 「19일간의 아메리카」, 「미국에 사는 한국이민—그들의 생활과 의견」(이상 1955) 등이 있었으나 단편적인 기행문이거나 짧은 기간 체류경험을 담은 경우들이다. 미국과 유럽을 여행한 기행문인 모윤숙의 『내가 본 세상』[5]과 같은 경우는 YWCA국제회의 참석차 방문했던 미국, 유엔총회 대표단에 속해 방문했던 세계여행, 유엔 참관에 대한 기록이다. 이 글들에서의 여행은 주로 단기간 둘러본 '시찰'에 불과한 경우가 많고 평범한 미국인들과 일상생활을 함께 하는 경험보다는 교포들이나 사회 지도층들을 만나는 공적 일정을 소화하고 온 것으로 되어 있다. 미국에 사는 이민자들의 이야기를 옮긴 것 등 직접 체험이 아닌 경우도 있다.

전숙희의 경우처럼, 장기간 미국에서 체류하며 사적인 일정을 대부분 채워 넣고 실제 미국인들의 생활공간 속에서 그들과 영어로 소통하며 직접 겪은 생생한 체험을 단행본 한 권이 될 수 있는 분량, 체계, 구조를 갖추어 묶어낸 경우는 찾아보기 어렵기 때문에 그 자체만

<hr />

4 1955년에 박인환이 「아메리카 시초」라는 미국 기행시를 발표하고 『선시집』에 11편을 수록해둔 바 있지만 기행산문은 아니고 기행시의 형태로 쓰여 본 산문집과의 비교대상은 아니다. 개별 산문이 아닌 책으로 묶어낸 기행산문집의 경우 이례적인 출판이어서 전숙희의 책은 출간당시 큰 관심을 끌었다.

5 모윤숙, 『내가 본 세상』, 수도문화사, 1953.

으로도 살펴볼 가치가 있다.

이 시기의 미국 여행이란 상당부분 "정치적 기획이자 정치적 판타지"[6]의 성격을 띠는 점이 있었는데 이것이 잘 드러나는 것이 1950년대에 발표된 오영진의 미국기행[7]이다. 1953년에 오영진이 미 국무성 초청으로 미국 대학교들, 미술관, 미디어 등을 방문했던 경험을 담아 쓴 글 「할리웃의 인상」에서 찾아볼 수 있는 바처럼 미국, 미국인, 미국문화에 대한 동경과 찬사의 시선이 주로 나타나 있다. 1953년은 매카시즘의 광풍이 미국을 휩쓸고 있던 때이기도 해서 그가 쓴 기행문들에는 반공보수주의나 미국의 영향이 드러난다. 「필립 로오와 나」에서도 로오를 "자유 아세아를 돕기 위한 아메리카의 국민"이라는 말로 소개하며 미국인이 '자유 아세아'의 우방이며 자유세계의 중추적 존재라는 사실을 강조한다. 오영진은 여행 직전인 1952년 반공서적 전문 출판사 중앙문화사를 세웠고, 여행 직후 미국문화연구소 기관지인 『전망』에 전문연구위원으로 관여하였으며 미 공보원과 함께 반공영화를 제작하는 등 '반공 전사(戰士)'의 모습과, '반공 이데올로기'를 적극적으로 드러낸 바 있다.[8] 그의 여행기에서도 이러한 반공주의에 기반한 아메리카니즘을 확인할 수 있는 부분이 있다. 이에 비해 전숙희는 미국 문화, 사회의 발전상 내지는 국민의 문화 복지적 혜택 등을

—— 6   황호덕, 「여행과 근대, 한국 근대 형성기의 세계 견문과 표상권의 근대」, 『인문과학』46집, 2010, 19쪽.

—— 7   오영진, 「아메리카 기행」(1), 『사상계』, 1954.6, 169-170쪽.

—— 8   김옥란, 「오영진과 반공·아시아·미국-이승만 전기극 〈청년〉·〈풍운〉을 중심으로」, 『한국어문학연구』 제59집, 동아어문학회, 2012, 22쪽 참조.

면밀히 살펴보고 감탄과 부러움을 느끼면서도 어느 정도 객관적 거리를 유지하고 있다.

김미영은 1960~1970년대 기행산문에 대한 연구[9]에서 이어령, 전혜린, 김찬삼, 천경자, 손장순 등의 기행산문집들을 분석하였다. 김미영에 따르면 여성지식인들의 기행수필집에는 "여행 자체를 보다 개인주의적이고 체험중심적인 것으로 이해하고 있음"에 비해, 남성지식인들은 "여행자로서 스스로를 국가를 대표하는 자의 지위에 올려놓고 있어서 기행담론의 성격을 공적 담론화하는 경향이 짙"다고 평가하고 있다. 또한 여성지식인들이 주로 "개인주의적이고 체험중심적"인 여행 감상을 서술한다고 평가하는데, 그에 비해 전숙희는 그보다 10년 앞선 50년대에, 사적인 일정이 많은 여행임에도 불구하고 산문집 내내 공적인 태도를 견지하고 있다. 전후의 우리나라가 만들어가야 할 새로운 국가에 대한 하나의 전망을 세우는 데 참조하려고 하는 관찰자의 자세로, 단순한 체험에 그치지 않고 미국의 문화, 교육, 사회제도 등에 대한 거시적인 조망을 하려한다. 그녀의 이런 태도는 저널리스트로서의 경력과도 무관하지 않다. 전숙희는 한국전쟁기 미군정청 물자영단에서 통역 일을 하다가 휴전 후 1954년 경향신문 문화부에 입사했으며 이후 5년간 기자생활을 했다.

전숙희의 첫 작품인 『탕자의 변』(1954)은 피난지, 서울에서 전쟁을 겪으며 쓴 수필들을 모은 책으로 전쟁, 국가, 이념과 같은 무거

---

9   김미영, 「1960~70년대에 간행된 한국 지식인들의 기행산문」, 『외국문학연구』 50호, 2013.

운 주제들이 인간사의 문제와 함께 깊이 있게 고찰되고 있다. 전숙희는 이 작품을 통해 수필가로의 본격적인 삶을 시작했다. 1939년 10월 『여성』에 단편소설 「시골로 가는 노파」를 발표함으로 문단에 등단했고 이후 7편의 소설을 발표했으나 그 이후 수필에만 전력했다. 그녀는 『탕자의 변』을 통해 "수필가의 사회적 역할을 알았고 그 역할이 막중함도 깨닫게 되"[10]었다고 말하며 수필의 사회성을 중요하게 강조했다. 이후에도 계속 펜(PEN) 활동에 전력하여 펜 역사상 유례없이 많은 일을 하는 등 공적 행보를 보였으며 작품에서도 사회적 문제에 대한 날카로운 시각을 유지했다.

전숙희가 미국에서 본 것은 도시뿐 아니라 지방에서도 고르게 최신 현대 문명과 첨단 산업이 발달한 모습이었지만, 그에 비례하여 늘어나는 사회의 그늘도 목격하였다. 당시 여행기들이 대개 엘리트 집단을 만나고 오는 공식 일정의 기록이었던 데 반해, 온갖 계층의 다양한 미국인들을 만나고 그들의 일상생활을 함께 살아가며 '미국의 속내'를 경험하였다는 점에서 전숙희의 경험은 특징화될 수 있다. 미국 농가에 머물며 부엌까지 살펴보는 등 평범한 미국인 가정의 생활까지 보고 올 수 있었고 콜로라도 주 애스펜에서 유학중이던 동생의 여자 기숙사에서 같이 머물며 자연스러운 미국인들의 삶을 경험할 수 있었다. 미국 컬럼비아대학에서 비교문학을 청강하는 동안 특수학생 신분으로 뉴욕에서 머물기도 했다.

---

10 조은, 『전숙희』, 한겨레출판, 2016, 143쪽.

비록 1년 남짓의 체류기간 동안 모든 것을 속속들이 경험했다고 볼 수는 없지만, 당시 가능했던 여행의 범주나 성격이 매우 제한되고 협소했던 것을 고려해볼 때 미국인들과 영어로 의사소통을 하며 실제 생활공간에서 거주하며 미국인들의 진짜 모습을 찾아보려 했다는 점에서 전숙희의 여행은 의미를 획득한다. 이 여행기는 50년대 한국인의 눈으로 바라본 미국의 모습에 대한 드문 기록으로 당대의 미국 인식의 한 시각을 보여주고 있다. 또한 전숙희 문학 세계의 초기에 해당하는 이 작품을 통해 작가의 사고와 가치관을 읽을 수 있고 이후 전숙희의 행보와도 연관시켜볼 수 있다.

2. '상상된 미국'과 아메리카니즘을 넘어

해방 후 50년대는 외국에 대한 관심과 동경이 매우 높았던 때였다. 그동안의 서구문화의 유입으로 인한 영향도 있고, 세계 전쟁의 대리전 성격을 띠었던 한국전쟁을 겪으며 세계인이 함께 싸우던 전쟁의 경험으로 인해 세계에 대한 인식이 늘어나 있었던 점도 있었다. 특히 한국전쟁을 거친 이후에는 우군이었던 미국에 대한 우호적인 마음과 반공주의의 영향으로 아메리카니즘[11]은 정점에 달해있었고 세계체계

---

11 아메리카니즘에 대한 정의는 "자본주의와 민주주의로 상징되는 미국정신"이라는 임미진의 요약을 빌려오기로 한다. (임미진, 「해방기 아메리카니즘의 전면화와 여성의 주체화 방식: 김말봉의 『화려한 지옥』과 박계주의 『진리의 밤』을 중심으로」, 『한국근대문학연구』 29호, 2014, 33쪽)

의 중심 권력으로 부상한 미국과 미국문화는 한국 사회에 지대한 영향을 미쳤다. 임미진은 이에 대해 해방기 이후 "아메리카니즘의 영향력이 정치 경제 사회 문화 전반에 걸쳐 제도화"되었으며 이를 "'아메리카니즘의 전면화'로 규정할 수 있다"[12]고 말한 바있다. 아메리카니즘에는 재즈, 할리우드 영화 등이 인기를 끌고 미국문화가 본격적으로 흘러들어오며 대중의 소비문화라는 의미가 덧붙여지기도 했는데 영화 속에 나오는 미국식 생활은 이상화되며 동경의 대상이 되기도 했다. 서구화(근대화)의 상징으로 작용했으며 "미군정이라는 실체를 통해 실질적이며 직접적인 권력을 행사한 것으로 신생조선의 주체형 성에 있어서 유력한 정치적 추동력"[13]이기도 했다.

사실 분단된 한반도의 남한에서 미국은 '동맹국'으로서 정치, 군사적으로 큰 영향을 미치고 있었고 많은 부분에서 미국에 의존적일 수밖에 없는 상황이었다. 이는 해방 후부터 계속되어왔던 것으로, 미군정이 "과도기적 현실에 계획없이 추종"[14]하는 정책양상으로 한국 경제는 미국의 재생산구조에 편입되는 형태에 지나지 않았고 공업화의 자생적 기반을 마련하지 못했다. 해방 후부터 구조적 기형성을 갖고 있었던 경제가 전쟁피해로 인해 무너지며 파괴된 기반시설과 산업시설을 재건하고 회복하기 위한 대책을 세우는 동안 해외 원조에 의지해야 해서 대외의존성이 높을 수밖에 없었고, 그중에서도 미국의

—— 12 임미진, 위의 글, 같은 쪽.

—— 13 임미진, 위의 글, 35쪽.

—— 14 한국산업은행 조사부, 『한국경제십년사』, 1955, 7쪽.

대한원조는 가장 큰 비율을 차지하고 있었으므로 57년 이후 미국이 원조액을 삭감하자 한국의 상황이 급격하게 악화될 정도였다. 정치, 군사, 경제 등 전방위적으로 미치는 미국의 영향은 사회문화적인 영향력으로도 이어졌다.

한국전쟁 이전의 '서구'가 주로 유럽중심으로 인식되었다면 전후기는 '낡은 구라파'에서 '아메리카-신태평양'으로 시대의 흐름이 이동하고 있었던 시기였다. 이것은 사실 세계적인 추세이기도 했는데 두 차례의 세계대전을 거친 후 유럽이 대부분 전쟁피해에서 완전히 복구되지 못했거나 황폐화된 데 반해 미국은 오히려 그 기회를 경제적으로 활용하여 세계적인 부국이자 강국으로 등극할 수 있었기 때문이다.

이는 문화와 학문의 영역에서도 예외가 아니었다. 세계대전 시기 유대인이나 전쟁 위협을 피해 온 유럽의 학자들이 미국에 망명하여 학문적 발전을 이루었다. 미국의 '행동과학'은 혁신적이고 성공적이라고 여겨졌고 "미국의 승리와 힘의 세계지배를 배경으로 한 맹목적 애국주의, 반공주의와 결합하여 냉전논리를 강화시켜 갔"[15]던 것이다.

그러나 대미 의존도가 높았다고 해서 미국문화 추수의 경향을 무조건적인 사대주의로만 이해할 것도 아니다. 1953년 『현대공론』에 실린 이주운의 글은 그 시기 많은 사람들이 상황을 어떻게 인식하고 있었는지를 드러내준다. 「태평양방위체제와 한국의 지위」[16]에서 이주운

—— 15 김옥란, 앞의 글, 18쪽.
—— 16 이주운, 「태평양방위체제와 한국의 지위」, 『현대공론』, 1953.

은 "연합군 군대는 틀림없이 우리의 은인이었지만 오늘에 있어서 우리의 군대, 우리의 민족은 민주 세계에 대한 공헌 때문에 분명히 그들에게 감사와 보답을 받기에 족하다. 우리의 희생 없이 태평양의 태평이 있을 수 없었기 때문이다."[17]라고 말하며 한국전쟁이 자유세계의 이념을 지키기 위한 중요한 의미가 있었음을 강조하고 한국이 세계평화의 중요한 전략지로서 한국이 세계사적 차원에 들어가게 되었고 세계무대에 '등장'했다고 인식하는 경우도 많았다. 한국전쟁은 분명 비극적인 사건이었음에도 6.25사변에서 "단 한 가지 억지로 위안되는 일을 골라낸다면 그것은 '코리어'라는 이름을 널리 세계에 선전하여 준 것이다"[18]라는 생각도 존재했던 것이다. 또한 "한국은 미국을 비롯한 자유 진영의 태평양 방위선의 일원으로 활약할 나라[19]라는 자부심을 가지고 훼손된 자기 정체성을 새롭게 구성하는 하나의 방식으로 미국과 한국을 공동 운명체로 인지하고 미국 문화를 자기화하려 했다는 점도 생각할 수 있다.

장세진은 『상상된 아메리카』[20]에서 미국은 전후 한국이 새로운 국가를 건설하려는 상황에서 "타자화된 상상의 거울"이었으며 미국을 통해 남한은 만들어가고 싶은 국가의 모델을 설정했다고 보았다. 장세진은 이 책에서, 해방 직후 미국은 '해방군'의 이미지가 강했으며 1950

—— 17   이주운, 위의 글.
—— 18   조용만, 「한국문학의 세계성」, 『현대문학』, 1956.10.
—— 19   백낙준, 「한국전쟁과 세계평화」, 『사상계』, 1953.6.
—— 20   정세진, 『상상된 아메리카』, 푸른역사, 2012.

년대에 와서는 남한이 미국식 민주주의 속에 수렴되면서 '자유민주주의 진영의 대표국'으로서의 인식대상으로 굳어졌고 한국전쟁 피해 복구 속에 큰 힘이 되면서 후원자의 모습까지 더하게 되었다고 본다.

김동리는 전쟁 직후 쓴 글 「젊은 미국의 기빨, 벤트리트 장군에게 보내는 예장」[21]에서 "장군이 우리나라 오실 때, 나는 언제보다도 젊은 미국이 우리 곁으로 옴을 느꼈습니다."라면서 "밝은 별의 이름이여! 젊은 미국의 깃발이여!"라고 찬사를 담아 외치고 있기까지 하다.

미국은 '젊은 희망'이자 도래할 미래의 이상적인 모습으로 여겨 졌는데, 그렇다고 멀리 있는 이상향이 아니라 가까운 형제이자 동포로 여기며 그들을 "우리 곁"의 존재라고 느끼려 하는 모습이 특이하다. 그러려면 우리와의 동질감, 연결고리를 형성하는 것이 중요하므로 미국 문화에 대한 환상과 동경, 더 나아가 모방 욕구나 추구는 자연스러운 귀결이라 할 수 있다.

더군다나 1950년대의 미국은 적극적으로 환상을 만들고 전파하려는 데 전력을 기울이고 있었다. 커트 앤더슨은 그의 책 『판타지랜드』[22]에서 1950년대의 미국에 대해 진단하면서 그 어느 때보다 "환상으로 점철된 기이한 시대"였다고 말하고 있는데 이는 TV와 영화 등 대중문화의 영향이 강하게 작용했기 때문이라는 점을 분석하고 있다. 미국인들 자신의 역사 중에서도 텔레비전 시청에 대부분의 시간을 쏟

—— 21 김동리, 「젊은 미국의 기빨, 벤트리트 장군에게 보내는 예장」, 『문예』, 1954, 3, 135쪽.

—— 22 커트 앤더슨, 『판타지랜드』, 전혜윤 역, 세종서적, 2018, 234-268쪽 참조.

아 부은 사람이 가장 많았던 때였으며 그처럼 많은 시간을 유사최면 상태에 사로잡혀 보낸 시기는 전무후무했다는 것이다. 1950년대에 대중문화에 의해 형성되고 라스베이거스, 헐리우드, 디즈니랜드 등으로 상징되며 사람들을 미혹시켰던 '대안현실'은 행복하고 쾌락주의적이지만 실제 미국의 많은 문제들을 은폐하기도 했다. 대니얼 부어스틴은 1950년대를 보내고 나서 쓴 책 『이미지와 환상』에서 "우리는 지금, 역사상 처음으로 우리가 자신의 환상 속에서 살 수 있을 정도로 생생하고 그럴듯하며 '현실감 있는' 환상을 만들어낼 수 있게 된 세대라는 위험과 마주하고 있다"[23]라고 당대의 문제점을 지적하기도 했다.

미국의 "판타지 산업을 통해 활성화되고 충족"[24]된 것들은 미국 자체에서도 1950년대 그 어느 때보다 강하게 열렬히 추구되었으며 전 세계로 확산되었으나 특히 앞에서 살펴본 바와 같이 미국의 강력한 영향권 내에 놓여있고 대미의존도가 높았던 우리나라에서도 많은 관심과 동경의 대상으로 자리 잡아 '상상된 미국'의 이미지를 형성했던 것이다. 그런데 이러한 이미지는 사실 제대로 된 정보에 바탕을 두고 형성되거나 전달된 것이 아니었다. 대부분의 사람들은 미국에 가보지 못했고 한국에 와 있는 일부 미군들을 접하거나 헐리우드 영화 등을 통해 전달된 단편적인 지식에 기반하는 경우도 많았다.

상상된 미국의 이미지를 강화시킨 것은 다름 아닌 기행문이었다. 당시 드물게 발표된 미국 기행들은 오영진의 「아메리카 기행」에서 잘

—— 23 대니얼 부어스틴, 『이미지와 환상』, 1961. (커트 앤더슨, 위의 책, 268쪽에서 재인용)
—— 24 커트 앤더슨, 위의 책, 681쪽.

드러나듯 미국의 발전상을 보고 와서 그 풍요로움에 대한 찬양 일색으로 이루어진 경우가 많았다. "진실로 이 미술관은 인류 문명과 문화사의 조예 깊은 지식인 그의 해박한 지식을 다하여 가끔 꿈에나 그릴 수 있는 환상의 세계를 그대로 현실화해놓은 것이라고나 할까. 과연 꿈의 나라이다"[25]라는 식이다. '미국'이라는 상상된 세상에 대해 갖는 사람들의 환상과 동경이 "꿈의 나라"라는 표현에 축약되어 있다.

그러나 우리가 고려해야 할 것은 당시 많은 이들이 실제 영미문화에 대해 조예가 깊거나 영어로 의사소통이 원활할 수 있는 어학 실력을 갖추지 못했다는 점이다. 그들이 보고 온 미국의 모습은 통역을 거치고 가이드나 교포들의 설명을 경유한 것으로, 초청의 형태로 가서 공적인 루트를 따라 정해진 일정을 소화하고 오는 것에 그치는 경우가 많다 보니 초청 주체나 여행을 지원하는 주체의 목적에 맞는 경로만을 돌고 겉핥기식으로 보고 오는 일이 잦았다.

그런 점에서 전숙희의 글은 차이를 보인다. 해방 전에는 일본을 경유해서 서구문화가 들어온 경우가 많았지만, 해방 전후로 일본어 책을 통하지 않고 원서를 읽는 사람들이 늘어났고 외국문학 전공자들도 증가했는데 영문학을 전공한 전숙희 역시 그 중 한 명이었다. 이화여전 영문과 출신인 전숙희는 학식과 교양을 갖추고 있었고 영어 실력도 높았던 것으로 보인다.

전숙희는 모윤숙이 조직한, 주한외국인들을 접대하는 한미친선

—— 25 오영진, 「아메리카 기행」, 『현대공론』, 1954.10, 268쪽.

단체 '낙랑클럽'의 일원이기도 했는데, 이 클럽은 영어실력, 학력과 교양수준을 갖춘 여성들만 가입할 수 있었다.[26]

전숙희는 한국 정부의 초청으로 존슨 미국 대통령이 방한했을 때 영어 실력이 높다는 이유로 선발되어 미국 대통령의 강연을 취재했고 존슨 대통령의 방한기를 쓰기도 했다. 미국 여행 중에도 전숙희는 언어소통에 큰 어려움이 없었으므로 통역을 거치지 않고, 미국인들과 직접적인 대화를 통해 그들의 실제 상황과 마음을 짐작할 수 있었다. 그녀의 여러 경험과 어학 실력은 미국 여행에서 잘 발휘될 수 있었으며 실제 미국 사람들과의 대화를 통해 직접 보고 듣고 이해한 것을 글로 옮겼기에 귀한 자료가 된다.

이 여행기가 흥미로운 것은 영문학을 깊이 있게 공부했던 전숙희가 영미권의 문화와 언어에 대한 실질적인 이해를 갖추고 직접 보고 듣고 말하며 겪은 체험을 담았다는 점이다. 그렇기에 전숙희는 미국에서도 그 발전상에 압도되어 넋을 잃기보다는 객관적인 시각을 견지

26　낙랑클럽의 성격에 대해 밝히거나 그에 대한 평가를 하는 것도 필요한 일이겠으나, 이 글에서는 낙랑클럽에 대한 역사적, 실증적 자료 조사에까지는 이르지 못했다. 다만 전숙희 자신의 글(전숙희, 「낙랑클럽이 한국을 알렸어요」, 『8.15의 기억: 해방공간의 풍경, 40인의 역사체험』, 한길사, 2005, 110쪽)을 통해 전숙희의 낙랑클럽에 대한 인식을 엿볼 수 있는데, 그녀는 낙랑클럽을 한국을 세계에 알리는 매개적 기능을 한다는 데 방점을 두고 긍정적으로 여겼던 것으로 보인다. 그럼에도 "한국정부와 이승만에게 유리한 상황을 조성하며 나아가서는 필요한 정보 수집"했다는 말에서 유추해볼 때, 낙랑클럽의 결성의 배경에 다소의 정치적 의도가 작용했다는 의심이 드는 점이 있기는 하나, 일단 그녀가 이 클럽에 속했다는 것 자체가 교양이나 어학 실력에 있어 수준급이었음을 증명해주는 점이 있고 일찍부터 한국문화를 국제적으로 알리는 일에 관심을 가졌음이 확인된다.

하려고 한다.

　미국을 바라볼 때 전숙희는 고국의 상황과 비교해보곤 하는데, 당시에 소위 '엽전의식'이라고 불렸던 자기비하나 자조의식이 흔했던 때였음에도 전숙희는 미국에 비해 열등감에 빠지는 태도를 지양하려 한다. 미국과 한국을 비교할 때도 미국에 비해 한국의 열등한 점만을 찾아 자기 비하에 빠지기보다는 우리만의 장점을 찾는 경우도 많다. 또한 환상을 걷어내고 본 미국이라는 나라가 생각보다 그리 '꿈의 땅'이 아니라는 것을 담담하게 서술하고 있다. 이 책은 미국인의 생활을 피상적으로 쓰고 있는 것이 아니라 구체적으로 경험하고 느낀 것들, 미국인들과의 실제 대화나 교류를 바탕으로 썼다는 점이 주목된다.

　예를 들면 「아메리카의 비극」이라는 소제목이 붙은 장에서는 같은 호텔에 장기투숙중인 노부인과의 진솔한 대화를 통해 미국 노인들의 고독한 인생을 접하게 되고 그것을 "인생비극"이라 부르며 미국 독거 노인 문제에 대해 동정적으로 거론하고 있고, 「미국인의 종교생활」에서는 미국인들이 기독교정신에 입각하여 인간문제에 커다란 관심을 가지고 있는데도 사회에 부패한 면이 많다는 점을 지적하기도 한다. "이렇게 부유한 나라에도 거지가 있으며 빈민굴이 있고 또 밤을 새워가며 윤락을 뒷골목을 헤매는 무리들이 있다"는 것이다. 빈민굴에서, 혹은 "시영 아파트에 값싼 방을 빌려가지고 살고 있"는 서민들, 상이군인들의 처절한 생활을 바라보고 그들의 "무지한 표정들과 남루한 의복, 하는 행동 모두가 하류사회가 틀림없"어 보인다고 생각한다. 육십 세가 넘었지만 매일 새벽 4시까지 운전을 한다는 택시운전사와 대화를 하며 그들 역시 먹고 살기 위해 "무한한 노력을 해야만 하는 것"이라는 사실을 환기하기도 한다.

　물론 지금의 시각으로 보면 다소 아쉬운 점이 있지만, 이 책이 출간된 것이 1956년이라는 점을 고려할 때 전숙희가 견지하고 있는 태도나 시각은 긍정적으로 평가될 여지가 있다. 1950년대는 물론이고 그 이후 60년대, 70년대에 쓰인 여행기와 견주어보아도 비교가 된다. 이 책이 쓰인 후 20년이 지난 1970년대에 손장순이 세계여행을 하며 쓴 글들[27]을 보면 손장순은 태국을 향해 "미개한 나라"라고 부르고 네팔의 사육제를 보며 "아무래도 인간의 삶은 아닌 것 같다."라고 서술하는 동시에 아프리카 흑인들에 대해 "검둥이"라는 표현을 쓰며 "검은 피부색의 열등감" "저주받은 피부" 등의 표현을 서슴지 않고 있다. 물론 손장순같은 경우는 개발도상국이나 후진국을 여행하였고, 전숙희는 미국이라는 선진국을 여행했다는 점에서 상황이 다르다고 볼 수도 있지만, 전숙희도 미국 본토나 하와이 공항 등에서 다인종을 접했으며 이민자들을 다수 만났지만 인종적 편견을 드러내거나 차별적인 시선을 보인다든지 특별히 백인이나 선진국 출신이라고 해서 달리 보는 태도는 나타나지 않는다.

　그러나 더 큰 차이점은 한국에 대해 갖는 기본 태도에 열등감보다는 애정과 자부심이 느껴진다는 점이다. 손장순이 아시아, 아프리카에 대해 모멸적 시선을 보이는 동시에 한국을 맹비난하며 "왜 이처럼 한국인은 인간성이 하락해버린 것일까"라거나 "그런 국민성을 가

―――　27　관련부분은 손장순, 『어릿광대여 나팔을』(손장순 문학전집 11권), 푸른사상, 2009, 349-373쪽.

지고 있는 이상, 우리들은 정신적 야만성에서 벗어날 수 없는 것"[28]이라고 비하하고 있는 반면 전숙희는 전란 이후의 피폐해진 고국의 상황을 슬퍼하고 한국인들이 더욱 노력하여 발전해야 한다고 말하면서도 한국만의 장점을 상당히 긍정적으로 평가하고 있다. 더 나아가 이런 한국의 좋은 면모를 왜곡되지 않게 해외에 전달하는 '선전 방법'을 개선해야 한다고 제안하기도 한다.

위의 김미영의 연구에서도 60~70년대 기행산문에 나타난 "국가 간, 인종 간에 위계화된 인식"을 지적하고 있는데 전숙희의 『이국의 정서』는 그보다 앞선 50년대에 이미 오리엔탈리즘적 사고에 대해 자성하며 미국에 대해서도 객관적 시각을 유지하려 노력하고 있는 점이 드러난다.

또한 전숙희는 미국의 문제점에 대해서도 비판적으로 바라본다. "그 나라에도 어데보다도 큰 감옥이 있고 실업자가 있고 수없는 인간 비극도 남 못지않게 발생하고 있는 것"이라는 사실을 전숙희는 분명히 지적하고 있다. 더 나아가 "어떤 점에 있어서는 그들이 오히려 우리들에게서 배워야 할 점이 더 많을지도 모르겠"다고 말하는데, 이는 당시의 '아메리카니즘 판타지'를 벗어나는 서술이라 할 수 있다.

---

28 손장순, 앞의 책, 358쪽.

3. 『이국의 정서』 속 1950년대 여행의 특징

그렇다면 전숙희는 어떻게 여행을 했을까? 전숙희는 1955년 8월 6일 미국에 가기 위해 여의도 비행장에서 동경 하네다 행 비행기를 탔다. 동양 여자가 해외여행을 하는 일이 드문 시기였다. 전숙희 역시 하와이로 가는 비행기 안에는 여러 종류의 사람들이 타고 있었으나 "동양인은 나 하나"였다고 쓰고 있다.

이렇듯 매우 어려운 기회를 잡아 여행을 갈 수 있게 되었던 만큼, 전숙희의 여행기에는 초반에는 기대와 설렘, 감정의 고양 등이 나타난다. "미지의 땅, 미지의 사람들 미지의 사건들을 어렴풋이 그려보며 호기심 또는 희망과 같은 무엔지 벅찬 마음으로 조그만 창밖을 내다보"았다고 쓰고 있다. 동경까지 비행하는 동안 일본에 가까워지자 마이크에서 '부사산이 보인다'라고 안내를 해주자, 전숙희는 창밖의 부사산을 바라보며 "그림에서나 시에서나 보던 부사산이 머얼리 내 눈앞에 참으로 그림엽서처럼 아름답게 떠올랐"다는 감격을 쓴다.

동경 도착 후 전숙희는 다시 PAA에 몸을 싣고 오후 여섯시에 하네다 비행장을 출발해 하와이로 향한다. 구름 위에 드라이브를 하는 "쾌감"을 맛보고 "호노루루의 흘러가는 대합실"에서 과객으로서의 삶에 대해 생각하는 등 『이국의 정서』 초반부는 제복에 '정서'가 들어가는 것처럼 개인의 감정을 담은 정서적 면이 강하다.

당시 해외여행이나 안전교육에 대한 인식이 그리 높지 않았다는 사실과, 어쩌면 그 무지에서 비롯되는 것일 수도 있을 낭만적인 감상을 드러내는 대목이 있다. 라이프재킷 착용법을 설명하고 있는 와중에 "여행 도중 만약에 비행기에 무슨 사고가 생기는 경우에는 이 조끼를 입고 거기에 공기를 불어 넣어 뛰어 내리란 말인데 나는 도무지 그런 경우가 생기게 되면 저 기기묘묘하고 아름다운 구름 속에 흩어져 산화해버리지 무얼 그리 구구스럽게 살아보겠다고 저런 우스꽝스러운 것을 입고 뛰어내리랴 하는 생각"을 했다는 것이다. 전숙희는 결국 "설명은 듣지도 읽지도 않고 그냥 창 밖 석양 하늘 아래 흩어져가고 또 뭉치는 구름들의 신비한 모양만을 무심히 내다보고 있었"다고 쓴다. 그런데 이런 감상은 이 책의 뒷부분에 가면 좀 달라진다. 미국 기행을 마치고 귀국하는 배에서 풍랑을 만났을 때 "침대 벼개 밑에 제각기 오렌지색 구명조끼를 깔고 있"는 사람들에게 구조선이 올 때까지 떠 있을 수 있냐며 면박을 주고 나서도, "언제든지 걸치고 나설 수 있도록 준비된 조끼 생각"을 자꾸 하는 전숙희의 모습에서 변화하는 심정이 드러난다. 여기에서 구명조끼에 대해 갖는 작가의 회의적인 생각은 비행기에서 라이프재킷을 보며 "무얼 그리 구구스럽게 살아보겠다"라며 차라리 "아름다운 구름 속에 흩어져 산화"한다는 감상을 가졌던 때와는 다르며, 실제 구명조끼를 입고 구조선을 기다리는 것의 성공 가능성 타진에서 비롯되는 것이다. 즉, 여행을 시작할 때의 추상적이고 감상적인 태도가 실제 여행을 다 마치고 난 뒤 현실적이고 구체적으로 변화했음을 보여준다고 하겠다.

하와이 공항에서 직원의 도움을 받기 위해 대합실에서 기다리는 동안, 전숙희는 사람들을 관찰하는데, 그 안은 "서로 팔을 끼고 가는 남녀들 분주히 뛰어다니는 사람들"로 매우 분잡한 상태이며 형형색색의 물건들과 다양한 인종의 사람들이 뒤섞여 눈이 어지러울 정도다. 당시 하와이가 미국 본국으로 들어가기 위한 통과지로서 전 세계인들이 모이는 곳이었기 때문이다. "꽃무늬의 보헤미안식 넓은 치마에 기인 머리를 풀어 헤치고 또는 머리를 짧게 깎고 가슴과 넓적다리를 내놓은 빼딩. 쑤웃 바람으로 더러는 인도의 긴 싸리를 걸치고 천천히 갈지 자 걸음을 걷는 사람들"이 가득하다. 그 와중에 "하와이 특유의 기타 음악이 유정하게 흘러나"오고 "기타 리듬에 맞춰 훌라춤을 추듯이 엉덩이짓들을 하고 걸어가는 사람들"까지 있는 이러한 풍경이 매우 낯설게 느껴졌던 전숙희는 그들의 모습을 "이상한 감회 속에 바라보고" 있다. 그 혼란스럽고 혼종적인 장면은 전숙희에게 깊은 인상을 남긴다. 그러나 인종과 피부색 등에 편견을 가지거나 그들을 위계화하는 시선으로 바라보지 않고 다만 낯선 관찰자의 심정으로 지켜보고 있을 뿐이며 오히려 그 혼종성에 매혹된 것 같은 태도도 엿보인다. 2시간 동안이나 대기실에서 기다리면서도 전숙희는 그곳을 "황홀한 대합실"이라고 부르고 있다.

기행산문집 초반의 전숙희의 태도는 주로 한발 떨어져 있고, 그 안에 들어가 섞이지 못하는 관찰자로 나타난다. 심지어 구경하기조차도 벅차다는 푸념을 하기도 한다. 극장과 나이트클럽 등 미국의 '밤생활'에 문화적 충격을 받고 나서 "연애도 휴식도 향락도 돈을 버는 것도 쓰는 것도 이 밤에 다 이루어지는" 이곳의 나이트라이프가 "열한시 이후에는 잠만 자던 내 생리에는 모두가 구경하기조차 벅찬 노릇"이었다고 쓰기도 한다.

전숙희가 여행 초반에 느끼는 감정들은 대부분 감상적이고 피상적이며 미국에 간다는 동경, 막연한 환상 등이 엿보인다. 주로 자신을 구경꾼이라고 인식하고 있으며, 설레는 마음으로 신기하게 바라보는 정서가 강하다.

그러나 샌프란시스코와 덴버를 거쳐 애스펜으로 가서 동생과 머무는 동안 전숙희는 진짜 미국인의 삶을 경험하게 된다. 당시 루이빌 음악대학에 재학 중이었던 동생이 고국을 떠난 지 3년 만에 만나 여자들 합숙소에서 동생과 2주를 보내게 되는데 "남녀 대학생들의 생활, 기숙사 생활, 일반 피서지의 생활" 등을 경험하고 뮤직 페스티벌도 마음껏 즐겨보는 동안 미국인의 '리얼 라이프'를 조금씩 알아간다.

이후 애스펜에서 스키 리프트를 타고 록키산맥까지 가는데, 리프트를 타서 산꼭대기까지 올라가는 동안 "요술의자를 타고 하늘나라를 향해 가는 듯", 대단한 모험을 하는듯한 스릴을 느낀다. 심지어 가는 동안 비도 맞아서 올라가니 전신이 비에 젖고 추워 덜덜 떨게 된다. 내려가는 동안도 비가 쏟아지지만 여유가 생겨 이제는 산을 관람하는 모습을 보인다. 이런 모험을 경험하고 나서 전숙희는 심지어 기존에 정해져 있는 비행기 예약 루트를 무시하고 미국을 횡단하는 "원거리 드라이브" 자동차 여행을 선택하기까지 한다. 8월 29일 오전 7시 정각에 루이빌 음대의 컨덕터 교수였던 하워 씨의 스포츠카를 타고 미시간으로 이동하게 된 것이다. 자동차로 록키산맥을 횡단해서 가는 길, 수목한계선도 보고 "록키산 골짜기 골짜기를 돌아 넘으며" 전숙희는 "미국의 문화시설과 생활, 즉 인간의 두뇌와 능력과 힘이 이루어놓은 시설"을 보러왔으나 창대한 자연까지 만날 수 있음에 "얼마나 즐겁고 다행한 일"이냐고 자문한다. 어떤 공적인 일정도 없이 자신의 의지대로 충동적인 결정을 하며 공식 시찰과 무관한 '진짜 여행'을 했다는 점에서 전숙희의 미국 기행은 독특한 점이 있다. 당시 사회의 보수성을 고려할 때 여성이 낯선 외국 땅에서 모험하는 기분을 느끼며 '도전'에 가까운 적극적인 여행을 할 수 있다는 것은 희귀한 일이 아닐 수 없다.

애스펜을 떠난 것이 8월 29일, 9월 3일 저녁에 미시간에 도착했으니 약 1주일이 걸린 셈이며 1,700마일이나 되는 장거리를, 미국인과 한 차를 탄 채 며칠에 걸쳐 이동했던 여행이었다. 미시간 베이에서 전숙희는 룰 박사 부부의 별장에서 머물며 있는 그대로의 자연스러운 미국인의 생활을 제대로 체험한다. 밤에는 통장작을 피우고 둘러 앉아 책을 읽고 이야기를 나누며 "아무런 의무도 에티켓도 필요치 않은 미쉬간의 며칠"을 마음껏 즐겼고 룰 박사의 별장 인근에 있는 탐킨스 씨 삼형제의 200에이커 과수원과 농장에 방문해 미국의 농장 생활을 세세히 돌아보고 그 지역의 학교와 병원들도 들러본다. 포르막 강가의 청춘안전지대에서 연애하는 젊은 사람들을 구경하기도 한다.

그리고 깊은 인상을 받은 "국제도시 뉴우옥"으로 가서 신문, 잡지, 라디오, 텔레비전, 서점, 병원 등을 경험한 것을 낱낱이 적는다. 미국 컬럼비아대학에서 비교문학을 청강하는 동안 특수학생 신분으로 뉴욕에서 곳곳을 자유롭게 다니며 지하철도 타고 슬럼가와 뒷골목도 복격한다. 미국인들의 크리스마스 풍경을 실감나게 묘사하고 있기도 하다. 여러 미국 소도시를 다니며 재미동포들의 생활을 보여주고 한국 유학생 문제, 한미간의 교류 등을 그저 추상적인 담론으로만이 아닌, 체험에서 우러나오는 자기만의 생각을 가지고 고민하기도 한다. 우수한 미국 대학의 특수강의를 직접 경험하고, 아카데믹한 분위기를 학생으로 느껴보며 해외 선진 교육에 대해 생각한다. 인솔자를 따라 다니는 공식일정 속에서, 통역을 통하는 어학 실력의 한계를 안고 경험했던 당시의 미국 여행과는 차이를 보이며 자신이 직접 그 안에 들어가서 직접 보고 들은 것을 위주로 쓰고 있고, 당시 흔했던 방식대로 재미교포의 말들을 그대로 옮기는 것이 아니라 실제 살며 관찰하고 느낀 점들을 적었다는 데 의의가 있다.

이 책에는 '상상된 미국'을 향한 찬미나 실체가 없는 동경은 나타나지 않는다. 물론 미국의 발전상에 대해 일부 부러움이 드러나는 부분은 있다. "견물생심이라는 말과 같이 나는 여행중 보는 것 듣는 것마다 우리보다 낳은 것이 있으면 모다 부러웁고 모다 우리도 저렇게 해보았으면 하는 간절한 마음"이 들었다고 본인도 쓰고 있다. 특히 전숙희는 도회지 중심의 한국과 달리 시골도 사회 제도가 되어 있고 전기 수도 공급이며 보건시설, 텔레비전과 도서관 설비, 영화관, 공원 설비, 도로 교통 교육 시설 등이 잘 되어있다는 사실에 깊은 인상을 받는다. 당시 전란의 상처를 극복하지 못한 한국은 여러 기반시설이 다 복구되지 못한 상태였고 농촌과 도시 간의 격차가 극심했기 때문이다. 특히 텔레비전이나 전자 전광판 뉴스 등을 통해 일반 시민들은 빈부격차와 지위고하를 막론하고 쉽게 교양과 지식, 세상의 뉴스들을 접할 수 있고 도서관이 잘 되어 있어 책과 많은 자료들을 누구나 가까이 할 수 있다는 점을 부러워한다. 하지만 무조건적인 미화나 찬양의 태도는 아니며 비교적 객관적으로 평가하고 있고, 우리의 현실에 대한 자기비하로 이어지지는 않는다.

미시간 베이의 학교를 방문했다가 전숙희는 선진적 교육환경

보다도 "모든 최신 시설을 갖추어 놓은 식당과 부엌 설비"에 감탄한다. 아이들에게 더운 점심과 우유를 공급한다는 말을 들으며 "찬 보리밥 한 덩어리도 제대로 가지고 다니지 못하는 우리 아동들의 현실과는 너무도 현격한 것"이라는 생각에서이다. 그러나 그렇다고 한국의 현실에 대한 한탄을 보이지는 않으며, 병원에 가서 소아과를 둘러본 후 아이들이 노는 장난감까지 구비된 병원에서 "눈부시게 정결한" 소아 입원실 구경을 하며 그 많은 입원실이 모두 만원인 것에 놀라고 "그렇게 잘 먹이고 잘 돌봐주건만 역시 이렇게 많은 앓는 아이들이 있는 것"이 이상하다는 생각을 하고 오히려 미국의 의료서비스가 장벽이 높고 일반 서민들이 보험혜택을 받기도 어렵다는 것을 지적하기도 한다. 또한 한국의 매약상이나 병원에서는 의사도, 약도 훨씬 쉽게 구할 수 있고 "페니실린 병을 들고 와 '한 그람 놔주시오'라고" 해도 가능한 정도로 의료서비스의 벽이 낮다는 점을 긍정적으로 평가하고 있다. 한국이 오히려 "생활수준에 비해 병이 적"으며 미국에 정신병이 많다는 것과 비교해 한국은 "너어버스 낙따운"이라고 부르는 정신질환이 훨씬 적다는 점을 강조하고 있기도 하다.

『이국의 정서』의 중반부 이후부터는 풍요의 그늘 아래 깊어지는 미국인들의 마음의 빈곤을 간파하는 경우가 많이 등장한다. 여행이 진행될수록 전숙희는 미국의 발전상 이면의 어둠에 더 주목한다. 뉴욕의 뒷골목과 빈민가를 다니며 거지, 집시 같은 사람들도 만나며 "미국은 거지가 없는 나라인 줄 알았더니" 그와 같은 심한 빈부격차와 그늘이 존재한다는 것을 확인하기도 한다. 차를 타고 가다 스탑라인에 정차하는 동안 운전자에게 구걸하는 알콜 중독자들이 쫓아와 모습을 직접 보기도 한다.

　　이렇게 미국인들과 함께 하고 그 안에서 어우러지는 현실 체험으로 인해 전숙희는 '진짜 미국' 안으로 한 걸음 더 들어가게 되고 기행 산문 초반에서와 같은 소외된 관찰자로서가 아니라 내부에 있는 사람으로서의 경험을 조금씩 쌓게 되면서 태도변화가 생긴다. 초반에 여행에 대한 센티멘탈리즘이 강하게 드러났다면 점점 갈수록 그런 감상적 언동이 상당히 줄어든다. 전숙희의 관심은 "저 물 건너 수많은 사람들은 무슨 생각을 가지고 어떠한 태도로 어떠한 환경 속에서 무엇을 하고 살아가고 있는지"에 있으며 그것에 대해 "내 눈과 내 생각을 통해 본" 사실을 기반으로 쓰고 있을 뿐이다.

　　앞에서 서술한 바와 같이 1950년대의 해외여행들은 국가의 통제와 지원 속에서 이루어졌으며 언론인 자격으로 떠난 전숙희의 미국 여행 역시 그 안에서 가능했던 것은 사실이다. 『탕자의 변』을 출간할 무렵 기자로 활동했던 전숙희는 한국 유엔 한국본부의 주선을 통해 1955년 아세아문화재단과 한미재단 공동 지원으로 미국 문화탐방을 떠나게 되었으며 펜실베니아 일간지 콜크로니콜 신문사의 공식 초청으로 현실화되었다. 당시 전숙희가 미국으로 떠날 때 기자들과 문단의 선후배들이 나와 요란한 환송이 있었고 여행 전후로 언론의 관심도 높았다. 또한 컬럼비아 대학에서 1년 동안 공부할 수 있었던 것도 아세아 재단의 후원에 의해서였고 이때 선발과정에서도 일련의 선발 기준과 목적이 있었을 것이다. 그렇기에 여행의 초반에 전숙희가 느끼는 감정은 일반적인 '초청' 형식으로 미국을 방문한 여행자들과 크게 다르지 않다. 그러나 『이국의 정서』의 체험은 사적 경험이 더 많아지고, 여행이 점점 진행될수록 위에서 살펴본 바와 같은 차이를 드러낸다. 처음 미국에 갔을 때, 전숙희는 최초의 방문 목적에 따라 의무적으로 미국 여기저기에서 "내가 겪은 한국전쟁"이라는 제목으로 강연을 해야 했다. 통역 없이 영어로 진솔한 자신의 전쟁 경험을 풀어놓은 그녀의 강연은 미국 현지 신문에 대서특필되었고 좋은 반응을 얻어 강연 요청이 쇄도했다. 당시 한미교류가 본격적으로 시작되던 때였기에 뉴욕 주재 한국 본부, 아세아재단, 한미재단에서 그를 미국에 계속 체류하게 하기 위해 콜롬비아대학 비교문학과에서 공부하며 더 길게 체류할 수 있게 해주었던 것이다. 심지어 주택과 이사비를 모두 책임지고 남편 강순구의 의사경력을 인정해주며 미국에서 안정적으로 살게 해주겠다는 제안까지 받았다고 한다. 당대 사회가 아메리카니즘을 어떻게 내면화시키고자 하고 있었으며, 어떻게 그 안에서 문화예술인을 활용하려고 했었는지의 단면을 볼 수 있는 점이 있다. 그러나 전숙희는 그런 제안을 모두 거절하고 한국으로 돌아온다.[29] 남편 강순구가 한국에서 살기를 원했던 점도 있었지만 전숙희 자신이 미국에서의 체험을 통해 깨달은 바 있어서이기도 했다.

이후 전숙희의 행보와 연관지어 생각할 때 이 여행은 향후 전숙희의 삶의 방향을 설정하는 데 큰 계기가 된 점이 있다. 이후 교육과 문화사업의 중요성을 자주 강조하며 본격적으로 국세적인 문화운동, 동서양 문화교류를 기반으로 하는 문예지 『동서문화』 창간, 관련 문

29　이에 대한 내용은 앞의 전숙희 평전에 자세히 서술되어 있다. (조은, 『전숙희』, 한겨레출판, 2016, 152-155쪽 참조)

화예술 교육활동 등을 시작했으며, 수필 작품들에도 이런 생각들이 구체적으로 나타나게 된다. 그녀는 1972년에 쓴 일기 「이국의 정서」[30]에서 줄곧 생각해오던 주제인 "미국 생활 비판- America from the eye of Orient"를 이제쯤 쓸 수 있으면 특수한 것이 나올 것이라고 말하면서 미국의 "자유분방하면서도 폐쇄된 생활"이나 "더할 수 없이 화려하면서도 더할 수 없이 고독한" 특징을 가지고 있는 모순적인 국가라는 점을 지적하고 있다. 전숙희는 이를 탐구하기 위해 『이국의 정서』 출간 이후에도 열 번 넘는 미국 여행을 하며 미국 생활을 깊이 있게 살펴보려 했다.

4. 미국 대중문화 산업에 대한 인식과 한국문화의 세계화

전숙희의 『이국의 정서』의 또 하나의 특이점은 미국의 대중문화 산업에 대한 인식이 엿보인다는 점과, 한국문화의 세계화에 대한 앞선 인식과 제안을 담고 있다는 점이다.

전숙희는 꽤 긴 분량을 할애하여 할리우드 경험에 대해 쓰고 있으며 영화 산업에도 큰 관심을 보인다. 전숙희는 헐리우드가 화려한 이미지나 환상적 표피와는 달리 세계 영화산업의 최전선에서 문화를

─── 30 전숙희, 『가족과 문우들 속에서 나의 삶은 따뜻했네』, 정우사, 2007, 14쪽.

창조하는 '공장'과 같이 작동하는 것에 더 흥미를 느낀다.

LA와 할리우드를 통해 미국 영화계에 대한 앞선 경험을 한 그녀는 헐리웃에서 "하나의 영화를 제작해내기까지의 모든 푸로세스와 기술면을 구경할 기회"를 살려 "화가의 아트리에와 같은 감을 주는 조명과 색채의 조화를 연구해 스크린에 가장 효과적인 미를 나타낼 수 있는 화장법을 연구하고 있는 메크업부를 비롯해 녹음실, 대표적인 스튜디오 등"을 모두 자세히 구경한다. 온갖 셋트로 가득 찬 대규모 스튜디오 안은 하나의 조그만 세계였다. 이 속을 찬찬히 들여다 보고 전숙희가 느낀 것은 "참으로 영화제작이란 하나의 커다란 투릭"이라는 것이었다.

프랑스 영화비평가 기 엔느벨(Guy Hennevbelle)은 「헐리우드 영화의 아편」[31]이라는 유명한 논문에서 엔터테인먼트의 가면을 쓰고 쇼비니즘을 양산하는 헐리우드 영화산업에 대해 비판한 바 있는데 여러 이유를 들고 있지만 그 중 아메리카니즘을 지속시키기 위한 "현실에 대한 페인트칠"이 문제가 된다는 점을 강조했다. 헐리우드 영화가 현실 미화를 조장하며 자본주의의 폐해나 사람들의 욕구불만을 미화된 현실로 은폐하고 그들이 현실에 만족하는 것처럼 포장하여 "기만적인 미학을 창조"한다는 것이다.

전숙희가 헐리우드에 와서 본 "온갖 셋트로 가득 찬 대규모 스튜디오" 안은 하나의 조그만 세계였으며, 이 속을 찬찬히 들여다보고 그

---

31 서울 영화집단 편, 『새로운 영화를 위하여』, 학민사, 1983, 181-189쪽에서 재인용.

녀가 얻은 결론은 "참으로 영화제작이란 하나의 커다란 투릭"이라는 것이었다. 즉, 헐리우드 영화의 "기만적인 미학"이 하나의 거대한 트릭, 속임수라는 것을 깨달은 것이다.

1950년대 한국의 대중문화는 미국 문화의 영향을 강하게 받고 있었고, 한국 영화산업에서도 헐리우드 영화를 현대극영화의 기준으로 삼는 경우가 많았다. "식민잔재의 청산과 미국식의 자본주의의 모방을 통한 현대화를 추구"[32]했던 까닭으로, 평단 역시 "스펙터클만 있는 오락영화로 폄하하는 것과 동시에 미국영화의 산업화를 모방하고자 하는 이중적인 태도"[33]를 보였고 대중에게도 파급효과를 가져와서 헐리우드 영화는 '현대화'와 거의 동일시되며 동경의 대상이 되었다.

미국화(美國化)가 곧 서양화(西洋化)이며 이것이 곧 현대화라는 착각은 보편적이고 맹목적으로 추구되었다. "미국은 서양을 대표하며, 미국처럼 생활하는 것이 곧 현대화라는 착각이 대중들 사이에 확산되어 있었"[34]던 데는 헐리우드 영화의 역할이 지대했다.

> 동경의 땅 헐리웃을 내 눈으로 직접 보는 순간 - 나의 허수아
> 비같은 꿈은 완전히 깨져버리고 말았다. 소녀시절의 나의 꿈, 혹은
> 나와 같은 막연한 생각들을 갖인 사람들의 꿈과는 이 현실의 헐리

—— 32　김성희, 「1950년대 코리안 리얼리즘 담론 연구」, 중앙대학교 영상예술학과 석사학위 논문, 2008, 33쪽.

—— 33　위의 책, 같은 쪽.

—— 34　코디 최, 『20세기 문화 지형도』, 컬처그라퍼, 2010, 27쪽.

울은 너무나 거리가 머언 것이었다. 세상에서도 가장 화려하고 아름다우리라고 생각했던 헐리울의 거리는 가장 무미건조하고 한적하고 또 촌스러운 것이었다. 한마디로 하자면 여기는 영화라는 하나의 종합적인 예술품 혹은 더 적당히 말해 상품을 생산하는 하나의 큰 생산공장 즉 노동시장이었다. 그 거리를 오고가는 사람이나 혹은 스튜디오 안을 출입하는 사람들은 기술자들이거나 배우거나 모두 가벼운 스포우틱한 차림새가 아니면 작업복들이었다. 내가 상상하던 화려한 차림새라는 것은 남자나 여자나 찾아볼 수가 없었다. 마침 점심시간이 되어 배우들의 전용식당에 가 식사를 같이 할 기회가 있었다. 거기서 나는 수많은 신인배우들과 스타아들 속에 지금 미국의 성격배우로서 인기가 좋은 남 스타아 굴랜포오드 씨와 빙 크로스비 - 넬슨 에디를 만났다. (중략) 나는 그를 만나는 순간 스크린과는 너무나 다른데 놀라지 않을 수 없었다. 상고머리에 빛깔이 다아 낡은 작업복을 입고 있는 그는 이 사람이 굴랜포오드라고 소개해주지 않았든들 그냥 하나의 엑스트라쯤으로 밖에는 생각지 않았을 것이다.[35]

인용한 바와 같이 직접 헐리우드 촬영소를 방문한 뒤 전숙희는 자신이 갖고 있던 헐리우드에 대한 환상은 "허수아비같은 꿈"에 지나지 않다는 것을 깨닫는다. "불야성 한모퉁이에 더욱 찬란한 빛을 발하

---

35 전숙희, 『이국의 정서』, 희망출판사, 1956, 204-205쪽.

고 있는 한 지점"에 "HOLLYWOOD라는 글자가 공중에 떠있는 것처럼 새겨져 있"는 헐리우드의 유명한 상징이 그저 "네온장치"에 불과하다는 것을 알게 된 것이다. 엔느벨의 표현을 빌리자면 "헐리우드 영화의 아편"의 약효가 떨어지고 미국 영화산업의 민낯을 보게 된 것이다. 전숙희는 헐리우드가 "하나의 큰 생산공장, 즉 노동시장"이며 배우는 작업자에 지나지 않는다는 것을 깨닫는다. 이 깨달음은 문화인이면서 언론인인 자신이 사실 미국 문화산업이 만들어낸 환상에 사로잡혀 있었으며 아메리카니즘의 영향 반경에서 벗어나지 못하고 있었다는 것에 대한 자성이기도 했다.

환상에서 벗어난 이후, 전숙희는 미국 영화산업의 생산과정을 주의 깊게 관찰하며 "촬영되고 녹음이 끝난 필름이 어떠한 과정을 밟아 완성한 하나의 영화로서 세계시장에 퍼지게 되는가"하는 것에 관심을 보인다. 그리고 "촬영이 끝난 다음부터는 전부가 과학"이라는 결론을 얻는다. "필름을 현상해서 검사한 후 이것을 적당히 편집하고 하나의 완성한 필름을 만든 다음 또다시 이것을 수백수천개로 프린트해 하나씩 궤짝에 포장을 해 출하하기까지"의 과정이 얼마나 복잡하고 기계적인 분업이 이루어져 있는지를 알게 되었기 때문이다.

"스타아를 길러내어 하나의 영화를 만들기까지 이렇게도 복잡다단한 과정을 그 절반도 이해하지 못하면서 취미가 있다고 해서 책이나 몇권 읽어 이론이나 좀 안다고 함부로" 영화를 논했으며 심지어 영화를 해보고 싶다는 꿈까지 꾸었던 자신을 부끄럽게 생각하기도 한다.

이 책의 또 하나의 특이점은 저자가 한국문화의 세계화에 대한 고민을 상당히 깊이 있게 하고 있다는 점이다. 당시 사람들이 한국문화에 대해 패배적 인식이나 열등의식을 갖는 경우가 많았던 것과 비교해보면 전숙희가 한국 고유의 문화를 상당히 긍정하고 있고 이것을 효과적인 문화홍보의 방식으로 전달해야 한다는 생각을 50년대에 했다는 것은 시대를 앞선 점이 있다.

전숙희는 이 책의 여러 부분에서 한국이 세계에 제대로 알려지고 한국문화가 해외에서 공정한 평가를 받아야 한다고 믿고, 방안을 고심하고 있다. 도서관에서 한국 책을 구비해놓은 것이 매우 빈약하며 선교사 부인이 쓴 '칠선녀 이야기', '콩쥐팥쥐' 등의 아동용 구전설화나 한국의 지리와 풍속에 대한 아주 오래된 책 등 두 세권밖에 되지 않음을 안타까워한다. 한국 현대문학 도서가 하나도 없다는 사실을 뼈아프게 느끼고, 도서관 담당자에게 당시 유네스코를 통해 번역 출판되었던 『지붕없는 학교』를 들여놓으라고 추천하기도 한다. 전숙희가 본 한국 풍습과 아이들에 대한 어떤 책의 삽화에는 심지어 중국옷을 입은 아이들이 그려져 있었고, 이를 말해서 시정하겠다는 약속을 받아내기도 한다.

시카고 역사박물관에 가서는 "토인과 한국인 사진"이 마치 세상의 기이한 이들을 소개하듯 웃통을 벗고 있는 모습으로 전시되어 있는 것을 보고 전숙희는 내심 충격을 받는다. 그리고 담당자에게 가서 사진을 교체할 것을 요구하는데, 이것이 관철되어 그나마 다행이지만 이 사례가 보여주듯 많은 미국사람들이 여전히 한국에 대해 잘못된 인식을 가지고 있고 한국이 제대로 알려져 있지 않다는 사실이 문제적이라고 강조한다.

특히 전숙희는 한국을 알리는 책이 도서관에 제대로 구비되어야 한다고 주장한다. 미국 각지 도서관에서 일본과 중국 책은 수없이 많은데 비해 한국에 관한 책이 전무하다시피 한 것이 큰 문제라는 생각을 드러낸다.

> 와싱톤 국회도서관 동양부에 가보면 중국부와 일본부가 따로 있어 고전 신간 서적급 신문잡지 할 것 없이 독립된 도서관만큼 굉장한데 한국부만은 캐캐묵은 고전이 몇권 꽂혀 있을 뿐 신간이라곤 없고 게다가 신문잡지조차 가지 않는다고 했다. 국립 박물관에는 인도 애급 중국 일본 할 것 없이 한나라의 진열품이 다섯방 여섯방 되는데 한국은 겨우 한방에 몰아 놓아 존재도 없는 형편이다. 각 대학에서는 동양 각국의 역사와 문화사와 언어를 수의과목으로써 강의하고 있다. 그러나 한국은 가장 오랜 역사와 문화를 갖었음에도 불구하고 다만 몇 대학에서 한국어를 가르치고 있을 뿐이며 뉴-욕의 세계각국의 언어를 가르치는 외국어 대학에는 한국어 강좌만이 없다고 한다.[36]

심지어 가는 곳마다 "한국사람들은 일본말을 쓰느냐, 중국말을 쓰느냐", "한국사람들은 어떤 음식을 먹느냐" "글자가 있느냐" 하는 "유치한 질문"을 받는데 "무식층이나 부녀자 간에서만 듣는 게 아니라 인테리 층에서도 듣는"다는 것이 한탄스럽다는 심정을 내비친다.

---

36   전숙희, 앞의 책, 158쪽.

그러나 한국이 약소국이라는 사실이나 제대로 알려져 있지 않음에 실망하는 대신 전숙희는 이를 해결할 실질적인 방법을 고민한다. 가는 데마다 그런 질문을 받고, 또 중국과 일본은 자국을 효과적으로 선전하고 있는 것을 보게 되자, 어떻게 하면 한국을 세계에 잘 알릴 수 있을지에 대한 방법적 모색이 시급하다는 것을 깨달은 것이다. 그리고 외부로 탓을 돌리기보다는 "문화선전을 등한시한 우리들 자신의 책임"이라고 강조하기도 한다.

이런 생각을 1950년대에 이미 했을 뿐 아니라 직접 시정을 요구하여 한국에 대한 잘못된 정보들을 고쳐놓기도 했다는 것은 인상적인 부분이다. 소위 '국가브랜드'에 대한 인식을 가지고 문화홍보를 위한 국가의 브랜드화가 중요함을 주장하고 있는 것이다.

"지구 한 모퉁이에 있는지 없는지 존재조차 모르던 KOREA라는 이름이 세상에 크로즈업된 것은 전쟁의 덕분"이지만 그 때문에 "'피란민과 고아들만이 득실거리는 약하고 불쌍한 조그만 나라'로 아는 경우가 많은 것 같다"면서 전숙희는 한국과 한국문화에 대한 올바르고 효과적인 홍보, 선전이 필요하다는 사실을 지적하고 있다. 이제 전쟁 이후 시간도 좀 지나고 한국이 다시 잊혀져가고 있으니 "이러한 기회에 우리가 할 일은 철저한 문화선전"이라는 것이다. "남의 것을 배울 뿐만 아니라 '나'라는 정체성도 알려주어야만 할 것"이라는 전숙희의 생각은 일방적으로 서구문화를 추수하는 사람들이나 선진문화를 무조건적으로 배워서 발전해야 한다는 그 당시 많은 이들의 생각과 차이를 보인다. 전숙희는 미국 내에서 이루어지는 일본의 문화홍보 커뮤니케이션 전략을 탐구하는 등 다른 나라들보다 우리의 문화홍보가 결여하고 있는 점이 무엇인지 다각도로 생각해본다.

"국제간 정치적인 외교란 이미 사람들에게 크게 환심을 사지 못하는 낡은 방법"이며 오히려 "문화적인 교류로써 서로의 이해와 환심을 사며 알륵을 무마시키는 방법"이 평화와 협조를 이루는 데 더 효과적인 것이라는 전숙희의 제안은 문화외교를 통한 국제문화관계 형성이나 문화홍보에 대한 그녀의 인식을 잘 보여주며 현재적 시점에도 충분히 숙고할 가치가 있다 하겠다.

또 눈여겨보아야 할 것은 한국문학작품의 번역을 통한 문화홍보가 매우 효과적이며, 한국문학을 알리기 위해 많은 번역서가 나와야 하고 좋은 번역자들이 다수 필요하다는 견해를 피력하고 있는 부분이다.

전쟁 이후 작품 중 번역된 것이 출판된 것이 있느냐는 질문을 받았을 때, 전숙희는 김팔봉의 『나는 살아있다』, 김영수의 『붉었던 서울』, 모윤숙의 『고난의 90日』을 추천해주며 훌륭한 한국 작품들이 번역 인프라의 미비로 인해 알려지지 않았다는 사실을 안타까워한다. 예일대 한국부에서 교편을 잡고 있다고 소개되어 있는 장영숙이 황순원의 『카인의 후예』를 번역하려고 시도하다가 10페이지쯤 작업하고 너무 힘들어 쉬고 있다는 소식을 적어놓기도 했다.

전숙희는 한국의 문화를 해외에 알리는 문화홍보만 효과적으로 이루어진다면 한국 고유의 것들이 충분히 세계적인 것들과 경쟁할 수 있으리라는 내적 자신감을 가지고 있는 것으로 보인다. 서양과 동양을 이분법적으로 분리하며 거기에 어떤 위계를 적용시키는 당시의 일반적인 태도가 아니라, 한국 고유문화가 아직 알려지지 않았을 뿐 잠재적 가능성을 가지고 있어, 서양인들에게도 충분히 그 영향력을 발휘할 수 있을 것이라는 믿음을 견지하고 있다.

전숙희가 한국 고유의 것에 대해 가지고 있는 애정은 이후 전숙희의 수필에서도 지속적으로 확인되는 바인데, 그녀의 사고방식 기저에 있는 탈식민적 의지와도 연관지어볼 수 있다. 부친의 소신에 따라 일본어를 쓰지 않는 기독교계 학교만을 고집해 다녔던 전숙희는 성장 과정 및 성인 초기에 일제시대를 살며 겪은 일제의 만행에 대한 기억을 이후 수필에서도 다수 남기고 있다. 「무산 시절의 행복」[37]에서도 전숙희는 결혼 후 함경북도 무산의 철도병원에 취직한 남편을 따라 무산에서 살던 때 일경에게 끌려가 강제 노동을 하고 폭행을 당하는 무산 토박이의 가난한 이들의 참상을 보며 느낀 "눈물과 울분"이 잘 나타나 있다. 그러나 전숙희는 분노를 느끼면서도 그들에게서 "한민족의 의연한 기개와 끈기"를 읽어낸다.

한민족에 대한 애정과 이 미국 여행에서 형성된 한국문화를 국제적으로 제대로 홍보해야 한다는 인식은, 전숙희가 귀국 이후 한국문학의 세계화를 위한 일에 평생 전념하며 살아가게 된 바탕이 된다. 이 여행에서 귀국 직후 57년 제29차 도쿄 국제 펜대회에 참여하는데, 이 대회는 해방 이후 한국의 문인들이 처음 갖게 된 해외문학과의 교류 기회였다. 이후 1970년 10월에 전숙희가 창간하게 되는 『동서문화』역시 동수필 「동서문화에서 동서문학관까지」에 그 창간 배경이 드러나고 있는 바대로, 동서양 문화의 교류를 위한 교두보 역할을 하겠다

—— 37   전숙희, 『전숙희문학전집』, 동서문학사, 1999.

는 창립 이념을 가지고 있는 문예지다. 이후 『동서문화』는 1985년 『동서문학』으로 개편되면서 계속 이어졌고 재정의 어려움 속에서도 30년간 한국문학과 문화를 세계에 알리고 해외의 교포들에게 한국문화를 이어갈 수 있게 하며 제3세계 작가들을 포함한 많은 해외작가들을 한국에 소개하여 한국문학과 세계문학을 잇는 다리가 되게 하려는 문화운동을 지속했다. 전숙희는 1975년 맨해튼 중심가에 '문학의 집'을 변호사 공증을 받아 공식 등록하기도 했다. 평전 『전숙희』에 자세히 기술되고 있는 바와 같이, 『동서문화』가 지속될 수 있었던 데는 소설가 김주영과 김원일이 힘을 보태는 등 많은 문인들의 노력이 더해졌고 전숙희의 가족들과 많은 문화인들의 도움들도 컸지만 기본적으로 전숙희 개인의 힘으로 수십 년간 끌어온 잡지라고 할 수 있다. 무수한 해외 문학과의 교류 행사와 교포들을 위한 문학 행사를 개최하기도 했다.

　『이국의 정서』는 전숙희 문학의 초기에 해당되는 작품으로, 이 미국 여행의 체험과 기행문 집필이 이후 작가로서나 문화인으로서의 행보의 중요한 계기와 전환점이 되어 주었고, 이 책의 글들에서 그 이후까지 일관되게 나타나고 있는 전숙희의 사고와 가치관의 바탕을 읽어낼 수 있는 점이 있다.

5. 미국의 '안쪽'을 체험하는 여행

1950년대에 여러 이례적인 경험과 인식을 보여주었다는 점에서

이 기행문은 특별한 작품이고, 전숙희의 여행 방법과 경로에 대한 서술은 1950년대 해외여행에 대한 드문 기록으로서 자료적 가치도 있다.

1950년대 당시의 해외여행은 단기적인 시찰 목적인 경우가 많았고 만나는 사람들도 주로 공식적인 장소에서 격식을 갖추고 만난 사회지도층이나 한국 교포들 중심이었다. 이에 비해 상당히 기간 동안 길고 자유스러운 코스로 돌아보았으며, 여러 사회 계층의 미국인들과 함께 하는 생활 속에서 '미국의 속내'를 경험했다는 점에서 전숙희의 기행산문집 『이국의 정서』는 매우 이례적인 기록이다. 이 책 속 여행 자체는 몇몇 공식 일정을 제외하고는 거의 사적인 여행 일정으로 채워졌다.

기행산문집 초반의 전숙희의 태도는 주로 한발 떨어져서 그 안에 들어가 섞이지 못하는 소외된 관찰자로 나타나지만 이후 여자기숙사에서의 생활, 뮤직 페스티벌 등 축제의 경험, 미국인과 한 차를 미 대륙을 횡단해 지나갔던 원거리 드라이브, 미국 가정집 혹은 호텔에서 장기간 머무르며 미국인들과 함께 지낸 날들의 경험, 청강생으로 겪은 캠퍼스 라이프 등을 통해 미국의 '안쪽'으로 한 걸음 더 들어가게 되고 단지 관찰자로서가 아니라 내부에 있는 사람으로서의 경험을 쌓게 되면서 서서히 변화하였다. 처음에 갖던 여행에 대한 추상적이고 낭만적인 태도 역시 구체적이고 현실적으로 바뀌는 것을 볼 수 있다. 미국에 대한 생각도 그에 따라 더 구체화되고 미국에 대한 인식도 보다 사실적인 것이 된다.

전숙희는 이 여행을 통해 발전된 미국의 사회, 문화, 선진적 교육과 시설 등을 접하지만 무조건적인 미화나 찬탄을 드러내는 대신 자기만의 생각과 기준을 가지고 비교적 객관적인 시선으로 평가하고 있다. 또한 미국의 '진짜 모습'을 바라보며 살아있는 경험으로 접한 '아메리카의 비극'과 그늘까지 공정하게 담아내려 한다. 실제 미국인의 생활공간에서 직접 체험한 경험 위주로 쓰고 있기 때문에 이 책에는 50년대 기행문에서 종종 발견되는 '상상된 미국'을 향한 과장된 찬미나 실체가 없는 동경은 나타나지 않는다.

물론 전숙희의 시선도 당대의 선입견이나 아메리카니즘의 영향권에서 완전히 벗어나 있다고 말하기는 어렵다. 공식적인 일정이 더 많았던 여행 초반에 보이는 태도는 일반적인 사람들의 반응과 크게 다를 바 없기도 하다. 한국사회에 퍼져 있던 미국에 경도된 사회적 시선을 작가 역시 내면화하고 있는 점도 목격된다. 그러나 여행이 진행되면서 그러한 선입관과 다른 미국의 현실을 접하게 된 전숙희가 보이는 태도 변화에 주목할 필요가 있다.

1950년대가 "한국에서 미국문화가 주류이고, 한국문화가 비주류가 되는 아이러니한 현상이 발생"[38]하던 시기였고, 기독교 가정에서 자라나 기독교 학교에서 교육을 받았으며 외국문학을 전공한 전숙희의 이력에 비추어볼 때 서구 지향적 태도가 매우 강하게 나타날 수 있는 여러 요건을 갖추었음에도, 이 기행산문집은 당대나 그 이후 시대의 다른 이들의 기행산문에 비해 객관적 태도를 유지하고 있는 점이 있다. 전숙희는 미국의 발전상의 그늘에 대해 관심을 가지고 미국인

----

38   최강민, 「1950, 60년대 한국소설에 나타난 한국인과 미국인의 관계성」, 『한국문예비평연구』 29호, 한국현대문예비평학회, 2009, 31쪽.

의 실제 모습과 삶은 무엇인지 스스로 겪고 이해한 바대로 쓰려고 노력하는데, 미국의 장점에 대해 말할 때도 분명한 근거를 가지고 이야기하고 장점과 단점을 비교적 균형 있게 다루려고 한다. 자신이 편견이나 선입견에 치우쳐 있지 않은지, 장점만 부각시키는 것은 아닌지 점검하는 태도도 보인다. 당시 대중의 미국 문화에 대한 일방적 동경과 선호가 정점에 달해 있던 시기이고 국가적으로도 미국문화를 내면화시키려 다방면으로 시도했다는 점에 비추어보면, 아메리카니즘의 이면을 보고 그 영향에서 벗어나려는 이 책의 여러 지점들은 의미 있다고 하겠다.

특히 미국의 대중문화 산업에 대해 깊이 있게 다루고 있는 점이 주목되는데, 전숙희는 헐리우드가 "하나의 큰 생산공장 즉 노동시장"이며 자본주의적인 산업 구조 속에서 아메리칸 드림을 지탱하는 환상을 제조해내고 있을 뿐이라는 것을 깨닫고 자신의 여행기 속에 미국 문화산업의 민낯을 그대로 드러내려 했다. 이는 문화인이면서 언론인인 자신이 사실 미국 문화산업이 만들어낸 환상에 사로잡혀 있었고 아메리카니즘의 영향 반경에서 벗어나지 못하고 있었다는 것에 대한 자성이기도 했다.

전숙희는 이 기행산문집 내내 자신의 내부에 있는 아메리카니즘을 깨닫고 점검해보는 모습을 보인다. 본인의 미국견문기가 미국의 좋은 점을 칭찬하는 쪽으로 기울었다는 점을 다소 반성적인 투로 쓰고 있기도 하다. 그러나 본인이 그렇게 자평하고 있음에도 동시대 다른 기행기와 객관적으로 비교해볼 때 사대주의적이거나 미국문화에 대해 편향된 동경을 가지고 있다고 볼 부분이 그리 크지 않으며 장점과 단점을 균형 있게 담아내고 있다. 오히려 '미국'에 대해 가지고 있던 자신의 환상이나 당시에 통용되던 '미국화'가 곧 '현대화'라는 생각이 착각에 지나지 않았음을 자성하고 있는 모습이 더 자주 포착된다.

1950년대에는 미국에 대한 우호적인 마음과 반공주의의 영향으로 아메리카니즘이 정점에 달해있었고 세계 권력의 중심적 위치로 부상한 미국과 미국문화는 한국 사회에 지대한 영향을 미쳤다. 당시 한국인들의 미국방문이 주로 국가주도 형태로 이루어졌고 미국을 중심으로 하는 '자유세계'의 체제 정당성을 체험을 통해 받아들이게 하려는 목적이 컸다는 점을 고려할 때 한 개인으로 미국인의 생활을 경험하며 비교적 객관적이고 비판적 시각을 유지하며 자신의 미국 인식을 점검하고 당대의 선입견과 환상을 걷어낸 미국의 실제 모습을 바라보려고 했던 전숙희의 여행은 의미 있는 지점을 만들어낸다. 전숙희는 높은 어학 실력, 영미문화에 대한 이해와 사전지식을 바탕으로 실제로 보고 듣고 대화하며 직접 얻은 정보들과 경험들에서 비롯된 독자적 판단에 의거하여 미국을 이해하려 한다. 여전히 아메리카니즘의 자장에서 자유롭지 않은 부분이 있더라도 솔직하게 자신의 생각과 삶을 해부하고 고백하는 특징을 가지는 전숙희의 수필들은 자기 내부의 편견이나 선입견을 그대로 들여다보며 비판적으로 사유하려는 태도를 보인다.

전숙희가 보려고 하는 것은 낭만적 이상에 의해 재구성된 서양이 아닌, 있는 그대로의 모습이며 당시 미국의 상황과 한국 사회의 현실을 비교해보며 한국사회를 재건하기 위한 방안을 고민하는 실제적인 모습들도 주목된다. 수필의 사회성에 대한 인식은 전숙희의 초기작에도 드러나는 바이나, 『이국의 정서』 이후로 국제적인 시야를 가지고 세계적인 차원에서 한국문화를 조망하여 보려는 태도를 작품 내에서도 형성하게 된 점이 있다. 전숙희가 평생을 전념한 국제 문화 교류 운동이나 공식적으로 드러나 있는 여러 행보를 보아도 알 수 있는 부분이다.

『이국의 정서』의 또 하나의 의의는 한국문화의 세계화에 대한 앞선 인식과 제안을 담고 있다는 점이다. 전숙희는 한국의 문화를 해외에 알리는 문화홍보만 효과적으로 이루어진다면 한국 고유의 것들이 충분히 세계적인 것들과 경쟁할 수 있으리라는 내적 자신감을 가지고 있는 것으로 보인다. 서양과 동양을 이분법적으로 분리하며 거기에 어떤 위계를 적용시키는 당시의 일반적인 태도가 아니라, 한국 고유문화가 아직 알려지지 않았을 뿐 서양인들에게도 충분히 영향력을 발휘할 수 있는 잠재적 가능성을 가지고 있다는 믿음을 견지하고 있다. 미국의 발전상을 보고 부러움을 느끼고 한국과 비교하는 부분도 물론 있지만, 미국의 장점을 본보기로 하여 우리의 발전을 도모하고 전후 한국사회 재건을 위한 방안을 모색하려는 의도가 더 강하다. 마지막 장인 「기행문을 마치고」에서 한국인들이 더 부지런하고, 절약하고, 공부와 일을 더 많이 해서 성장해야겠다는 조언과 촉구를 덧붙이지만 동시에 "머지않은 장래에 우리들도 정신분야에 있어서나 물질분야에 있어서 세계의 일원으로써 보조를 같이 할 수 있"다는 믿음을 강하게 드러내고 있기도 하다.

'식모, 양공주, 자유부인' 등으로 대표되는 50년대 여성에 대한 스테레오타입을 고려할 때 당시 해외에서 여성이 자유로운 이동, 정해진 동선과 일정을 벗어나 모험에 가까운 것까지 도전해본다는 것은 그 자체로 전형적 여성상을 넘어서는 일이기도 했다. 여성으로서의 선진적 인식과 보수화된 관념 사이에서 느끼는 갈등이 나타난 부분도 이후의 여성의식의 변화를 고려하며 주의 깊게 살펴볼만하다.

참고문헌

1. 기본자료

전숙희, 『이국의 정서』, 희망출판사, 1956.

전숙희, 『전숙희문학전집』, 동서문학사, 1999.

전숙희, 『가족과 문우들 속에서 나의 삶은 따뜻했네』, 정우사, 2007.

2. 단행본

대니얼 부어스틴, 『이미지와 환상』, 1961.

모윤숙, 『내가 본 세상』, 수도문화사, 1953.

문제안 외, 『8.15의 기억: 해방공간의 풍경, 40인의 역사체험』, 한길사, 2005.

정세진, 『상상된 아메리카』, 푸른역사, 2012.

조은, 『전숙희』, 한겨레출판, 2016.

서울영화집단 편, 『새로운 영화를 위하여』, 학민사, 2000.

손장순, 『어릿광대여 나팔을』(손장순 문학전집 11권), 푸른사상, 2009.

커트 앤더슨, 『판타지랜드』, 전혜윤 역, 세종서적, 2018.

코디 최, 『20세기 문화 지형도』, 컬처그라퍼, 2010.

편집부, 『한국관광50년비사』, 한국여행신문, 1999.

한국산업은행 조사부, 『한국경제십년사』, 1955.

3. 논문

김미영, 「1960-70년대에 간행된 한국 지식인들의 기행산문」, 『외국문학연구』50호, 2013.

김성희, 「1950년대 코리안 리얼리즘 담론 연구」, 중앙대학교 영상예술학과
　　　석사학위 논문, 2008.

김옥란, 「오영진과 반공·아시아·미국 – 이승만 전기극 〈청년〉·〈풍운〉을 중
　　　심으로」, 『한국어문학연구』 제59집, 동아어문학회, 2012.

임미진, 「해방기 아메리카니즘의 전면화와 여성의 주체화 방식: 김말봉의
　　　『화려한 지옥』과 박계주의 『진리의 밤』을 중심으로」, 『한국근대문
　　　학연구』 29호, 2014.

정수진, 「한국인의 세계감각과 자의식의 형성: 1950년대 관광을 중심으로」,
　　　『경제와사회』 90호, 2011.

최강민, 「1950, 60년대 한국소설에 나타난 한국인과 미국인의 관계성」, 『한
　　　국문예비평연구』 29호, 한국현대문예비평학회, 2009.

황호덕, 「여행과 근대, 한국 근대 형성기의 세계 견문과 표상권의 근대」, 『인
　　　문과학』 46집, 2010.

4. 기타

김동리, 「젊은 미국의 기빨, 벤트리트 장군에게 보내는 예장」, 『문예』, 1954.3.

백낙준, 「한국전쟁과 세계평화」, 『사상계』, 1953.6.

오영진, 「아메리카 기행」, 『사상계』, 1954.6.

오영진, 「아메리카 기행」, 『현대공론』, 1954.10.

이주운, 「태평양방위체제와 한국의 지위」, 『현대공론』, 1953.

조용만, 「한국문학의 세계성」, 『현대문학』, 1956.10.

영화 〈바그다드 카페〉 읽기[*]

-여성의 탈주, 새로운 연대, 자아 찾기의 여정-

최재선(한국공학대학교)

1. 바그다드 카페를 찾아서

〈바그다드 카페〉(Bagdad Cafe)¹는 1987년에 만들어진 영화다. 개봉 당시에도 영화평론가들과 눈밝은 대중의 관심과 사랑을 받았지만 2016년 영화 제작 30주년을 맞아 재개봉 된 작품 역시 생명력 있는 영화의 진면목을 느끼게 한다. 시대와 세대를 초월하여 모두가 공감하

---

* 이 글은 필자가 『문학과 영상』 2015, 여름호에 쓴 「여성 바라보기의 안과 밖: 영화 〈바그다드 카페〉 다시 읽기」를 수정, 보완한 글이다. 또한 2022년 숙명여대 교양교육연구소가 용산구청의 위탁교육을 수주받아 진행된 "용산 YES 아카데미" 강의록을 글로 푼 것이다.

1 바이에른 영화상(1987), 독일 영화상(1988), 에른스트 루비치상(1988), 세자르상 외국어 영화상(1989), 제14회 시애틀 국제 영화제 작품상(1988) 수상, 1990년 우피 골드버그 주연의 TV 드라마로 제작.

며 즐길 수 있는 작품이 드문 현실 속에서 명징한 메시지를 거부감 없이 전달하며, 영화 속으로 빠져들게 하는 것은 이 영화가 지닌 특별한 매력 때문일 것이다.

영화의 독일어 원제는 〈로젠하임을 벗어나서〉(Out of Rosenheim)이다. 〈바그다드 카페〉라는 영어로 표기된 제목은 이국적 지명이 주는 낯선 객수와 경계 없는 그리움을 조성하며 독특한 우수를 자아낸다. '바그다드' 하면 떠오르는 이라크의 수도(Baghdad), 고대 메소포타미아 지역의 유프라테스 강과 티그리스 강이 흐르는 곳에 세워진 중동의 한 도시를 떠올리지만 기실 영화 제목의 '바그다드(Bagdad)'는 캘리포니아 모하비 사막 근처의 옛 도시 이름이다.[2] 이쯤이면 살짝 두 지명의 스펠링이 다른 것을 발견하게 된다.

영화는 독일 감독의 작품으로는 독특하게 미국 서부 사막을 배경으로 독일과 미국 출신의 백인과 흑인 여성을 중심으로 스토리가 전개된다. 영화는 여성의 연대의식과 우정을 보여주는 버디무비(buddy movie)[3] 형식으로 인종과 문화의 차이에도 불구하고 여성이 주체로서

---

2   한때 번창했으나 1973년 근처에 새 고속도로가 생기면서 쇠퇴하여 지금은 도시의 흔적이 사라진 곳이라 한다. 과거 이곳에 '바그다드 카페'라는 이름의 쉼터가 존재했다고 한다. 하지만 영화는 이곳에서 서쪽으로 80여 km 떨어진 뉴베리 스프링스의 '사이드 와인 더 카페'에서 촬영됐다. http://www.silverinews.com/news/articleView.html?idxno=4338

3   남자배우 두 사람이 콤비로 출연하는 영화를 말한다. 버디영화에서 여성은 상대적으로 중요성이 덜하였으나 1990년대 감독 리들리 스콧(Ridley Scott)의 〈델마와 루이스〉(Thelma and Louise, 1991)가 등장하면서 여성에게까지 그 영역이 확장되었다. 미국 버디무비의 보편적인 공식은 불행 혹은 공통의 임무로 인해 연대감을 갖게 되는 흑인과 백인 캐릭터가 등장하는 것으로 이 공식은 등

의 자기를 발견하고 존재 의의를 찾는 과정을 보여주고 있다.

〈바그다드 카페〉는 80년대 후반의 대표적인 페미니즘 영화이기도 하다. 〈바그다드 카페〉 속에 나오는 여성 인물의 형상화는 일반적인 영화 문법 속의 여성 이미지와는 다르다. 여성의 입장에서 보면 대개의 주류 내러티브 영화에서 카메라의 시각은 남성적이며, 여성은 남성 시선의 대상이 된다고 할 수 있다. 이를테면 카메라의 '관찰'이나 '시선'은 중립적이기보다는 본질적으로 남성적이기 때문에 여성을 바라보는 남성의 주관적 쇼트는 흔하지만, 여성이 남성을 바라보는 주관적 쇼트는 드문 것도 하나의 예가 된다.[4]

그러나 〈바그다드 카페〉에서는 여성을 바라보는 남성의 시각이 직접적으로 제시되기보다는 그 남성을 포착하는 카메라 앵글을 통해 메타적 방식으로 나타나고 오히려 여성의 시선을 통한 여성 바라보기가 주로 행해지고 있다. 이 영화 속에서 남성은 여성이 만들어가는 세계를 멀리서, 혹은 바깥에서 주변인의 자세로 바라본다. 영화 속에서 남성의 여성 바라보기는 여성의 외모나 성적 판타지에 대한 관심 때

장인물로 하여금 인종차별주의에 대한 의문 제기 없이 인종 간의 융화라는 욕망을 창출해 내도록 기능하는데, 그것은 판타지를 만들어내는 데 있어 가장 먼저 요구되며, 이 영화는 페미니즘적 환영에 대한 가능성과 한계를 제시한다고 보았다. 바바라 메넬과 이이미 온지리, 「디즈니와 라스베가스 사이 사막 어딘가에서—인종간의 융화라는 판타지와 아메리카의 복합문화: 퍼시 애들론의 『바그다드 카페』」, 최윤식 옮김, Camera Obscura 44, vol 15, Number 2. Duke University, 2000, 현대미학사, 공연과 리뷰 38, 2002.9, 196-214쪽.

—— 4   팀 비워터·토마스 소벅, 『영화비평의 이해』, 이용관 외 옮김, 영화언어, 1994, 232쪽.

문이 아니며, 여성이 구축한 완벽한 세계에 대한 동경과 그 세계에서 축출당한 자의 소극적 행태로서의 바라봄이며, 공동체를 향한 소심한 갈망이 드러나는 엿보기인 것이다. 따라서 이 영화 속에서 여성 이미지, 여성 인물에 대한 묘사는 기존의 헐리우드 영화에서 볼 수 있는 여성 역할을 표현하는 방식과는 다르다.

1980년대에 등장한 문화적 페미니스트들은 여성을 미디어의 단순한 수용자가 아니라 의미 생산의 주체로 보면서, 그동안 무시되고 낮게 평가되었던 여성들의 문화를 가시화하고 정당하게 평가하고자 하였다. 이들은 경쟁, 갈등, 정의, 합리성 등을 중시하는 남성문화와 대립하는 여성문화의 특징을 보살핌, 책임, 생명, 공감으로 제시하였는데,[5] 이 영화에서는 그런 특징들을 찾아볼 수 있다.

여성은 삶의 현장에서 여러 가지 역할을 수행하는 다중의 정체성을 지닌 주체로 살아가면서 때로는 갈등하고 모순되는 이해관계를 가질 수 있는 존재다. 그럼에도 불구하고 여성은 특유의 감수성과 모성성을 통해 인종과 성차를 극복하면서 자신이 속한 공동체를 보다 나은 곳으로 변화시켜 왔다. 영화 〈바그다드 카페〉는 서로 다른 두 여성이 연대하는 과정을 통해 여성이 주체적 존재로서의 자신을 발견하고 자신의 정체성을 표현하며 진정한 여성성의 의미를 구현하는 과정을 보여준다.

영화는 문학작품과는 달리 비언어적, 시각적 요소에 전적으로 의

―― 5   배은경, 「사회 분석 범주로서의 '젠더' 개념과 페미니스트 문화 연구」, 『페미니즘연구』 4권1호, 2004, 82-84쪽.

존하기 때문에 영화작품을 분석하기 위해서는 영화 특유의 의미 발생 구조를 알아야 한다. 그러나 영화의 특수성을 보장하는 강력한 예술 형식과 대중성은 '이야기하기'(story-telling)를 통해 성취된다는 점에서 영화는 문학과 유사한 면이 있으며, 기본적인 영화분석도 문학과 유사한 방식을 통해 행해질 수 있다[6]고 생각한다.

이 글에서는 영화 〈바그다드 카페〉 읽기를 통해 영화 속에서 차별적 존재로서 억압의 기억을 지닌 여성들이 당당하게 '여성'으로서의 정체성을 찾게 되는 과정을 살펴보고자 한다. 이러한 과정을 통해 여성의 정체성은 인종과 성차와 같이 고정된 관념의 내면화에 의해서가 아니라 여성이 추구하는 다양한 변화와 소통, 나눔과 연대의 담론적 지형 속에서 찾아질 수 있는 것임을 살펴보고자 한다.

2. 여성의 탈주, 새로운 연대, 자아 찾기의 여정

2-1. 여성의 탈주

영화는 독일인 부부가 미국 모하비 사막 지역을 지나는 장면으로 시작된다. 여행 중이던 부부는 차 안에서 심하게 다툰다. 남편의 무례한 행동에 화가 난 아내는 차에서 내리고 남편은 보란 듯이 아내를 사

---

6   조셉 보그스, 『페미니즘연구』, 이용관 옮김, 제3문화사, 1993, 41-42쪽.

막 가운데 남겨두고 떠난다. 이때 노란색 커피머신도 함께 길에 버려진다. 지나가던 트럭 운전자가 황량한 길을 걸어가는 여인을 태워주고자 하나 여인은 거부하고 혼자서 인적이 드문 길을 걸어간다. 그 남자는 길에 떨어진 커피머신을 주워 갖고 간다. 여자가 도착한 곳은 사막 한가운데 있는 모텔을 겸한 '바그다드 카페'이다. 그곳에는 주인 가족과 카페 직원, 잠시 정주하고 있는 이들이 살고 있다.

먼 길을 걸어오느라 땀에 젖은 중년 여성과 문가에 앉아 있던 카페 여주인이 만나는 장면이 이어진다. 그녀는 조금 전 남편과 다툰 후 무능한 그를 내쫓아 버리고 울고 있던 참이었다. 손님인 독일 여성 야스민(마리안느 제게브레히트 분)은 유럽계 백인으로 뚱뚱한 외양을 지닌 중년 여성이며, 카페 주인 브렌다(C.C. H 파운더 분)는 깡마르고 신경질적인 흑인 여성이다. 흑인 여성이 정주한 곳에 존재를 알 수 없는 백인 여성이 이주자, 혹은 나그네로 찾아온다. 브렌다가 의심의 눈초리로 바라볼 수밖에 없는 것은 그녀가 동행도 없이 사막 길을 걸어왔으며 황량한 그곳에 머물고자 하기 때문이다.

야스민이 '바그다드 카페'에 오게 된 이유는 거칠고 배려 없는 남편에 의해 버려졌기 때문이다. 마치 남편이 차창 밖으로 던진 '로젠하임' 마크가 새겨진 노란 커피머신처럼 그녀는 낯선 길 위에 던져진 존재였다. 그러나 버려진 커피머신이 우연찮게 '바그다드 카페'에 놓이게 되고 커피머신이 고장난 그곳에서 꼭 필요한 도구가 되는 것처럼 야스민 역시 전혀 알지 못했던 새로운 세계, '바그다드 카페'에 머물게 되면서 그곳에 필요한 존재가 된다.

영화의 첫 시퀀스부터 등장하는 '로젠하임'이란 지명이 새겨진 노란색 커피머신은 야스민의 남편 '문슈테트나'로부터 버려졌지만 브렌다의 남편 '살'에 의해 카페에 놓이게 되고, 도로 갖다 두라는 브렌다의 요청에도 불구하고 카페에 놓여 중요한 역할을 담당한다. 커피머신이 없는 카페는 제 기능을 할 수 없다. 그러나 '바그다드 카페'에는 커피머신이 없었다. 무언가 기본적인 것이 부재한 공간이다. 가족이란 이름은 있으나 가족애는 없고, 관계는 있으나 진정한 소통이 없는 사막 같은 곳이 '바그다드 카페'였다. 그러나 '바그다드 카페'가 사막의 오아시스처럼 생명력 있는 공간으로 변하게 된 것은 야스민이 그곳에 들어오면서 일어나게 된 일이다.

감독은 '노란색' 독일제 커피머신을 카페에 들여놓음으로써 독일 출신 야스민이 카페에 희망을 가져올 것을 암시한다. '로젠하임'이라는 표기는 커피머신에 적힌 로고일 뿐 아니라 야스민의 고향 지명이기도 하다. '노란색 커피머신'은 '희망'을 상징하는 오브제다. 감독은 특정한 대상물을 반복적으로 화면에 노출시킴으로써 상징적 가치를 환기시키고, 그 대상물이 제시하는 의미를 강조한다.

영화의 원제목이 〈아웃 오브 로젠하임〉인 것처럼 야스민이 주체적 존재로서 자신을 바라보게 된 것은 익숙한 환경과 관계를 떠남으로 시작된다. 자신을 소개할 때나 타인이 자신에 대해 물을 때 자기 이름을 말하지 못하고 남편의 성을 따라 '문슈테트나'라고 할 정도로 소심하고 자신감이 없던 그녀가 자신을 인정하고 주체적 여성으로서 변하게 된 것은 바로 남편을 떠나면서 일어난 일이다. 여성을 무시하는 남편의 억압과 부조리한 삶의 양태를 과감히 벗어버렸을 때 비로소 주체로서의 자신이 보이기 시작한 것이다.

그러기에 사막은 '버려진 존재'로서의 그녀가 대면한 치열한 삶의 공간이며, 딛고 일어서야 할 현실이었던 것이다. 안주하던 '집'을 떠나 그녀가 머물게 된 '바그다드 카페'와 그곳에서 이어진 타인과의 관계는 자신을 돌아보며, 숨겨진 자아를 찾을 수 있게 하는 매개가 되었다. 그녀가 남편을 떠나 낯선 사막 한가운데 놓였을 때 하염없이 바라보던 '하늘의 빛'과 광대한 지평선은 새로운 세계로의 진입을 암시하는 메타포였다.

2-2. 새로운 연대

브렌다와 야스민은 남편이 있는 여성이다. 그러나 영화 속에서 두 남성 인물들은 첫 시퀀스에서 자신의 성격을 드러내고 영화의 뒤편으로 사라진다. 감독은 철저하게 남성 인물을 배제하거나 주변화시킨다. 야스민의 남편이 배려가 없고 폭력적이며 거친 성격을 지녔다면, 브렌다의 남편 '살'은 우유부단하고 게으르고 무능력한 성격으로 브렌다를 힘들게 한다. 두 여인은 견딜 수 없는 상황 속에서 남편을 떠났거나(야스민), 남편을 내버렸다(브렌다). 그러나 아직 두 여성 모두 자존감을 갖고 주체적 존재로 선 상태는 아니다. 남편과의 관계에서 입은 상처는 그녀들의 땀과 눈물 속에 남아있고, 강한 척하지만 사막에 남겨진 자신의 모습을 극복하기까지 내면의 상처와 분노를 간직하고 있는 여성들이다.

그런 그녀들이 서로 다른 인종과 문화적 차이를 극복하고 서로의 상처를 어루만지며 친구가 되는 과정은 여성이 연대하는 낭만적 신화를 환기하며 여성의 잠재된 힘을 보여준다. 그 근원에 여성의 모성성이 존재한다. 여기서의 모성성은 여성의 내면에 간직된 생명에 대한 사랑과 돌봄, 생명을 생명답게 키워내려는 대지의 힘과 같은 것이다. 브렌다와 야스민, 두 여성은 남성에게 종속된 의식과 행위를 단절함으로써 주체적 존재로 서게 된다.

　　두 여성은 하나의 공간 속에 함께 한다. 영화적인 이미지로 구도화되고 상징화된 '카페' 공간으로 이루어진 공동체는 지속적으로 분리 위협에 놓여있기 때문에 긴장을 느끼게 한다. 그 새로운 공동체에 이르는 출입구, '바그다드 카페'의 문은 들어감과 나감의 역동성을 지니고 있다. 처음 '바그다드 카페'에서 야스민의 일상은 카페의 앞문을 통해 반복되는 드나듦을 통해 보여진다. 처음 그녀는 카페 안으로 들어가지 못하고 문가에 자리를 잡는다. 정주라기보다는 곧 떠나갈 것 같은 자세이며, 공동체 구성원과의 거리감을 보여준다. 그녀는 스스로 이방인의 위치에 자신을 두고 있다. 그러나 점차 카페의 가족들과 가까워지면서 그녀는 카페의 문을 넘어 밖에서 안으로, 주변에서 중심으로 들어오게 된다.

　　브렌다와 야스민의 갈등이 고조되고 야스민의 방 문 앞에서 그녀를 예리하게 비난하던 브렌다가 야스민의 고백과 자신의 이야기를 통해 관계를 회복할 때 문의 열린 구도와 그것을 포착하는 카메라의 시각은 머잖아 그 문으로 누군가 들어올 것 같은 기미를 느끼게 한다. 마치 '안으로 들어오세요.', 혹은 '당신의 곁으로 가고 싶어요.'라는 의미를 담은 듯, 두 여성이 열린 문이라는 상징적 기호를 통해 경계를 허물고 다가갈 가능성을 암시한다.

이때, 문과 창문은 특별한 힘으로 매체의 반사적 본성을 포착하고 영화의 프레임으로 작용한다. 창문은 영화 구도 속에서 의미들과 연관된 이미지를 만든다. 등장인물들은 창문을 통해 서로를 바라보고 관찰하거나 이해하고 사랑에 빠지게 된다. 창문을 통해 서로 바라보던 야스민과 브렌다의 관계는 문을 통해 교류하게 되고 야스민이 행하는 마술처럼 신비한 결과를 가져온다. 야스민은 마술을 통해 브렌다 안에 숨겨진 여성성을 찾아내고 뒤틀린 관계를 복원할 수 있게 된다.

2-3. 주체가 된 여성, 모성성의 확장

카페에서 야스민이 만나게 되는 인물은 카페의 여주인 브렌다와 할리우드 극장 간판을 그렸던 퇴락한 화가 루디 콕스, 브렌다의 딸 십대소녀 필리스, 늘 피아노를 연주하는 아들 살라모와 그가 낳은 갓난아기, 카페 종업원 카후엔가, 원주민 보안관 어니, 호주 출신 여행객 청년 에릭과 몸에 문신을 새겨주는 여인 데비다. 야스민의 남편인 문 슈테트나와 브렌다의 남편 살은 영화가 시작되고 곧 사라진다.

사막 가운데 있는 카페에 들어온 낯선 여인을 처음엔 모두 의혹의 눈길로 바라본다. 그러나 야스민은 모래알처럼 파편화된 관계의 틈으로 들어와 빈 곳을 채우며 서로를 이어주는 역할을 한다. 물처럼 소리도 없이 스며들기에 그 존재를 거부할 수도 없고 그럴 필요조차 느끼게 하지 않는 스밈의 방식이다. 그녀는 공감과 배려를 통해 타자와 소통한다.

삶의 무게에 눌려 늘 울화와 분노를 안고 사는 브렌다와는 달리 야스민은 긍정적이며 온화한 성품을 지닌 여성이다. 그녀는 천방지축으로 행동하는 브렌다의 어린 딸과 소통하고, 그녀를 경계하며 흉을 보던 브렌다의 아들 살라모와도 가까워진다. 살라모는 어린 나이에 미혼부가 된 청소년이다. 피아노에 재능이 있고 늘 몰입하여 연주하지만 카페 안에서 그의 음악은 소음으로 치부될 뿐이다. 야스민은 아무도 귀 기울이지 않던 그의 음악을 들어주고 그의 재능을 인정해 준다. 카페 안에서 살라모 옆에 앉아 눈을 감고 바흐의 평균율을 감상하는 야스민의 모습은 그녀가 이미 가족의 중심으로 들어왔음을 보여준다. 브렌다의 이악스런 태도와 명령조의 음성에 시달린 살라모에게 자신의 연주에 귀 기울이고 자신의 능력을 인정해 주는 야스민이야말로 모성적 의미를 지닌 인물로 받아들여 진다.

야스민이 브렌다의 자녀들과 함께 하며 그들의 세계 속으로 들어가는 방식은 공감과 수용이다. 십대의 준거틀에 맞추어 그들의 행동을 이해하고, 곁에서 조용히 경청하며 그들의 존재를 인정해 준다. 그때 그들은 야스민에게 마음의 문을 열게 된다.

그러나 어린 자녀들이 야스민과 소통하며 친하게 지낼수록 브렌다는 위기를 느낀다. 정체를 알 수 없는 여인이 차지하는 자리가 부담스럽고 자신의 방식대로 구축된 삶의 질서와 관계들이 무너지는 것을 두려워한다. 영화 속에서 브렌다의 모습은 과도하게 여성성이 결여된 가장의 모습으로 나타난다. 브렌다와 야스민의 극적인 대비는 '어머니다움'에 대한 의미를 돌아보게 하고, 혈연관계를 넘어 진정한 가족 공동체를 이끌어가는 힘에 대해 생각하게 한다.

그러나 야스민은 브렌다의 마음을 이해한다. 무능력한 남편을 쫓아내고 아들이 낳은 갓난아기를 돌보며 혼자서 가족을 이끌어가야 하는 브렌다의 신산한 삶을 안타까워한다. 같은 여성으로서 야스민은 그녀의 짐을 덜어주고자 브렌다의 사무실을 청소하고 주변을 정리해준다. 이전까지 누구도 하지 못한 일을 몸소 행하며 카페 분위기를 새롭게 한다.

그러나 브렌다는 자기 영역을 침범당해 불안해하며 야스민에게 화를 내고, 왜 그런 일을 했는지 따져 묻는다. 야스민은 "당신이 좋아할 것 같아서, 당신도 좋고 나도 일을 해서 좋다."고 말한다. 대부분의 경우 야스민의 소통 방식은 비언어적이다. 몸으로 더 많은 것을 말한다. 타인과 소통하는 그녀의 방식은 타인의 감정과 상황에 공감하며 그들의 곁에서 그들의 필요를 채워주는 것이다. 그녀는 몸으로 봉사하며 섬기는 일을 통해 타인의 마음에 다가간다. 야스민에게 있어 청소와 노동은 힘든 일이 아니라 타인을 기쁘게 하는 것이고, 그 과정을 통해 자신 역시 만족을 누리게 되는 이중의 의미가 담긴 행위이다. 그녀가 보여주는 융화와 소통의 방식은 인종과 젠더, 문화를 초월하는 원초적 생명력을 담보하고 있다.

그 근원에 여성이 지닌 모성성이 함께 한다. 야스민이 살라모의 음악을 듣거나 아기를 돌볼 때 드러나는 시각적 상징은 핑크 스카프이다. 핑크 스카프[7]는 여성이 지닌 모성성을 의미한다. 야스민의 영

— 7   핑크색상은 현대 서구사회에서 여성을 대표하는 것으로 고려되고, 이는 다른 사람을 돌봄으로써, 아름답고 착하고 협동적인 여성의 전통적 성 역할을 자아내는 기호가 된다. 핑크색 리본은 유방암의 두려움, 미래에 대한 희망, 공개적으로 유방암 활동을 지지하는 사업과 사람들의 자선적 선행을 대표한다.

역이 점차 커지는 것을 두려워한 브렌다가 의심의 눈으로 그녀의 방을 찾았을 때, 야스민은 살라모의 아기를 돌보고 있었다. "당신 아이나 돌보라."며 매몰차게 갓난아기를 앗아가는 그녀에게 야스민은 "나는 아기가 없어요."라고 말한다. 결혼한 중년 여성에게 자녀가 없다는 말은 내면의 빈자리를 보이는 정직한 고백일 수 있다. 그 아픔의 흔적을 담은 고백 앞에서 브렌다는 충격을 받는다. 자녀가 짐이 되어 늘 힘겹게 살아가는 브렌다는 순간 자신의 이기적인 모습을 보며, "내가 왜 이러는지…일도 많고, 아이들도, 남편도…"라는 자기 고백을 한다. 여성으로서 자신에게 부과된 삶의 무게가 너무 무거워 자유롭지 못한 브렌다가 처음으로 자기의 내면을 보이며, 야스민의 아픔에 공감하고 마음의 문을 열면서 둘의 관계는 새롭게 발전한다. 영화 속에서 두 여성이 관계를 회복하게 되는 것은 서로의 아픔에 반응하는 진실한 대화를 통해서였다.

이기심과 편견을 버리고 마음의 벽을 허물어 상대를 인정할 때 타인의 아픔을 보게 되고 그의 이야기에 귀 기울일 때 새로운 관계가 형성된다. 야스민이 가져온 마술 상자가 현실의 세계에서 물리적 가시적 판타지를 주는 모티프로 작용했다면 야스민이 몸소 보여준 소통의 방식은 공동체를 회복시키고 새로운 형태의 가족 탄생을 가능하게 하였다.

쓸쓸한 지평선의 배경, 황량한 주변의 풍경 속에서 부서질 것 같

http://ko.wikipedia.org.

은 물리적 공간인 '바그다드 카페'는 야스민이 있음으로 온기가 도는 '집'의 의미를 회복하게 된다. 그녀 역시 새로운 공동체 안에서 이제 껏 경험하지 못한, 모성적 사랑의 관계를 경험하게 된다.

영화는 여성들의 연합과 공동체적 삶의 교류야말로 여성이 자존 감을 회복하고 당당한 주체로서 설 수 있게 하는 힘이 된다는 것을 보여준다. 그러한 과정에서 숨겨진 여성의 힘, 다른 생명을 살게 하는 어머니 대지로서의 생명력이 드러나게 된다. 영화는 두 여인이 하나가 되어 빚어내는 환상적 무대를 통해 여성 연대의 가능성[8]과 그 결과를 감동적으로 보여주고 있다.

2-4. 여성의 주체적 인식과 자기 발견

〈바그다드 카페〉는 "인종, 성차(gender) 그리고 민족이라는 보다 광범위한 판타지를 구축하는 복합문화의 판타지"[9]를 담고 있으며, 사막의 황량함 속에서 거칠어지고 파편화된 관계들이 서로의 존재를 인정하고 마음의 벽을 허무는 작업이 인종과 젠더를 초월한 한 여인의 행위를 통해 일어날 수 있다는 것을 보여주고 있다. 흑인 여성 브렌다와 백인 여성 야스민 사이에는 관객들이 눈치챌 수 없는 벽이 있다.

—— 8 연대성은 반성에 의해 발견되는 것이 아니라 감수성에 의해 창조되는 것이며, 연대성의 능력은 우리 자신과 매우 다른 사람들을 '우리'의 영역에 포함시켜 볼 수 있는 능력이라고 보았다. 리처드 로티, 『우연성 아이러니 연대성』, 김동식·이유선 옮김, 민음사, 1996, 24쪽.

—— 9 바바라 메넬과 이이미 온지리, 앞의 글, 196-214쪽.

대개의 경우 흑인 여성은 백인 여성을 가부장제 억압에 대항하는 동지로 간주하기보다는 자신들의 억압자로 느껴왔다.[10] 그러나 이 영화에서는 흑인 여성인 브렌다가 가부장적 지위에 있고 야스민은 그녀의 의지에 따라 축출될 수 있는 외부인의 위치에 있다. 그렇기 때문에 가부장적 자본주의 사회에서 '흑인 여성'인 브렌다가 겪을 수 있는 고통을 간과하고, 흑인 여성이 받는 차별과 억압의 요소를 관객이 느낄 수 없게 한다. 그러나 감독은 인종과 젠더, 양면에서 이중적으로 타자화된 흑인 여성 브렌다가 백인 여성 야스민과 연대하는 과정을 통해 보다 확장된 여성 이해의 시각을 보여주고 있다.

그러나 또 하나의 여성 인물 데비는 여성적 관점에서 영화를 이해하는 데 중요한 인물이다. 데비는 야스민의 주변에서 그녀의 행위를 곁눈질할 뿐, 다가오지 못하고 야스민이 만들어내는 조화로운 판타지의 세상을 거부한다. 브렌다와 야스민에 비해 매력적인 외모와 젊음을 지닌 데비는 여성의 성적 기표로 나타난다. 남성의 몸에 문신을 새김으로 사막을 지나는 남성들을 바그다드 카페에 머물게 하는 경제적 조력자이기도 하다. 데비는 섹슈얼한 코드로 자신의 입지를 지켜가지만 타인과 관계 맺는 것을 회피하고 거울의 세계에 갇혀 있는 인물이다.

그녀는 늘 자신이 지닌 거울을 통해 타인을 훔쳐보고 직접적인

10　백인 여성이 남성 욕망의 기표라면 흑인 여성은 백인 여성 섹슈얼리티의 기표 혹은 어머니의 기표로 기능하고, 대중 영화에서 흑인 여성은 기표들의 기표들로 축소된다고 한다. 서인숙, 『씨네 페미니즘의 이론과 비평』, 책과 길, 2003, 140-141쪽.

소통은 하지 않는다. 공동체 안에서 방관자나 관찰자로 존재할 뿐 타인의 일에 관여하지 않고 환경을 바꾸려 하지 않는다. 야스민의 생명력을 부러워하는 듯 숨어서 살피지만 직접적인 대화나 소통이 없고 마음을 열지 않는다. 데비는 마치 질투하듯 야스민의 행동을 주시하며 야스민이 갈등을 겪거나 어려움에 처하는 것을 즐긴다. 평화보다는 불화를 기대하고 공동체를 만드는 일보다는 탈주를 꿈꾸며 부유하는 삶을 택한다.

그녀는 자신을 한 가족으로 여기며 수용하려는 이들에게 '너무 하모니하다'는 말을 남기며 떠난다. 그녀야말로 정주할 수 없는 심연을 지닌 인물이다. 여성스런 외모에 비해 여성성의 특징인 이해와 사랑이 결여된 그녀의 모습은 야스민의 캐릭터와 대비되는 인물이다. 여성들의 연대를 거부하는 여성, 공동체 안에서 '여성의 적'은 여성이기도 하다는 편견을 강화시키며, 공동체를 세우며 주체적 존재로 서기 위해서는 여성 개인의 자각과 인식, 연대가 중요한 것임을 역설적으로 보여주고 있다.

3. 여성의 몸, 내면의 빛 투사

야스민이 카페에 있을 때 그녀의 가치를 알아 챈 루디 콕스는 어느 덧 그녀를 그리고자 하는 욕망을 느낀다. 영화 속에서 루디 콕스는 퇴락한 화가지만 감독의 분신과도 같은 인물이다. 감독은 가족과 미국 여행 중, 데겟의 태양력연구소에서 나온 빛을 보고 영화 아이디어를 얻었다고 하는데,[11] 이 빛은 도입부에 야스민이 홀로 걷는 장면에서 오로라처럼 묘사되고, 그녀가 머무는 모텔 방에 걸린 루디 콕스의 그림에도 등장한다. 영화 속에 등장하는 이 빛은 영화를 분석하는 데 중요한 모티프가 된다.[12] "야스민이 모텔 방에 들어왔을 때 회오리바람 같은 음향이 들리고 야스민이 그림 속 광채의 원천이 될 인물임을 미리 예고한다"는 주장[13]은 이런 점에서 의미 있다.

루디 콕스는 야스민을 모델로 그림을 그린다. 루디 콕스가 발견한 그녀의 아름다움은 타인을 배려하고 인정하며 타인과 함께 하는 공간 속에서 찾은 것이었다. 말없이 행하는 그녀의 섬세한 돌봄이 아직 예술적 감각을 잃지 않은 늙은 화가의 마음에 영감을 준 것이다. 그는 야스민이 그녀 안에 있는 여성성을 발견하고 자신의 아름다움을 볼 수 있게 인도하는 조력자가 된다. 남편으로부터 무시와 억압을 당해 여성으로서의 자존감을 잃어버린 중년의 여인, 남 보기에 매력적인 외모를 갖지 못한 뚱뚱한 그녀가 화가의 모델이 되고 주체적 여성

—— 11 옥선희, 『내게 행복을 준 여성 영화 53선』, 여성신문사, 2005, 33쪽.

—— 12 영화를 '읽는' 것은 다음을 지각하는 것이다. 문자(첫머리 자막, 자막, 중간 자막, 편지의 일부분, 신문 등), 말(대사), 초분절적인 양상도 포함된다(억양, 악센트, 강도 등), 몸짓의 기호(표정, 몸짓, 팬터마임), 영상(배경, 인물의 외모 등), 크기(클로즈업, 롱 숏), 움직임(영상 속에서 인물의 움직임, 카메라의 움직임, 다양한 결합), 그 연속에서('컷', 교차편집, 평행 편집 등), 음향: 소음과 음악, 그리고 이런 요소들 사이의 관계와 이 요소들과 서술의 구성과의 관계를 살피는 것이다. 프랑시스 바누아, 『영화와 문학의 서술학』, 송지연 옮김, 동문선, 2003, 59쪽.

—— 13 장보성, 「들뢰즈·가따리의 '-되기'의 정치학과 페미니즘-〈감각의 제국〉, 〈바그다드 카페〉 분석을 중심으로」, 동국대 연극영화학과 석사학위논문, 2002, 100쪽.

으로 자존감을 회복하게 되는 것은 영화의 주제와 연결된다. 여기에서 감독은 독특한 이미지를 사용하고 있다.

루디 콕스가 야스민을 모델로 그림을 그릴 때 영화의 이미지들은 숨김과 드러냄의 과정을 통해 관객을 그 역동성의 내면으로 이끌어간다. 야스민의 외적 이미지는 섹슈얼리티와는 거리가 멀다. 지나치게 뚱뚱한 외모와 남성스러운 의상 등은 투박한 독일 중년여성의 모습일 뿐이다. 여성의 몸은 남성 중심의 사회 속에서 대상화, 상품화, 물신화되어왔다. 그러나 야스민은 루디 콕스의 진심어린 관심과 사랑을 통해 여성이 된 기쁨, 주체로서의 여성의 몸을 인식하게 된다. 영화 속에서 루디 콕스가 야스민을 바라보는 시선은 내면의 빛을 지닌 여성을 고귀한 존재로 인격적으로 대하는 예술가의 눈빛이라 할 수 있다.

모델로서의 야스민의 몸은 다산성의 건강한 모체를 상기시킨다. 옷깃을 살짝 열고 속살을 드러냈다 여미는 장면 속에서 순결한 여성성의 내면을 포착하는 영화적 장치가 느껴진다. 여성의 몸이 지닌 아름다움이 보는 이의 시선에 따라 얼마나 차별화되어 수용될 수 있는지를 보여주고 있다.

여기서 또한 중요한 것은 풍만한 여성을 모델로 한 그림의 데자뷰다. 콜롬비아 화가 페르난도 보테로의 작품을 본 경험이 있는 사람이라면 누구나 야스민의 뚱뚱한 모습이 담긴 그림을 보며 보테로의 그림을 떠올릴 것이다.[14] 루디 콕스는 야스민의 둥글고 풍만한 모습을

---

14 정장진은 콜롬비아 태생의 페르난도 보테로의 작품에는 인물이나 동물이 모두 뚱뚱하게 살이 찐 모습으로 묘사되고, 작고 통통한 입과 옆으로 퍼진 눈

통해 모든 사람의 헐벗고 모난 심정을 감싸줄 수 있는 모체로서의 여성의 몸과 마음을 보여주고 있다.

루디 콕스라는 영화 속 늙은 화가와 남미의 화가를 연결할 수 있게 한 감독의 탁월한 장치는 회화와 영화의 상호텍스트성의 관점에서도 의미 있게 여겨진다. 〈바그다드 카페〉에서 여성의 몸은 대부분의 영화에서 젊은 여성의 나체가 상징하는 성적 환상과 그것을 숨어보는 관음증적 프라이버시를 해체하며 신성한 모성으로서의 여성의 몸에 대한 이미지를 생성하고 있다. 야스민은 루디 콕스의 모델이 되면서 자신을 감싸고 있던 외피, 부자유한 관계와 관습에서 벗어나 자신이 몸의 주인이 되는 주체적 여성으로 거듭나게 된다.

'바그다드 카페' 안에 이전에 없던 활기와 생명력을 불어넣은 야스민이 비자 만료로 갑자기 떠나자 카페는 다시 황량해진다. 어떤 곳보다 매력적인 장소로, 지나가던 나그네의 발길을 머물게 하던 야스민의 기발한 마술이 사라졌기 때문이다. 카페 옆에 머물던 여행객 청년 에릭이 날린 부메랑은 늘 다시 돌아왔지만, 야스민이 떠나자 장애물에 부딪혀 땅에 떨어지게 된다. 그녀의 떠남에 대한 암시이다. 마치 사막의 신기루처럼 야스민이 사라졌을 때, 카페의 가족들은 그녀를

위압적으로 굵은 통나무 같은 다리는 특유의 해학과 에로티시즘을 유쾌하게 결합시키고 있으며, 이러한 모습은 웃음 뿐 아니라 묘한 슬픔을 전해준다고 보았다. 뚱뚱한 야스민의 모습 역시 하나의 메타포가 되고, 야스민의 살은 빼야 할 살이 아니라 유지되어도 좋은 덕으로 작용하며 이러한 역설 속에 영화 〈바그다드 카페〉의 의미와 함께 보테로가 평생을 매달렸던 뚱보 인물들의 비밀이 숨어 있다고 한다. 정장진, 「바그다드 카페와 보테로의 뚱뚱한 여인」, 『미술세계』 220, 2003.2, 124-125쪽.

그리워한다.

　마술처럼 사람들에게 기쁨과 환상을 주던 야스민이 떠나자 루디 콕스가 그린 야스민의 초상화를 카페에 걸고 사람들은 야스민을 추억한다. 이때 살라모가 연주하는 바흐의 음악은 느리게 흐른다.[15] 〈바그다드 카페〉는 그림과 음악을 통해 영화 텍스트를 한층 풍성하게 한다. 영화의 주제 음악 'Calling You'[16](Jevetta Steele)는 주인공의 고독과 외로움이 극대화되는 순간마다 울려 퍼진다. 여성의 낮은 저음과 긴 울림의 가사는 여성 인물들의 내면의 아픔을 표현하는 데 효과적이다. 야

───

15　살라모가 연주하는 바흐의 평균율은 요한 세바스찬 바흐의 '평균율 클라비어 곡집' 제1권의 1번 C장조의 전주곡이다. 바흐의 이 곡은 특별한 멜로디 없이 8개 음으로 구성된 분산화음이 연속적으로 펼쳐질 뿐이다. 단순한 구조지만 음악적으로 풍성하게 변주할 수 있는 것이 특징인데 살라모는 영화의 장면에 따라 이 곡을 다양하게 변주한다. 카페 식구들의 행복이 절정에 달했을 때, 경쾌하게 연주하지만 야스민이 떠났을 때는 느리고 비통하게 이 곡을 연주한다. 감독은 사막의 한 카페에서 살라모를 통해 바흐 음악을 연주하게 하여 영화의 분위기를 조절하고 의미 있는 효과를 제공하고 있다. http://hi007.tistory.com/391 참고.

16　A desert road from Vegas to nowhere/Some place better than where you've been/A coffee machine that needs some fixing/In a little cafe just around the bend/I am calling you/Can't you hear me/I am calling you/A hot dry wind blows right thru me/The baby's crying and can't sleep/But we both know a change is coming/Coming closer sweet release/I am calling you/I know you hear me/I am calling you Oh
(라스)베가스에서 누구도 갈 수 없는 곳으로 난 사막길/당신이 머물렀던 곳보다는 좋은 곳으로/손 볼 곳이 몇 군데 있는 커피 기계/굽이를 바로 돌면 있는 작은 카페에서/난 당신을 부르고 있어요/들리지 않나요/난 당신을 부르고 있어요/나를 스쳐 지나가는 뜨거운 마른바람/아기가 울고 있어서 잘 수가 없어요/하지만 우린 변화가 다가오고 있다는 걸 알고 있죠/달콤한 안녕이 다가오고 있는데/난 당신을 부르고 있어요/들리지 않나요/난 당신을 부르고 있어요, 오. https://gasazip.tistory.com/1751 참고.

스민이 혼자 사막 길을 걸을 때, 브렌다와 야스민이 상심해 있을 때, 야스민이 떠났을 때 반복적으로 주제 음악이 흐른다.

그러나 기다림 끝에 야스민은 흰 드레스를 입고 다시 돌아온다. 처음 그녀가 입었던 검은 정장과는 다른 색으로 영화의 전편에 의미 심장한 상징으로 드러나던 '하늘의 빛'처럼 나타난 것이다. 브렌다의 검은 피부와 흰옷을 입은 백인 야스민의 진정한 연합은 그녀들이 마주하고 나누는 대화를 통해 의미 있게 전달된다.

다시 살아난 '바그다드 카페'의 활기는 매직 쇼로 이어진다. 카페 공동체가 함께 만들어가는 신비한 매직 쇼를 통해 사람들은 행복을 느끼고 카페의 가족들은 다시 하나가 된다. 집을 나간 브렌다의 남편 살도 어느새 돌아오고, 루디 콕스는 야스민에게 청혼을 한다. 야스민 이 '브렌다와 상의해 보겠다'는 수락의 농담으로 영화는 막을 내린다.

여기서 영화의 제목을 상기해 보고자 한다. 죠셉 보그스는 대부 분의 경우 영화제목의 깊은 의미는 작품을 다 감상하고 난 후에야 비로소 알 수 있게 된다고 하였는데 일반적으로 제목은 영화감상 전에 는 하나의 의미만을 주지만, 감상이 완료된 후에는 그것과 전적으로 다르거나 그보다 더 풍부하고 깊은 의미를 준다고 했다.[17] 이 영화의 원제목 〈Out of Rosenheim〉은 본토를 떠나 주체적 존재로 새롭게 태 어나는 여성 인물의 삶을 연상시키고, 〈바그다드 카페〉는 이국적이고 낯선 고유명사를 통해 새로운 공동체를 만들어내는 과정을 의미 있게

---

17 조셉 보그스, 『페미니즘연구』, 이용관 옮김, 제3문화사, 1993, 91쪽.

보여주고 있다.

4. 바그다드 카페를 나오며

1980년대 말에 제작된 〈바그다드 카페〉는 여성 버디무비 형식을 취하며 인종과 문화가 다른 두 여성, 야스민과 브렌다가 소통하고 연대하여 이루는 환상적 공동체의 가능성을 보여준다. 이 영화는 여성들의 연합과 공동체적 삶의 교류야말로 여성이 자존감을 회복하고 주체로서 살아갈 수 있게 하는 배경이 된다는 것을 보여주고 있다. 그러한 과정에서 숨겨진 여성의 힘, 여성의 모성성이 발휘된다. 여성이 지닌 원초적 모성성은 여성의 내면에 간직된 생명에 대한 사랑과 돌봄, 생명을 생명답게 키워내려는 대지의 힘과 같은 것이다. 여성은 타인의 아픔에 공감하며 진심으로 소통함으로써 타인의 마음을 열고 공동체를 회복시킨다.

〈바그다드 카페〉는 인종과 젠더 양면에서 타자화된 흑인 여성 브렌다가 백인 여성 야스민과 연대하여 여성성을 회복하는 과정을 보여줌으로써 억압과 차별을 받아왔을 흑인 여성의 정체성을 회복시킨다. 이처럼 서로 다른 인종의 여성들이 서로의 차이를 인식하고 존중하는 모습은 여성 영화의 새로운 국면을 보여준다.

남편으로부터 무시와 억압을 당해 여성으로서의 자존감을 잃어버린 중년의 여인, 남 보기에 매력적인 외모를 갖지 못한 야스민이 자존감을 회복하고 여성성을 되찾는 과정은 여성 영화가 추구하는 의미 있는 모형이기도 하다. 또한 여성으로서 감당하기 힘든 삶의 무게로 지치고 황폐해진 브렌다가 야스민의 도움으로 그녀 안에 있는 숨겨진 여성성을 회복하고 생의 기쁨과 활기를 되찾고, 가족의 회복을 도모하게 되는 영화의 엔딩은 〈바그다드 카페〉를 진정한 여성 버디영화로 읽을 수 있게 하는 힘이다.

참고문헌

1. 기본 자료

퍼시 애들론 감독, 〈바그다드 카페〉, 원제 〈로젠하임을 벗어나서〉(Out of Rosenheim), 1987.

2. 논문 및 단행본

리처드 로티, 『우연성 아이러니 연대성』, 김동식·이유선 옮김, 민음사, 1996.

바바라 메넬과 이이미 온지리, 「디즈니와 라스베가스 사이 사막 어딘가에서─인종간의 융화라는 판타지와 아메리카의 복합문화: 퍼시 애들론의 『바그다드 카페』」, 최윤식 옮김, Camera Obscura 44, vol 15, Number 2, Duke University, 2000, 현대미학사, 공연과 리뷰 38, 2002.

배은경, 「사회 분석 범주로서의 '젠더' 개념과 페미니스트 문화 연구」, 『페미니즘연구』 4권 1호, 2004.

서인숙, 『씨네 페미니즘의 이론과 비평』, 책과 길, 2003.

옥선희, 『내게 행복을 준 여성 영화 53선』, 여성신문사, 2005.

장보성, 「들뢰즈·가따리의 '-되기'의 정치학과 페미니즘─〈감각의 제국〉, 〈바그다드 카페〉 분석을 중심으로」, 동국대 연극영화학과 석사학위논문, 2002.

정장진, 「바그다드 카페와 보테로의 뚱뚱한 여인」, 『미술세계』 220, 2003.

조셉 보그스, 『영화보기와 영화읽기』, 이용관 옮김, 제3문화사, 1993.

최재선, 「여성 바라보기의 안과 밖: 영화 〈바그다드 카페〉 다시 읽기」, 『문학과 영상』, 2015 여름호.

팀 비워터, 토마스 소벅 지음, 『영화비평의 이해』, 이용관 외 옮김, 영화언어, 1994.

프랑시스 바누아, 『영화와 문학의 서술학』, 송지연 옮김, 동문선, 2003.

3. 기타

http://www.silverinews.com/news/articleView.html?idxno=4338

http://ko.wikipedia.org

http://hi007.tistory.com/391

https://gasazip.tistory.com/1751

4부
한국

김기림 기행시의 인식과 유형

—

김진희(숙명여자대학교)

1. 근대 기행시와 시간의식

지역 공동체의 구성원으로서 '집합적 개인'이었던 근대 이전의 주체는, 근대 이후 대규모의 역사적 변동을 겪으면서 타인과 다른 '자기'를 정의하기 시작한다. 기존의 사회적 통제로부터 벗어난 자유로운 개인이 역사적으로 출현하면서, '근대적 주체'의 모습이 구축된 것이다.[1] '여행의 체험을 시적 주제나 제재로 형상화한 기행시'[2]는, 확장

---

[1] 최종렬, 『타자들』, 백의, 1999, 12쪽.

[2] "기행시는 화자나 시적 인물의 공간 이동에 따라 인식 변화가 수반되는 특징을 보여주며, 외부세계의 경험과 타자적 인식이 직접적으로 서술되는 것이 아니라, 비유나 상징 등에 의한 시적 이미지로써 형상화되는 것이다."(김진희, 「1930-1940년대 해외 기행시의 인식과 구조」, 『현대문학의 연구』 33호, 한국문학연구학회, 2007.11, 143-144쪽)

된 시공을 통해 타자와의 차이를 확인하고 자기 인식에 객관적 토대를 부여할 수 있다는 점에서 주목할 만한 문학적 양식이다. 특히 식민지 근대의 기행시는 근대성과 식민지성을 공유한다는 측면에서 다의적이다. 기행시가 근대적 매체인 기차나 선박의 여행을 통해 시적 공간을 확장하고 '새로운 감각과 인식의 장'[3]을 개척하며, 선형적 시간의식에 따른 진보적 세계관을 표상하고 있다는 점 등은 근대의 발전적 의미와 연관시킬 수 있다. 그러나 식민지 사회의 비극적 현실과 인식이 전제되어야한다는 관점에서 식민지 근대의 기행시는 양가성을 갖는다고 할 수 있다.

김기림의 시는 총 231편[4] 이며, 그중에 기행시는 60여 편을 넘는다. 이러한 기행시의 경사와 관련하여 김우창은 김기림 시의 본질을 '여행의 시'[5]라고 특징지었으며, 김학동은 '지적 호기심에 의한 탐험 의식'[6]을 김기림 기행시의 창작 요인으로 제시하였다. 또한 박철희는 김기림의 기행시가 1930년대 한국적 현실의 모순을 멀리하고 있다고 평가하였으며,[7] 한상규는 김기림의 여행관이 현실의 갈증을 단기적이고 충동적으로 해소하기 위한 것으로, 변화를 위한 변화의 성격에서

---

3   김현주, 『한국 근대 산문의 계보학』, 소명출판, 2004, 147쪽.

4   『김기림전집』 1(김기림, 김학동 편, 심설당, 1988)에 실린 작품 수에 의거.

5   김우창, 『김우창전집』 1, 민음사, 1977, 48쪽.

6   김학동, 『김기림평전』, 새문사, 2001, 107쪽.

7   박철희, 『한국시사연구』, 일조각, 1984, 234-235쪽.

벗어나지 못한다고 지적하고 있다.[8] 이렇듯 김기림의 기행시에 대한 논자들의 평가는 대체적으로 현실인식이 결여된 이미지 위주의 시적 단상으로 압축된다. 그러나 이와는 조금 다른 견지에서 신범순은 김기림이 '거리 산책가'의 시선을 내재한 채 '보는 것 이상'의 것을 알기 위해 몽상하고 사물들의 벽에 부딪힌다고 하여, 그의 모더니즘적 사고가 기행시의 질적 논의와 연계될 수 있음을 시사하였다.[9] 또한 이미경은 김기림 시의 이미지를 순간적이고 감각적인 회화성만으로 이해하는 것에 반박하면서, '이미지란 사물의 관계성에 초점을 두어야하는 것'[10]이라고 주장하였다.

김기림의 기행시에 관한 기존의 논의들은 시적 궤적의 일부분으로 거론되었을 뿐, 그의 기행시만을 독립적으로 일관된 방법론에 의해 유형화시키고 분석하는 작업은 소루한 편이다. 물론 김기림의 기행시는 그의 시론에 의해 시적 맥락을 정초할 수 있지만, 이러한 방법만으론 김기림 기행시의 특성을 유형화하는데 한계가 있기 때문에, 본고에서는 텍스트 자체의 분석에 글의 중심을 두고자한다.

"근대 기행문학에서 재현(representation)하고 있는 '풍경'은 단순히 감각적으로 감지되는 공간이 아니라, 인간의 심미적 의식을 통해 형

---

8 한상규, 「1930년대 모더니즘 문학에 나타난 미적 자의식에 관한 연구」, 『현대문학연구』 101집, 현대문학연구회, 1989, 97-98쪽.

9 신범순, 「모더니즘 기점론 (下): 30년대 모더니즘에서 '산책가'의 꿈과 재현의 붕괴」, 『시와시학』 1991년 겨울호(통권 제4호), 시와시학사, 81쪽.

10 이미경, 「김기림 모더니즘 문학 연구」, 『현대문학연구』 91집, 현대문학연구회, 1988, 63쪽.

성된 역사적 산물"[11]이라고 할 수 있다. '애국계몽기부터 민족이나 국토에 대한 대중들의 내적 동질성 형성'[12]에 기여한 기행문학은, 1930년대에 이르러 일본 제국주의 정책들과의 유기적 관계 속에서 확장된 공간인식의 필요성과 주체형성의 변화를 표출하게 된다.[13] 특히 이 시기에는 국내 여행 체험의 글과 함께, 일본이나 만주로 가는 유학생이나 유민, 지식인들의 해외 기행문이 다수 발표되었다는 것이 큰 특징이다. 이러한 상황에서 창작된 김기림의 기행시는 여행 공간을 국내와 국외, 도시와 지방, 가상과 현실 등으로 달리 하면서 여행 공간에 따른 체험이나 인식의 변화 등에서 다양한 유형을 형성하고 있다.

본고에서는 기행시 양식과 시간의식[14]의 상관성에 특히 주목하면서 김기림 기행시의 의미구조를 유형화하고자 한다. 기행시는 공간의 이동을 전제로 한다. 이때 공간은 시간성[15]을 획득하면서 의미를 담아낸다. 근대에 이르러 시계가 일상화되고 시간의 의미가 화폐적 가치로 전환되면서 인간의 삶은 물신화되고 계량화되었다. 이에 따라

—— 11   이효덕, 『표상 공간의 근대』, 박성관 옮김, 소명출판, 2002, 42쪽.

—— 12   김현주, 앞의 책, 125-127쪽.

—— 13   김진희, 앞의 글, 144쪽.

—— 14   텍스트에 내재하면서 작품의 의미를 형성하는 작용·과정으로서의 시간을 '시간의식'이라 한다면, 작품의 구성 요소로서 과거·현재·미래라는 통사적인 형태로 작품 표면에 드러나는 것을 '시간양상'이라고 한다.(전동진, 「시간의식과 장르에 관한 연구」, 『현대문학이론 연구』 28집, 현대문학이론학회, 2002, 199쪽)

—— 15   "현상학적 개념에 따르면 시간은 현존재의 의미구조이며, 스스로에서 벗어나는 특징을 지니고 있는데, 이러한 脫自的 특징을 시간성이라고 할 수 있다. 따라서 시간이 시간성의 기초가 아니라, 시간성이 시간의 기초가 된다."(이승훈, 『문학과 시간』, 이우출판사, 1983, 122쪽)

'시간의 개념'[16] 역시 바뀔 수밖에 없었고, '인간의 진정성'과 '자아'에 대한 물음이 제기될 수밖에 없었다. 본고에서 김기림의 기행시 연구를 통해 근대적 시간의식과 자아 형성의 과정을 추출하려는 시도 역시 그 물음의 한 갈래라고 할 수 있다.

  시간은 그것을 다루는 방식과 관점에 따라 일반적으로 천체의 운행에 기초를 둔 객관적 시간과, 의식·역사·직관 등 주로 삶의 내용과 관련된 주관적 시간으로 구분할 수 있다.[17] 일반적 구분에 의거하여 시간을 좀 더 세분화하면, 객관적 시간은 절대적 시간[18]·제의적 시간[19]·계기적 시간 등으로, 주관적 시간은 주체를 중심으로 인식하는 내적 체험의 시간과 타자를 중심으로 인식되는 외적 체험의 시간으로 구체화할 수 있다. 문학적 시간은 이러한 시간들을 모두 수렴하며, 인간을 위주로 하되 역사와 사회, 자연 등과의 유기성을 토대로 한다. 그러나 문학작품에서 논의하는 시간은 '의식'의 지속으로 나타나는 양상이기에 주관적 시간, 즉 '체험시간(Erlebniszeit)'을 기율로 한다.

---

16 아리스토텔레스에 의해 '균질적 운동의 수'로 정의되던 시간은 플로티노스와 아우구스티누스 이후 의식의 차원에서 다루어졌고, 베르그송에 의해 '삶의 시간, 체험적 시간'으로서 논의되다가, 하이데거와 후설 등에 의해 현상학적 개념으로 본격화되었다.(소광희, 『시간의 철학적 성찰』, 문예출판사, 2001 참조)

17 소광희, 위의 책, 517쪽.

18 인간의 힘으로는 변화시킬 수 없는 생사의 시간을 의미한다.

19 제의적 시간이란 사회적 관습 등에 의해 형성된 시간의식이라고 할 수 있으며, 사회적 변화와 상응한다고 할 수 있다. 객관적 시간 중에서도 생사의 시간인 절대적 시간은 자연적 시간이라고 할 수 있으며, 제의적 시간과 계기적 시간 등은 사회적 약속이 전제되는 시간이라고 할 수 있다.

2. 미래지향적 기대와 변화의 의지

김기림이 시 창작활동을 하던 1930-1940년대는 식민지성과 근대화의 모순적 현실에 의해 '주체'의 정립에 혼란이 야기될 수밖에 없었다. "시간과 자아는 서로의 필요한 조건이 되어 경험의 순간들을 통합(integrating)하여 통일체를 구성한다"[20]는 마이어호프의 말처럼, 김기림의 시적 자아[21]는 식민지 현실을 동반하는 근대화의 시간과 그 속에서 갈등하는 주체와의 통일체라고 할 수 있다. 결국 김기림 시의 시적 자아를 해체함으로써 시적 경험과 자아의 상관관계를 밝힐 수 있는 것이다.

김기림은 '여행'을 주제로 한 산문에서 진짜 여행가는 떠나기 위해 떠나는 사람이라며, 해저에서 국경 없이 돌아다니는 어족들을 부러워하였다. 또한 집이나 고향, 나라가 비좁기 때문에 여행의 범위를 세계화해야한다고 서술하였다.[22] 이러한 여행관은 미래지향적인 기대를 내재하는 '출발의 시'로 표상된다.

---

20 한스 마이어호프, 『문학과 시간현상학』, 김준오 역, 삼영사, 1987, 57쪽.

21 '시적 자아'와 '화자'는 구분해서 사용할 필요가 있다. 화자가 각 시편의 주체를 의미한다면, 시적 자아는 '내포 작가'와 동일한 의미로서, 한 시인의 시편들을 매개하고 통괄할 수 있는 인식의 주체라고 할 수 있다. 화자는 시적 자아와 동일인물로 사용되기도 하지만, 시인의 시적 편력에서 보면 화자와 시적 자아는 동일하다고 할 수 없다. 특히 연작시 형태가 많은 김기림의 기행시에서는 화자보다 시적 자아의 존재를 인식하는 것이 시 분석에 효과적이라고 할 수 있다. 본고에서는 기행시 전체의 의미구조 맥락에 따라 '시적 자아'로 통칭하되, 구분이 필요한 경우에는 '화자'를 사용하도록 하겠다.

22 김기림, 「여행」, 김학동·김세환 편, 『김기림전집』 5, 심설당, 1988, 173-175쪽.

(가) 世界는 / 나의 學校. / 旅行이라는 課程에서 / 나는 수없
이 신기로운 일을 배우는 / 유쾌한 小學生이다.

「咸鏡線 五百킬로 旅行風景-序詩」 전문

(나) 五月의 바다와 같이 빛나는 窓이 / 아침해에게 웃음을 보
내며 / 無限히 깊은 會話를 두 사람은 바꾸고 있다. / 하눌
은 얼굴에서 어둠을 씻고 / 地中海를 굽어본다. 푸른 밑 없
는 거울…… // (중략) // 그래서 世界에 아침을 일러주어
라. / 빛인…… / 푸름인…… / 生成인…… // (중략) // 太
平洋橫斷의 汽船 「엠프레쓰·어브·에이샤」號가 / 금방 커
다란 希望과 같은 旗빨을 흔들며 埠頭를 떠났다. / 바로 午
前 八時 三十分……

「出發」 부분

　　위의 시들에는 시적 자아가 세계를 보는 시각과 출발의 의미가
드러나 있다. (가)에서 시적 자아는 "세계"를 자신의 "학교"라며 지
속적으로 새것을 접하는 것에 관심을 표하고 있다. 세계 여행을 통해
"신기로운 일을 배우는" 것은, (나)의 "어둠을 씻"고 '빛과 푸름과 생
성'을 "세계"에 "일러주"는 방법이기도 하다. 시인은 "어둠"의 실체
를 '동양적 적멸과 무절제한 감상이 배설되는 시간'(「어떤 친한 '시의 벗'
에게」)이라고 규명한다. (나)에서 "무한히 깊은 회화를" 나누던 "두 사
람"이 "회화"를 바꾸는 것은 그러한 "어둠"을 버려야한다는 공감에서
비롯된 것이다. 그러므로 (나)는 "출발"의 시이면서 동시에 "변화"의
의지를 표출한 가상 여행의 시다. 이 시에 등장하는 '오월, 삼월, 아침,

午前 八時 三十分' 등의 시간은, '바다, 빛나는 창, 아침해, 푸른 하눌, 기빨' 등의 공간이나 사물들과 연관되면서 '빛, 푸름, 생성, 희망' 등을 상징하고 있다. 여행에 대한 긍정적 기대는 시적 자아가 '보는 것'들에도 영향을 미쳐, "待合室은 언제든지 「투-립」처럼 밝"(「咸鏡線 五百킬로 旅行風景-待合室」)다는 주관적 선입견을 갖게 한다. 시적 자아의 무조건적 희망이 '공간의 정화'로 연결되는 것이다. 그렇다면 시적 자아가 여행을 하는 궁극적 목적은 무엇일까? 김기림은 실제 여행에 앞서 가상 여행을 실행함으로써 자신의 이상적 여행관을 제시한다.

> 시컴언 鐵橋의 엉크린 嫉妬를 비웃으며 달리는 障害物競走選手들 / 汽車가 달린다. 國際列車가 달린다. 展望車가 달린다……
> // (중략) // 馬來群島는 / 土人들의 競走用 獨木舟다. // (중략) //
> 자 - 아메리카도 시끄럽다 / 女子의 웃음소리와 주머니의 돈소리가 귀를 부신다. // 어느새 沙漠과 要塞들 사이에 씨피는 / 여즈러진 푸른 眞珠 ― 可憐한 地中海다. // (중략) // 에이 시온 멀지 않다.
> / 예루살렘은 讚美를 타는 커 - 다란 손風琴. // 시온으로 가자. /
> 그리고 시온을 떠나자. / 우리에게 永久한 시온은 없다.
>
> 「旅行」 부분

위의 시는 시적 자아가 직접 공간 이동을 하면서 쓴 것이 아니라, 세계의 도시들을 가상으로 여행하는 과정을 형상화한 것이다. 이 시는 고향을 떠나 세계로 여행을 한다는 화두(1, 2연)에서 시작하여, 기차·선박·비행기 등 근대적 이동 매체의 출발(3-5연)과, 세계 각 도시들의 개략적 특색(6-10연), 호텔에의 투숙(11-13연), 그리고 "시온"에 대한 생각(14, 15연) 등으로 구성되어있다. 특히 "馬來群島(말레이시아)"에서 "콘스탄티노플"에 이르는 낯선 장소의 병렬적 배치가 눈에 띄는데, 그것은 '세계인들이 상호 무관하고 모순된 일들을 서로 격리된 곳에서 동시적으로 체험하고 있다는 사실'[23]을 알리기 위한 의도로 해석된다. 시적 자아는 시의 말미에 유토피아를 상징하는 "시온"을 찾겠다고 함으로써 여행의 목적을 밝히고 있다. 그러나 동시에 "영구한 시온"이 없음을 천명하면서, 현실에 안주하지 않고 떠날 것임을 암시하고 있다. 이때의 '떠남'이 식민지 현실과 유기성을 갖기보다 근대 문명에 대한 낭만적 체험과 추상성에 경사된다는 점에서 시인의 근원적 여행관에 비판을 가할 수 있겠지만, 한편으로는 지금까지의 연구에 의해 김기림의 기행시를 보는 시각이 편향되었을 가능성에 대해서도 지적하지 않을 수 없다.

3. 가상/실제 여행을 통한 양가적 사유

기행시는 '외적 체험'[24]의 시간을 전제로 하면서 내적 체험의 시

— 23   아놀드 하우저, 백낙청·염무웅 옮김, 『문학과 예술의 사회사』 4(개정판), 창작과비평사, 1999, 306-307쪽.
— 24   본고에서의 '외적 시간'은 '객관적 시간'에 대응하는 개념이 아니라, 심리적 경험의 내적 시간과 대조적인 타자적 경험으로서의 시간을 의미한다. 심리적 경험 시간에 비해 타자적 경험의 시간은 객관적 시간과 밀접한 관계를 갖는다.

간을 형상화하는 문학적 양식이다. 김기림은 가상과 실제의 서로 다른 체험들을 통해, 문명화된 사람들과 그렇지 못한 사람들, 도시적 삶을 향유하는 사람들과 식민지적 상황에 쫓겨야하는 궁핍한 사람들의 양가적인 풍경을 형상화하고 있다.

3.1. 가상 여행의 낭만성

김기림은 실제 체험이 아닌 가상 여행의 체험을 '현전화(現前化)' 함으로써, 시공간의 경계를 해체하고 주관적 체험을 타자화한다.

> 土曜日의 午後면은…… // 사람들은 / 수없는 나라의 이야기들을 담뿍 꾸겨넣은 「가방」을 드리우고 달려듭니다. / 太陽을 튀겨올리는 印度洋의 고래의 등이며 / 船長을 잡아먹은 食人種의 이야기며 / 喇嘛敎의 부처님의 찡그린 얼굴이며…… // (중략) // 「테불」우에 늘어놓는 / 國語와 國語와 國語와 國語의 / 展覽會 // (중략) // 힌옷을 입은 힌 「뽀이」는 / 國籍의 빛갈을 보여서는 아니되는 / 漂白된 힌 「뽀이」가 아니면 안됩니다. // (중략) // 午後 아홉時면…… / 二層과 三層의 덧문들은 / 밖앗의 물결소리가 시끄럽다는 듯이 / 발깍 발깍 닫겨집니다.
>
> 「씨네마 풍경-호텔」 부분

위의 시는 '씨네마 풍경'이라는 큰 제목이 암시하듯 실제 여행의 체험이 아니라 가상 여행의 체험을 '현전화'한 시다. 서양의 기독교관념에서 비롯된 일주일, 그 중에서 "토요일 오후"는 근대인의 바쁜 삶에 여유를 주는 시간이다. 위의 시는 그 시간을 이용해 여행을 하는 사람들의 이야기다. 세계 각국의 사람들이 "호텔"에 모이는 풍경에서 시는 시작한다. 사람들은 제 나라의 특이한 이야기와 말을 섞으면서 경계를 허물고 친구가 된다. 이 시에 등장하는 각국의 사람들은 서로의 이야기를 들으며 간접적으로 세계 여행을 한다. 즉 그들은 시적 자아의 상상여행 속에서 상상여행을 하는 것이다.[25] 시인이 "호텔"이라는 공간을 통해 형상화하려는 것은 사람들이 모여 있는 상황과 그들의 이야기 내용이다. 그 과정에서 익명의 사람들은 바뀌어도 무방하며, "호텔"의 위치는 어디에 있든 상관이 없다. 또한 "토요일 오후"는 특정한 날짜를 가리키는 것이 아니다. 중요한 것은 토요일 오후에 세계 곳곳의 사람들이 호텔에 모여 자기 나라의 이야기를 교류할 수 있으면 된다. 그러한 교류의 수단으로써 시인은 '상상여행'을 선택한 것이다. 이때 "호텔"은 근대인의 여유를 표상하며, 인종이나 국가, 이데올로기, 언어 등의 경계를 해체하는 공간으로 그려진다. 그러나 시인의 세계주의적 인식은 "호텔" 내부에서만 이루어질 뿐, 그 바깥과는 단절되어 진정한 경계 해체와는 거리가 있음을 보여준다. 위의 시 외에도 「속도의 시-여행」, 「잠은 나의 배를 밀고」, 「아메리카」 등과 『기상도』의 시편들을 가상 여행의 형식 범주에서 고찰해볼 수 있다.

---

25 김기림은 시를 '엑스타시의 발전체'라고 하면서 환상(ecstasy)을 중요시하였다. 환상에 의해 이미지가 성립되고, 그 환상은 현실로 이어지게 된다.(한종수, 「김기림 초기 시에 나타난 현실인식 연구」, 『한국언어문학』 45집, 한국언어문학회, 2000.12)

가상 여행 형식의 시들에 표상되는 근대적 여행의 낭만성은 대부분의 연구자들에게 김기림의 기행시를 '현실 도피'의 이미지와 결부시킬 수 있는 소지를 내재하고 있다. 그러나 김기림의 기행시를 단순히 '현실 도피'만으로 볼 수 없음은 김기림 기행시의 또 다른 유형인 식민지적 현실인식의 시들에서 확인해볼 수 있다.

3.2. 식민지 현실의 비극적 서사

김기림의 기행시에서 「시체의 흐음」이나 「관북여행」의 연작시 19편, 「전별」 등은 식민지 시대의 현실을 배경으로 한다. 그 시들은 주로 다시 돌아올 약속을 하지 못하고 떠난 사람들의 이야기를 담고 있으며, 연작시의 형태를 띠고 있다. 1931년 만주사변 이후 조선에서 만주로의 이주가 본격화되었을 때는 만주를 희망의 땅으로 생각하고 떠나는 사람들이 많았지만, 실제로는 일본인과 중국인의 핍박과 질시를 동시에 받는 고달픈 삶이었다. 또한 1937년 '중일전쟁'으로 인해 조선이 '병참기지화'되면서 강제 동원이 자행되는 등, 조선인의 수난은 계속되었다. 이러한 사정은 당시 문학작품에 반영되었으며, 김기림의 기행시에서도 그 흔적을 찾을 수 있다.

曠野는 그 無限속에 / 情熱에 타죽은 靑春의 죽엄을 파무덧다 // (중략) // 滿洲의 한울은 / 娼婦의 배ㅅ가죽처럼 / 풀어저 드리워 잇다 / 午後의 太陽이 / 벌거벗은 샛발간 心臟을 들고 / 彼女의 灰色 寢室을 차저단닌다 // (중략) // 떠나려 오는 어름덩이 사이에서

/ 沙工은 올을 자버서 서른일곱번재의 죽엄과 對面햇다고 안해의 마음 너흔 때ㅅ상(飯床)에도 도라안지 안는 밤 沙工의 마음을 밝히며 낫모를 죽엄을 에워싸고 江을 나려간다 / 이윽고 그의 꿈은 물 박휘치는 黑龍江 우해서 / 또다른 죽엄에 부대처 깨여낫다 / 그것은 그 自信이엿다 ― 그는 스서로를 의심햇다 // (중략) // 이튿날 새벽 동트기 전에 / 묵어운 구두소리가 江가의 새밧흘 쓸고간다 / 沙工의 기 - ㄴ 넷이야기와 남은 이야기들을 담은 거적이 江 우에 던저젓다 ― 도라서는 발자취 소리 / 『다음날 그는 도라올가?』기다리는 안해의 작은 오막사리로 黑龍江에는 五月이 도라왓다

「시체의 흘음」 부분

위의 시는 "만주"에서의 직접적인 체험과, "사공"으로부터 전해 들은 이야기로 구조화되어 있다. "무한"한 "광야"에 "청춘의 죽엄"이 묻혔다는 화두는 이 시의 배경이 어두운 현실이라는 것을 암시하고 있으며, 그에 대한 이미지는 '풀어진 창부의 뱃가죽'같은 "만주의 한울"로 형상화되고 있다. "오후의 태양"으로 상징화된 불안정한 정세 속에서 익명의 죽음을 맞은 사람들의 이야기를 통해, "만주"는 '주검의 공간'으로 그려지고 있는 것이다. 한편 "오후의 태양", "여명의 태양", "흑룡강의 오월"이라는 객관적인 시간 변화는 '절망의 시간, 가능성의 시간, 희망의 시간' 등의 주관적 시간으로 의미화 되고 있다. 이 시에서 "만주"의 비극을 전해주는 매개적 인물은 "사공"이다. 그는 "흑룡강"에서 한해에 "서른일곱 번재의 죽엄"을 만났으며, 그것을 "에워싸고 강을" 내려가다가 꿈속에서 "또 다른 죽엄에 부대처" 깨어난다. "또

다른 죽엄"은 바로 사공 자신이다. 수많은 주검들을 보며 사공은 죽음의 환영에 시달리는 것이다. "사공의 긴 넷이야기와 남은 이야기들을 담은 거적"만큼이나 많은 시체들에 의해 "만주"는 죽음의 공간이 되어가고, 사람들은 한번 떠난 사람의 후일을 장담할 수 없게 된다.

이 시는 현실인식의 모티브를 이미지로 부각시키면서, 시적 자아의 체험과 사공의 이야기를 '장광설적'[26]으로 서술하고 있는데, 그 둘의 조합이 그리 짜임새가 있다고 할 수는 없다. 다만 당시 "만주"라는 특정 공간의 문제를 인식하고 시에 반영하려고 했으며, 또한 김기림이 시단의 새로운 진로로 제시했던 "모더니즘과 사회성의 종합"[27]이라는 측면에서 그 의미를 찾을 수 있다. 이러한 인식들은 「관북기행」의 다른 시들에서도 형상화되고 있다. 「관북기행」은 시적 자아가 귀향의 과정에서 쓴 시들이다. 그 중에서도 「마을」, 「고향」, 「국경」, 「육친」의 소제목을 가진 연작시들이 눈에 띈다.

> (가) 물레방아가 멈춰 선날 밤 / 아버지는 도라오지 못할 아들
> 이 / 도라오는 꿈을 꾸면서 눈을 감엇단다 // 마을에서는
> 구두소리가 뜰악에 요란하던 그날 밤 일도 / 불빛이 휘황
> 하던 會館의 일도 모르는 아이들이 어머니의 잔소리만 드
> 르면서 자라난다
>
> 「關北紀行-마을(가)」 전문

---

26 김학동, 앞의 책, 89쪽.

27 김기림, 김학동·김세환 편, 『김기림전집』 2, 심설당, 1988, 58쪽.

(나) 「풋뿔」대신에 소 膀胱을 굴리다가도 / 끝내 저녁을 먹으
라는 어머니의 소리가 들리지 않기에 / 아이들은 지쳐서
도라와서 새우처럼 꼬부라저 잠이든다

「關北紀行-마을(나)」 전문

(다) 조고만한 소문에도 / 마을은 엄청나게 놀랐다 // 소문은
언제든지 열매를 맺어서 / 한집 두집 마을은 여위여가고
// 間島 소식을 기다리는 이웃들만 그 뒤에 남어서 / 사흘
건너 오는 郵遞군을 반가워했다

「關北紀行-마을(다)」 전문

위의 시들은 '마을'이라는 공통된 소제목 아래 서로 유기적인 관
계를 형성한다. 세편의 시에는 미래를 약속하지 못한 채 "간도"로 간
"아들"의 이야기와, 그를 애타게 기다리는 가족들의 모습이 모티브로
작용하고 있다.

(가)는 "번연히 도라오지 못할 아들"을 기다리다 죽은 "아버지"
와, 그런 비극을 모른 채 자라나는 "아이들"의 모습이 대조적으로 형
상화되면서 시적 긴장감을 부여하고 있다. (나)에서는 (가)에 등장했
던 "아이들"이 천진하게 뛰어노는 모습이 형상화되고 있다. 돌아오지
못하는 아들의 이야기와, 그 아들이 돌아오는 꿈을 꾸다 눈을 감은 아
버지의 이야기로 마을의 분위기는 뒤숭숭하고 우울하지만, 아이들은
"소 방광을 굴리"며 놀다가 지쳐서 잔다. (다)에서 "조고만한 소문에
도" 마을 사람들이 "엄청나게" 놀란다고 언급한 배경에는, 마을의 다
른 사람들에게도 (가)의 "아버지"처럼 "도라오지 못할 아들"이 있거

나 그럴 가능성이 있는 것이다. 항시 불안한 상황은 현실이 되어 "마을은 한집 두집 여위여가"고, 남은 사람들은 "간도 소식"을 기다려 "사흘 건너오는 우체군"을 반가워하는 처지가 된다. 세 편의 시적 맥락에서 보았을 때, (가)의 "아버지"는 (다)의 남아있는 마을 사람들의 전형적 인물이라고 할 수 있다.

'고향', '국경', '육친' 등의 소제목을 지닌 연작시들도 위의 시와 유사한 구조를 갖고 있다. 한편의 시는 짧은 이미지나 서사에 지나지 않지만, 동일한 소제목의 연작시 전체가 몽타주 형식으로 재구성되고 있는 것이다. 「마을」의 연작시처럼 의미상 일관된 모티브를 유지하는 경우도 있지만, 이미지나 그 상징성만으로 연작시의 맥락을 구축하는 경우도 있다.

(가) 車에서 나리자마자 / 어느새 寒帶가 코를 깨문다

「關北紀行-國境(나)」전문

(나) 地圖를 펴자 / 꿈의 距離가 갑자기 멀어지네

「關北紀行-國境(라)」전문

(다) 『이것을 먹어라』『저것두 먹어라』고 / 집어 놓으시는 바람에 / 이번에도 또 배탈을 내가지고 도라간다

「關北紀行-肉親(가)」전문

(라) 담뇨를 둘러쓰고 十里를 온 / 누님의 눈섭에는 고드레미가 달렸다 / 얼어온 두발을 부엌에 댕겨다가 주물러주며 / 갈라진 손등의 부스름 자곡을 헤여본다

「關北紀行-肉親(나)」전문

(가)와 (나)는 '국경'이라는 경계에서 느낄 수 있는 심리적 변화를 이미지로써 형상화하고 있다. (가)의 "한대"는 몸으로 느끼는 추위와 심리적 거리감에서 비롯되는 추위가 복합적으로 작용하고 있는 시어다. (나)는 시적 자아가 생각하는 '심리적 거리'와 '지도상의 거리'의 차이를 시화한 것이다. '국경'의 다른 시들과 연결시켜보았을 때, "꿈의 거리"란 만주를 향한 것으로 해석된다. 실제로 만주 사변 이전에 조선의 농민들이 일제의 억압에 쫓겨 만주로 갔다면, 만주사변 이후에는 일을 할 수 있다는 희망을 품고 자발적으로 떠났기 때문이다.[28] 이러한 차이는 만주로 가는 사람들의 심리적 차이를 극대화시켰다. 기대와 희망이 담긴 여행에서 여행자는 만주를 시공간적으로 가까운 곳에 있다고 생각할 수 있다. 그러나 "지도"를 대하는 순간, 자신이 가깝다고 생각했던 심리적 거리의 환상이 무너지면서 객관적인 거리를 인식하게 된다. 또한 '국경'을 중심으로 한 조선과 만주의 실제 거리는 멀지 않지만, 조선과 만주의 보이지 않는 경계인 법적, 사회적, 문화적, 언어적 차이에서 비롯되는 거리는 좁힐 수가 없는 것이다. 이 시의 시적 자아는 만주의 낯선 지도를 보면서 보이지 않는 무수한 경계를 확인하는 중이라고 할 수 있다.

'국경'의 시들이 낯선 땅에 대한 느낌과 인상적인 장면을 이미지화했다면, (다)와 (라)의 시들은 '육친'들과의 관계를 짧은 서사로써 시화하고 있다. '육친'이란 직계 가족으로서 혈족 관계에 있는 사람들

---

28 함대훈, 「남북만주편답기」, 『조광』, 1939.7.

이다. (다)는 고향에 간 시적 자아가 가족들이 권하는 음식을 뿌리치지 못하고 먹는 바람에 배탈이 나서 돌아간다는 짧은 이야기다. 이 시에는 가족애를 '먹을 것'으로 표현함으로써, 당시 사회에서 먹거리가 인간관계를 움직이는 상징적 기호로 작용하고 있음을 암시하고 있다. 한편 "이번에도", "또"라는 시어로 미루어 볼 때, 이 시의 풍경들은 시적 자아가 고향에 갈 때마다 반복되는 것임을 알 수 있다. "배탈을 내가지고" 돌아가기에 시적 자아의 몸은 고단하지만, 가족들의 따스한 정 때문에 마음은 풍성하고 편안한 것이다.

    (다)에서 시적 자아가 가족에게 따스한 마음을 받았다면, (라)에서는 반대로 시적 자아가 '육친'의 입장이 되어 가족에게 끈끈한 마음을 베풀고 있다. "담뇨를 둘러쓰고 십리를 온 누님", "얼어온 두발", "갈라진 손등의 부스름 자곡" 등의 구절로 미루어볼 때, 시적 자아의 누나는 타지에서 고생을 하다 어렵게 고향으로 돌아왔음을 알 수 있다. 그것도 "십리" 길을 걸어서 오느라 "눈섭에" "고드레미"가 달리고 발이 얼 정도라면, 누나는 타지에서 도망쳐왔거나 돈 한 푼 없이 쫓겨난 처지인 것이다. 시적 자아는 누나의 언 발을 "주물러주며" 몸을 위로하고, "손등의 부스름 자곡"을 헤어보며 누나의 고단했던 시간들을 안타깝게 생각한다. 백석이나 이용악의 시에도 (라)의 "누님" 같은 인물이 등장한다. 백석의 기행시 「팔원」 중에 등장하는 '손잔등이 밭고랑처럼 터진 계집아이'나, 이용악의 시 「제비 같은 소녀야」 중의 '손톱을 물어뜯고 있는 손등이 부풀어 오른 소녀'가 그들이다.[29] 물론 김기림 시의 인물이 백석이나 이용악의 시처럼 당시의 시대와 밀착된 구체적인 서사를 취하고 있지는 않다. 그러나 김기림은 짧은 시적 흐름

속에서도 인물의 환경이나 관계를 명증하게 드러내고 있다. 그러한 효과는 일상적이고 습관적일 수 있는 행위나 모습을 순간 포착하여 이미지나 이야기로 형상화한 시적 감각에서 비롯된다고 할 수 있다.

인간 삶의 중요한 시간을 다룬다는 측면에서 문학은 늘 '실존적'이다. 여기서의 '실존'이란 개인 자신에 의해 즉각적이고 직접적으로 경험된 바의 인간적 실존을 의미한다.[30] 기행시는 그 특성상 여행자의 공간 이동이 전제되고 있기 때문에, 물리적 시간을 표상하는 시어들의 빈도수가 많은 편이다. 그렇게 형상화된 시간들은 여행자의 주관적 시간의식에 의해 선택되고 배제되는 것이라고 할 수 있다.

4. 자아/객체의 공간적 인식과 타자화

물리적 시간, 제의적 시간, 절대적(자연적) 시간 등의 객관적 시간 개념과 내적·외적 체험의 시간을 모두 수렴할 수 있는 것이 문학적 시간 개념이라고 전술한 바 있다. 그러나 문학은 주관적 시간에 의해 구성되기 때문에 작품 분석 역시 주관적(심리적) 의식을 중심으로 이루

---

29   백석은 「八阮」에서 "계집아이는 몇해고 內池人 駐在所長 집에서 / 밥을 짓
      고 걸레를 치고 아이 보개를 하면서 / 이렇게 추운 아침에도 손이 꽁꽁 얼어
      서 / 찬물에 걸레를 쳤을 것이다"라고 하였고, 이용악은 「제비 같은 少女야」
      에서 소녀를 가리켜 "어느 凶作村이 보낸 어린 犧牲者냐"라며 그들의 처지에
      연민을 표하고 있다.(백석, 이동순 편, 『백석시전집』, 창작과비평사, 1987, 94쪽 / 이용악, 윤
      영천 편, 『이용악시전집』, 창작과비평사, 1988, 34쪽)

30   한스 마이어호프, 『문학 속의 시간』, 이종철 옮김, 문예출판사, 2003, 45-46쪽.

어질 수밖에 없다. 주관적 시간은 객관적 시간과 달리 가역적이며 상대적이다. 이러한 문학적 시간의 가역성은 연상이나 기억, 꿈, 환상의 형식으로 제시되며, '자유연상'이나 '내적 독백'의 기법 등으로 나타난다.[31] 주관적 시간의 형상화는 자아의 내면을 시적 대상으로 할 때 가장 선명하게 드러나는데, 김기림의 기행시 중에서는 일본 유학 중 쓴 시들이 적절한 예라고 할 수 있다. 이들 시에서 김기림은 시적 자아라는 대상과의 적절한 거리 유지를 위해 공간적 인식을 전면화하고 있다. 반면 사물처럼 공간적인 객체와의 원거리는 자아나 등장인물의 행위를 통해 근접시키고 있는데, 그러한 예들은 김기림 기행시의 즉물시 형식에서 확인할 수 있다.

4.1. 이방 의식과 자아 정체성

김기림은 기행시들에 여행지와 관련된 큰 제목을 두고, 그 여행의 과정을 단편의 시들로 형상화하고 있다. 이러한 종류의 작품으로는 「제물포풍경」 8편, 「함경선 오백킬로 여행풍경」[32] 14편, 「동방기행」 10편, 「유람뻐스」 5편, 「관북기행」 19편 등이 있다. 이들 중에서도 인천을 여행하면서 쓴 「제물포풍경」과 '동북제대' 유학 시절 일본의

---

31 이승훈, 앞의 책, 53쪽.

32 「咸鏡線 五百킬로 旅行風景」에는 원래 8편의 시가 더 있었다. 「海水浴場」, 「高遠附近」, 「元山以北」, 「不幸한 女子」, 「新昌驛」, 「뽀이」, 「食虫」, 「바다의 女子」 등이 그것이다.(김학동 편, 『김기림전집』 1의 부록1 참조)

사적지를 여행하면서 쓴 「동방기행」 등의 시편들은 시적 자아의 소외의식을 주제로 한다.

> (가) 낯익은 강아지처럼 / 발등을 핥는 바다 바람의 혀빠닥이 /
> 말할 수 없이 사롭건만 / 나는 이 港口에 한 벗도 한 친척
> 도 불룩한 지갑도 호적도 없는 / 거북이와 같이 징글한 한
> 異邦人이다.
>
> 　　　　　　　　　　　　　　　　　「濟物浦風景-異邦人」 전문
>
> (나) 언제고 이게 내 고향이거니 하고 맘 놓은 적은 없다. / 山넘
> 어 들건너 구름 속에도 / 永久한 時間의 未來 속에도 내 찾
> 아갈 「約束」은 없다. // (중략) // 나를 얽매인 이 現在로부터
> / 나는 언제고 脫走를 계획한다. / 마음이 추기는 진정하지
> 못하는 소리는 오직 / 「가자 그리고 돌아오지 마자」
>
> 　　　　　　　　　　　　　　　　　「東方紀行-序詩」 부분
>
> (다) 함뿍 비에 젖은 나루배 燈불 하나 / 저므는 바다를 오락가
> 락 밤을 짭니다. // 소라처럼 슬음을 먹음고 나도 / 두터운
> 沈黙의 껍질 속으로 오무라듭니다.
>
> 　　　　　　　　　　　　　　　　　「東方紀行-鎌倉海邊」 전문

위의 시들에는 이방인으로서의 소외의식이 부각되고 있는데, 한편으로 이러한 의식은 '외롭지만 아무 곳에도 뿌리를 내리지 않으려는'[33] 김기림 기행시의 본질이기도 하다. 이 외에도 「제물포풍경」 중 「고독」, 「파선」, 「대합실」 등과, 「동방기행」 중 「궁도」, 「선대」, 「중선

사호」, 「창포전해수욕장」 등의 시에서 고독과 소외의 모습들이 형상
화되고 있다.

(가)는 '제물포 항구'에 도착한 시적 자아의 소회가 형상화된 시
다. "강아지처럼 발등을 핥는 바다 바람의 혀빠닥"이라는 공감각적
표현에서 낯선 공간에 대한 시적 자아의 어색함이 사라지는 듯하지
만, "거북이"라는 객관적 상관물로 타자화된 그의 모습은 "징글한 이
방인"일 뿐이다. 그러나 그 모습은 김기림이 여행의 목적을 위해 의도
한 것이었음을 알 수 있다. 시적 자아는 "벗"이나 "친척", "지갑", "호
적"도 없이 "항구"에 내던져져 있다. 물론 그것은 자기 스스로 선택
한 방법이기에 "징글한 이방인"으로서의 소외를 감내해야 한다. 낯선
"항구"에 오기 전까지 시적 자아는 "호적"이나 "친척"과의 관계로 검
증되는 집단적 정체성의 공간과, 경제적 능력에 의해 질이 달라지는
삶의 공간에 익숙해 있었다. 하지만 두 공간 모두에 문제가 있음을 깨
달은 시적 자아는 그곳을 벗어남으로써 진정한 변화를 기대한다. 김
기림은 그의 시들 전편에서 "바다"를 대표적인 희망의 거점으로 삼고
있다. 이런 측면을 고려할 때, 이 시의 자아는 희망이 잠재된 공간에서
의도적으로 외로움을 선택하여 자신을 정화시키려는 것이다. 공간을
바꾼다고 해서 자신과 사회의 근원까지 변화시킬 수 있는 것은 아니
지만, 이방 의식에서 비롯되는 소외감은 시적 자아에게 근대적 개인
의 본질을 각인시키고 있다.

—— 33 신범순, 앞의 글, 94쪽.

(나)는 시공간적 동일성을 획득하지 못한 시적 자아가 "얽매인 현재"에서 "탈주"를 계획한다는 시다. 여기서 "고향"은 "찾아갈 약속"이 있는 거시적인 의미의 시공간이다. 시적 자아가 생각하기에 그 "약속"은 영원히 존재하지 않는다. 그것은 "얽매인 현재"를 "탈주"하는 끊임없는 변화 속에만 존재하고, 그 변화를 받아들이는 한 시적 자아는 영원한 이방인이 될 수밖에 없다. 이 시를 쓸 당시 김기림은 식민지 현실의 억압적 상황과 불안정한 세계정세 속에서 지식인으로서의 정체성 혼란에 직면해 있었다. 더불어 절친한 친구였던 시인 이상의 죽음은 "무성한 우울"이 비롯된 요인들 중 하나였다고 할 수 있다. 시적 자아가 지속적인 변화를 시도하였음에도 불구하고, 「동방기행」시편의 대부분에서 그는 심리적 동요에 의한 자기 경계를 구축한다.

(다)는 이방의식에 의해 단절감을 느낀 자아가 내면으로 빠져드는 풍경이 비유적으로 형상화되어 있다. "바다"에 "밤"이 퍼지는 것처럼 시적 자아는 "침묵의 껍질 속"으로 "오무라"든다. 1연이 객관적 시간을 시각적 이미지로 시화하고 있다면, 2연은 주간적(심리적) 시간을 공간화한 형태다. 이 시는 "나"를 "비에 젖은 나루배 등불"이나 '슳음을 먹음은 소라'로 타자화함으로써 감상으로 와해될 수 있는 시적 거리를 유지한다.

「동방기행」의 다른 시들에서도 시적 자아는 시공간적 이방인의 모습으로 타자화되고 있다. 그러나 연작시의 마지막엔 '방금 눈을 뜬 비둘기 같은 윤선들'이 "기빨을 물고 푸른 숲"(「東方紀行-神戶埠頭」)으로 흩어진다고 하여, 외로움이나 슬픔에서 벗어난 미래지향적인 자신의 또 다른 모습을 제시한다.

4.2. 동일한 대상, 다른 시선의 즉물시[34]

김기림의 사물에 대한 선호는 모더니즘적 시공간의 인식에서 비롯된다. 그의 기행시에는 기차나 선박, 비행기 등이 빈번하게 등장하며, 그들과 연관된 바다, 항구, 대합실, 역, 호텔 등도 주요한 공간으로 형상화되고 있다. 그러나 기차를 비롯한 속도 빠른 근대적 이동 매체들은 여행자의 시선을 바깥 풍경에서 내부로 전이시켜, 객실 안에 있는 사람들을 관찰하게 하거나 자기 내면으로 침잠케 하여 사념 속에 빠져들게 한다.[35] 근대적 이동 매체의 이러한 특성은 여행자의 눈과 관찰 대상과의 거리를 필요로 한다는 점에서, 주체와 타자가 구성되는 근대적인 원리를 물질적으로 구현한다.[36] 김기림의 기행시는 객실 안의 사람들보다 근대적 이동 매체를 비롯한 사물과 '인식틀로서의 풍경'[37]에 깊은 관심을 표방하고 있다. 특히 같은 사물을 체험이나 관점에 따라 다른 형태로 형상화함으로써, 동일한 시적 대상에 대한 다양한 인식을 표출하고 있는데, 이는 '기차'를 대상으로 하는 시편들의 비교를 통해 확인할 수 있다.

---

34 김기림은 "시인은 그의 「엑스타시」가 어떠한 인생의 공간적·시간적 위치와 사건과 관련하고 있는가를 보여주어야 할 것이다. 그는 항상 卽物主義者가 아니면 아니된다."고 하며 시의 모더니티의 방향을 제시하고 있다.(김기림, 김학동·김세환 편, 『김기림전집』 2, 심설당, 1988, 80쪽)

35 박천홍, 『매혹의 질주, 근대의 횡단』, 산처럼, 2003, 285-287쪽.

36 이경훈, 『오빠의 탄생』, 2003, 문학과지성사, 106쪽.

37 가라타니 고진, 『일본 근대문학의 기원』, 박유하 옮김, 민음사, 1997, 32쪽.

(가) 「레일」을 쫓아가는 汽車는 風景에 대하야도 파랑빛의 「로
맨티시즘」에 대하야 도 지극히 冷淡하도록 가르쳤나 보다.
그의 끝없는 旅愁를 감추기 위하야 그는 그 붉은 情熱의
가마 우에 검은 鋼鐵의 조끼를 입는다. / 내가 食堂의 「메
뉴」 뒷등에 / (나로 하여곰 저 바다까에서 죽음과 納稅와 招待狀과 그
수없는 結婚式請牒과 訃告들을 잊어버리고 저 섬들과 바위의 틈에 섞여
서 물결의 사랑을 받게하여 주옵소서) / 하고 詩를 쓰면 機關車란
놈은 그 둔탁한 검은 갑옷 밑에서 커 - 다란 웃음소리로써
그것을 지여버린다 / 나는 그만 화가 나서 나도 그놈처럼
검은 조끼를 입을가 보다하고 생각해 본다.

「汽車」 전문

(나) 모닥불의 붉음을 / 죽음보다도 더 사랑하는 금벌레처럼 /
기차는 / 노을이 타는 서쪽 하늘 밑으로 빨려갑니다.

「濟物浦風景-汽車」 전문

(다) 移民을 태운 시컴언 汽車가 갑자기 뛰여들었음으로 瞑想
을 주물르고 있던 鋼鐵의 哲學者인 鐵橋가 깜짝 놀라서 투
덜거립니다. 다음 驛에서도 汽車는 그의 수수낀 로맨티시
즘인 汽笛을 불테지. 그렇지만 移民들의 얼굴은 車窓에서
웃지 않습니다. 機關車에게 버리운 연기가 산냥개처럼 검
은 철길을 핥으며 汽車의 뒤를 따라갑니다.

「三月의 씨네마-北行列車」 전문

위의 시편들은 근대인의 시간관념을 변화시킨 기차를 시적 대상

으로 하고 있다. 기차의 빠른 속도와 출발의 규칙성 및 반복성은 근대인의 일상적인 삶도 기계적인 리듬으로 대체시켰다.[38] 속도와 규율성의 상징이라는 측면에서 기차에 대한 기본적 인식은 동일하지만, 시적 접근 방식의 차이에 따라 미학적 구조는 모두 다르다.

(가)는 (나), (다)와 달리 시적 자아가 드러나 있으며, 기차에 직접 탑승하고 있는 상황이다. 기차에 대해 "풍경"이나 "로맨티시즘"에 "냉담"하면서도 "붉은 정열"을 소장한다고 함으로써, 시인은 기차로 상징되는 근대 문명의 절제와 역동성을 동시에 강조하고 있다. '절제의 미학'은 김기림의 시에서 사물의 의인화나 시적 자아의 위치 최소화, 이미지의 낯선 조합 등으로 구조화되면서 '시적 거리두기'의 기율이 되고 있다. 이 시는 "기차"와 "나"의 대결구도에 의해 긴장감이 조성되고 있다. 그러나 시적 자아가 쓴 "시"를 기차가 지워버리고 시적 자아가 기차에 우호적으로 생각함으로써, 둘의 관계는 균형을 상실하고 기차의 일방적인 우위로 기울어진다. 시적 자아는 "메뉴 뒷등"에 썼다는 낭만적 도피성의 시 때문에 자신에게 화를 내고 있다. "센티멘털리즘"적 시에 대해 김기림은 "탁류"라 칭하며, "모랄리틔"로 변화되어야 함을 강조한 바 있다.[39] 그것은 식민지 현실과 근대의 진정성을 시 속에 수렴하지 못하는 자신에게 던지는 경구이기도 하다. 그러나 한편으로 그는 시인으로서의 자존심을 지키고자 한다. "나도 그놈

---

38 김중철, 「근대 기행 담론 속의 기차와 차내 풍경」, 『우리말글』 통권33호, 우리말글학회, 2005, 315쪽.

39 김기림, 「詩論」, 김학동 편, 『김기림전집』 1, 심설당, 1988.

처럼 검은 조끼를 입을가 보다하고 생각해 본다"는 구절에 드러나듯, 좋다고 무작정 추종하기보다는 먼저 생각해봄으로써 거리를 두는 것이다.

(나)는 시적 자아가 부재하며, 기차의 모습이 시각적 이미지로 짧게 형상화된 시다. 전체적으로 붉은 색채가 부각되는 가운데, "모닥불"과 "노을", "죽음"과 "서쪽", "금벌레"와 "기차"가 대응 관계를 형성하고 있다. 이들의 관계는 이미지의 미학적 구성 뿐 아니라, '창세신화(천지개벽신화)'와의 연관적 측면에서 분석이 가능하다. 함경남도 지역에서 전승되는 서사무가인 〈창세가〉[40]에는, 인류의 시원이 하늘에 있고 벌레로부터 진화하였음[41]이 밝혀져 있다. 또한 불의 시원은 마찰에 의한 것이 아니라 충돌에 의한 것[42]이라고 하여, 남성적이며 동적인 문화의 성격을 말해주고 있다. 손진태가 채록한 『조선신가유편』이 1923년에 간행되었다는 점과, 이 신화의 전승지가 함경도 지역이라는

—— 40 1923년 8월 12일 함경남도 함흥군 운전면 본궁리에서 女巫 금쌍돌이가 구연한 것을 손진태가 채록하여 『조선신가유편』에 수록한 창세신화다. 내용은 신화소별로 천지의 분리, 해와 달의 조정, 의복의 마련, 물과 불의 발견, 인류의 시원, 人世 차지 경쟁 등으로 요약할 수 있다.(국어국문학편찬위원회, 『국어국문학자료사전』下, 한국사전연구사, 1994)

—— 41 '태초에 땅과 하늘이 맞닿아 있었다. 땅과 하늘은 미륵이 밀어 올려 천지개벽이 일어났다. 미륵의 두 눈이 해와 달이 되었다. 어느 날 미륵은 두 손에 금쟁반과 은쟁반을 들고 하늘에 빌어 금벌레와 은벌레를 다섯 마리씩 받아 이 벌레들을 남자(금벌레)와 여자(은벌레)로 변화시켜 부부를 맺게 하였다.'(국어국문학편찬위원회, 위의 책)

—— 42 '미륵은 쥐의 말을 듣고 금덩산으로 들어가서 차돌과 시우쇠를 톡톡 쳐서 불을 만들어내고'(국어국문학편찬위원회, 앞의 책)

점 등에서 김기림과 '창세신화'와의 연관성을 추측하는 것이 무리는 아니라고 판단된다. '창세신화'를 바탕으로 분석할 때, 이 시의 이미지는 신화적 상징의 차원에서 해석될 수 있다. 특히 남성을 상징하는 신화적 요소인 "금벌레"와 "불"에 "기차"를 비유함으로써, 시인은 인간의 시원과 근대 문명을 창조의 차원에서 등가화하고 있는 것이다.

(다)는 시적 자아가 먼 거리에서 기차를 바라보며 쓴 시다. 이 시는 기차에 대한 주관적인 이미지와 "북행열차"라는 특수한 공간 속의 "이민들" 이야기가 조합되었다는 측면에서 앞의 시들과는 또 다르다. 19세기 중엽부터 시작된 조선인의 만주 이주는 1931년 만주사변 이후 농민이나 지식인을 중심으로 지속적으로 증가하였다. 만주에서도 조선인은 일본인과 중국인에게 차별과 질시를 받는 입장이었지만, 그것을 감수하고라도 떠날 만큼 식민지 조선의 현실은 곤핍하였던 것이다.[43] 이 시는 당대의 현실 문제에 접근하고 있다는 점에서 김기림 기행시의 시각 확장의 가능성을 보여주고 있다. 한편 이 시는 "기차"의 이미지를 역동적이고 밝게 형상화한 데 반해, 이민자들의 "얼굴"은 정적이고 무표정하게 그림으로써 "기차"와 이민자들의 이미지를 대조적으로 부각시키고 있다.

감각적 이미지로 형상화한 즉물시는 시적 대상을 적절한 거리에 두고 객관화시킨다는 점에서 미적 효과를 수반한다.[44] 위의 시들은

---

43 김진희, 앞의 글, 166쪽.

44 연용순, 「김기림 시 연구: 「태양의 풍속」을 중심으로」, 『국문학연구자료비교논저』 31, 거산, 2001, 92쪽.

'기차'를 동일한 시적 대상으로 하였음에도, 시적 자아의 위치나 서사적 요소, 현실인식 등에 따라 각기 다른 구조로 형상화되고 있다. 위의 시들 외에도 사물과 근대적 공간을 형상화한 작품으로는 「제물포풍경-밤항구」, 「함경선 오백킬로 여행풍경-식당차」, 「함경선 오백킬로 여행풍경-벼룩이」, 「함경선 오백킬로 여행풍경-바위」, 「함경선 오백킬로 여행풍경-목장」, 「유람뻐스-동물원」 등이 있다.

5. 결론 및 남는 문제

기행시는 확장된 시공을 통해 타자와의 차이를 확인하면서 자기인식에 객관적 토대를 부여할 수 있다는 점에서 주목할 만한 문학적 양식이다. 특히 식민지 근대의 기행시는 기차나 선박의 여행을 통해 '새로운 감각과 인식의 장'을 개척하면서, 선형적 시간의식에 따른 진보적 세계관을 표상하고 있다는 점에서 '근대'의 발전적 의미와 연관시킬 수 있다. 그러나 한편으로 식민지의 비극적 현실과 인식이 전제될 수밖에 없다는 관점에서 볼 때, 식민지 근대의 기행시는 양가성을 내포하고 있다.

한국 모더니즘 문학의 선구자라 할 수 있는 김기림의 시가 형식과 내용 면에서 많은 부분 기행시의 요소들을 갖추고 있다는 점은 기존의 연구자들에 의해 끊임없이 지적되었다. 그러나 기행시만을 추출하여 그것의 인식과 구조 등을 맥락화한 연구는 매우 빈약한 실정이다. 또한 그 연구들에는 김기림의 시론에서 비롯되는 선입견이 기율로 작용하고 있음도 부정할 수 없다. 시인의 삶이나 시론을 비롯한 여타의 글은 그의 기행시를 이해하는데 중요한 지침서가 되지만, 무엇보다 기행시 텍스트를 정밀하게 고찰하는 작업이 우선되어야 한다. 본고는 김기림 기행시의 맥락을 시간의식을 위주로 하여 유형화해보았다. 그 결과 김기림의 기행시는 미래지향적 기대와 변화를 표방하는 시들, 가상과 실제 여행 등의 체험을 통해 문명에 대한 낭만성을 표방 하거나 식민지 현실의 풍경들을 연작시의 형태로 구성한 시들, 자아와 객체를 시적 대상으로 하여 주관적 의식과 공간적 인식의 균형적 교직을 형상화한 시들로 분류할 수 있었다. 이러한 유형화 과정에서, 김기림의 기행시에 창세신화가 배경이 되고 있다거나, 이방의식의 소외감이 근대 개인의 본질로 연결되고 있다거나, 연작 기행시의 시편들을 유기적으로 읽을 때 비로소 서사적 의미구조가 구축됨을 알 수 있었다.

본고에서 김기림의 기행시를 유형화하는데 시간의식을 분석틀로 도입한 것은, 시적 자아의 인식 변화가 곧 시간의 양상으로 나타나기 때문이며, 또한 시적 자아나 등장인물의 공간 이동에 균질적이고 선형적인 근대의 시간 개념이 전제되기 때문이다. 다시 말해 시간의식을 통해 '근대적 주체와 객체'를 동시에 파악할 수 있는 것이다. 더불어 그러한 시간의식은 공간적 인식에 의해 시적 거리가 조절되고 있음도 확인할 수 있었다. 김기림 뿐 아니라 대개의 동시대 시인들이 기행시 형식의 시편들을 작품의 궤적에 포함시키고 있는 것은 이러한 이유 때문이다.

본고는 시간의식에 의해 김기림의 기행시를 유형화함으로써, 한국 기행시 연구의 한 맥락을 형성하는데 의미를 두고자 하였다. 그러나 기행시의 개념에 부응하는 적용 범위 논란이나, 시간의 종류 구분에 대한 객관성 여부는 여전히 문제점으로 남는다. 시간의식만으로 한편의 기행시를 완벽하게 분석할 수는 없다. 다만 시적 자아의 인식과 시간의식이 등가관계를 형성하고 있기 때문에, 기행시 연구에 우선적 요소가 되는 것은 분명하다.

이와 더불어 김기림의 기행시는 백석이나 이용악, 정지용, 오장환, 임화 등 당대의 기행시와 비교할 수 있는 면면들이 다양하다. 이러한 측면에서 근대의 기행시를 총체적으로 비교 연구함으로써 한국 시사의 연구 범위와 시적 양식의 다양성 확장이 가능하리라 기대하며, 그러한 연구에 일조할 수 있다는 점에 본고의 의미를 두고자 한다.

참고문헌

1. 기본자료

김기림, 김학동 편, 『김기림전집』 1, 심설당, 1988.

김기림, 김학동·김세환 편, 『김기림전집』 2, 5권, 심설당, 1988.

김학동, 『김기림 평전』, 새문사, 2001.

2. 단행본

김우창, 『김우창전집』1, 민음사, 1977.

김유중, 『한국모더니즘문학의 세계관과 역사의식』, 태학사, 1996.

김재용, 『협력과 저항』, 소명출판, 2004.

김준오, 『시론』, 삼지원, 1982.

김헌선, 『한국의 창세신화』, 길벗, 1994.

김현주, 『한국 근대 산문의 계보학』, 소명출판, 2004.

남진우, 『미적 근대성과 순간의 시학』, 소명출판, 2001.

박천홍, 『매혹의 질주, 근대의 횡단』, 산처럼, 2003.

박철희, 『한국시사연구』, 일조각, 1984.

소광희, 『시간의 철학적 성찰』, 문예출판사, 2001.

신범순, 『한국현대시사의 매듭과 혼』, 민지사, 1992.

유종호 외 31인, 『현대 한국문학 100년』, 민음사, 1999.

이경훈, 『오빠의 탄생』, 문학과지성사, 2003.

이승훈, 『문학과 시간』, 이우출판사, 1983.

이진경, 『근대적 시·공간의 탄생』, 푸른숲, 1997.

이효덕, 『표상 공간의 근대』, 박성관 옮김, 소명출판, 2002.

정순진 편, 『김기림』, 새미, 1999.

최종렬, 『타자들』, 백의, 1999.

가라타니 고진(柄谷行人), 『일본근대문학의 기원』, 박유하 옮김, 민음사, 1997.

마키 유스케(眞木悠介), 『시간의 비교사회학』, 최정옥·이혜원·박동범 옮김, 소명출판, 2004.

이마무라 히토시(今村仁司), 『근대성의 구조』, 이수정 옮김, 민음사, 1999.

Bergson, H, 『의식에 직접 주어진 것들에 관한 시론』, 최화 옮김, 아카넷, 2001.

Bohrer, K.H, 『절대적 현존』, 최문규 옮김, 문학동네, 1998.

Hauser, A, 『문학과 예술의 사회사』 4(개정판), 백낙청 옮김, 창작과비평사, 1999.

Husserl, E, 『시간의식』, 이종훈 옮김, 한길사, 1996.

Koselleck, R, 『지나간 미래』, 한철 옮김, 문학동네, 1998.

Meyerhoff, H, , 『문학 속의 시간』, 이종철 옮김, 문예출판사, 2003.

3. 논문

김준오, 「자아와 시간의식에 관한 시고」, 『어문학』 통권33호, 한국어문학회, 1975.10.

김중철, 「근대 기행 담론 속의 기차와 차내 풍경」, 『우리말글』 통권33호, 우리말글학회, 2005.

김진희, 「1930-1940년대 해외 기행시의 인식과 구조」, 『현대문학의 연구』 33호, 한국문학연구학회, 2007.11.

문혜원, 「김기림 시론에 나타나는 인식의 전환과 형태 모색」, 『한국문학이론과 비평』 23집, 한국문학이론과 비평학회, 2004.6.

방민호, 「김기림 비평의 문명비평론적 성격에 관한 고찰」, 『우리말글』 통권 34호, 우리말글학회, 2005.8.

서경석, 「만주국 기행문학 연구」, 『어문학』 통권86호, 한국어문학회, 2004.12.

소광희, 「시간·자아·역사」 II, 『철학연구』 11집, 철학연구회, 1976.

엄성원, 「김기림 시와 시론의 근대성 연구」, 『한국문학이론과 비평』 23집, 한국문학이론과 비평학회, 2004.6.

연용순, 「김기림 시 연구: 「태양의 풍속」을 중심으로」, 『국문학연구자료비교논저』 31, 거산, 2001.

이광호, 「기행의 문법과 시적 진화」, 『작가세계』 1992.6, 세계사.

이근화, 「김기림 시의 언어와 근대성」, 『국어국문학』 141권, 국어국문학회, 2005.

이기상, 「시간, 시간의식, 시간존재」, 『과학사상』 2000.2, 범양사.

이미경, 「김기림 모더니즘 문학 연구」, 『현대문학연구』 91집, 현대문학연구회, 1988.

이숭원, 「김기림 시 연구」, 『국어국문학』 104권, 국어국문학회, 1990.12.

전동진, 「시간의식과 장르에 관한 연구」, 『현대문학이론 연구』 28집, 현대문학이론학회, 2006.

정상우, 「개항 이후 시간관념의 변화」, 『역사비평』 2000.봄, 역사비평사.

차혜영, 「1920년대 해외 기행문을 통해본 식민지 근대의 내면 형성경로」, 『국어국문학』 137권, 국어국문학회, 2004.9.

한상규, 「1930년대 모더니즘문학에 나타난 미적 자의식에 관한 연구」, 『현대문학연구』 101집, 현대문학연구회, 1989.

한종수, 「김기림 초기 시에 나타난 현실인식 연구」, 『한국언어문학』 45집, 한국언어문학회, 2000.12.

윤후명 여행소설의 고향 강릉과 자아 찾기[*]

이미림(강릉원주대학교)

1. 자전적 소재와 윤후명

시로 출발하여 소설로 전환한 윤후명 소설은 자아반영성과 환상적 기법, 메타픽션적 특징을 지닌다. 누란과 돈황, 실크로드, 러시아, 쿠바, 유럽 등의 이국공간을 배경으로 파편적이고 비유기적인 여행구조와 여성과의 만남 속에서 현대인의 실존적 성찰과 자의식을 탐색하는 그의 문학은 여행서사, 여성타자와의 조우, 현실(이쪽)과 가상(저쪽), 존재의 시원, 자아 확인, 외국공간 확대 등 동시대작가와 차별화된 유니크한 작품세계를 구축하고 있다. 존재의 불안과 방황의 실체를 그

---

　*　이 글은 『한민족어문학』 제68집, 한민족어문학회, 2015년 4월에 수록된 「자전적 소재로 본 윤후명 여행판타지의 함의: 「가장 멀리 있는 나」, 「강릉/모래의 시」, 「강릉/너울」을 중심으로」를 수정해서 재수록한 논문이다.

리는 여행판타지는 불안의식과 자아 확인이라는 추상적이고 낭만적인 주제의식을 동반한다. 여행자는 정상적인 가정을 이루거나 안정된 직업을 갖지 않는다는 점에서 일탈적이고 비일상적이며, 현대인의 불안감이 깔려있다. 대표작인 『협궤열차』와 「하얀 배」에 나타나는 옛것에 대한 회고와 그리움, 소멸의식으로서의 공룡, 협궤열차 이미지나 이국적인 동식물과 전설 및 신화적 소재는 환상성을 특징으로 한다.

윤후명 문학에 대한 기존평가를 살펴보면, 자아발견과 세계와 우주의 본질 탐구 및 근원적 탐색으로 보는 관점(문홍술), 그리움과 외로움의 작품세계(권명아), 자전적 소재로서의 사소설적 측면(최현주)에서 연구되었다. 이지은은 개인의 일상과 내면세계에 초점을 둔 작가로 새, 서역, 나무 등의 상징적 이미지와 서정적 특질이 윤후명의 특징이라 평가하고 있고, 강은정은 회상과 연상에 의한 의식의 흐름기법과 현실성의 결여를 통한 현대인의 고독한 존재론적 모습들을 고민하는 주제가 드러난다고 보았다. 안성수는 이상문학상 수상작인 「하얀 배」를 연구대상으로 민족어와 백의민족과 대면하며 민족 정체성을 형상화하고 있다는 점에서 소설사적 의미를 부여한다. 이와 같이 윤후명 문학은 기법적 측면이나 환상적 소재를 통한 정체성 확립으로 귀결됨으로써 자아에의 몰입 혹은 현실인식의 부재라는 평가를 받는다. 이에 대해 고명철은 윤후명의 실크로드 여행서사가 4.19의 격변, 1980년대 광주민주화운동 속에서 자기존재에 대한 문제의식과 무관하지 않으므로 탈사회적(혹은 탈정치적) 맥락으로만 이해하는 것을 지양해야 한다고 하였고, 김윤식은 아득한 환각(이미지), 울림의 소설, 서사구조의 빈약과 같은 비산문적이고 매우 낯선 그의 문학이 확실한(현실적) 것과

닿아 있다면서 윤후명은 자기 얘기를 '자기 얘기로' 쓰는 특이하고도 뚜렷한 작가라고 평가한다. 이에 동의하면서 자전적 요소와 현실문제가 구체적으로 제시되지 않은 채 기법적·상징적 측면에만 치우친 기존의 연구경향에서 벗어나 작가연보, 산문집, 소설 속의 '자기 얘기'를 추적하고자 한다. 작품과 작가는 분리될 수 없으며, 작가의 성장과정은 창작배경에 영향을[1] 끼치는데 윤후명의 경우 원형모티프와 방황의 실체는 작가의 삶과 밀착되어 있다.

주인공이 방황하고 떠도는 삶의 배경엔 한국 근현대의 역사적 사건이 낳은 억압과 공포, 유배, 피신, 도망하는 삶이 드리워져 있으며 소재와 기법에서 나타나는 환상성과 낭만성을 통한 자아 찾기는 개인의 경험과 역사적인 현실문제에 기인한다. 그의 문학 속에 투영된 그리움과 기다림의 실체를 전쟁체험으로 인한 외상후 스트레스 장애[2] 그리고 모친 콤플렉스와 아비 찾기를 통한 뿌리내림 원망(願望)으로 봄으로써 소설에 나타난 방황의 근원과 태고유형(원형)을 도출할 수 있다.

---

1   박종석, 『작가 연구 방법론』, 역락, 2002, 97쪽.

2   외상이란 주체가 감당할 수 없는 강력한 자극이나 충격에 의해 입게 되는 정신적 상처이다. 제1차 세계대전을 겪으면서 이른바 전쟁 외상성 환자들이 급증했는데 이들은 일상생활이나 꿈속에서 그들이 무방비 상태로 겪어야 했던 처절한 비극의 현장을 거의 자동적으로 되풀이하고 있다. 프로이트는 어머니의 사라짐에 대한 상실과 즐거운 귀환을 의미한 아이의 포르트-다(fort-da)의 반복과 전쟁의 악몽이 반복되는 외상성 신경증 환자의 현상을 반복강박(repetition compulsion)이라고 하였다. -지그문트 프로이트, 『쾌락원칙을 넘어서』, 박찬부 역, 열린책들, 1997, 9-89, 265-266쪽 참조.

작가를 쫓기듯 방황하게 한 사건은 6.25이다. 고향 강릉에서 전쟁을 겪은 1946년생인 작가는 전쟁 중에 아버지를 잃고 고향에 덩그러니 남는다. 텅빈 마을과 '하얀 길', '하얀 신작로'로 표상되는 전시상황 속의 고향 이미지는 어린 소년을 막연한 불안감과 공포 그리고 외로움과 그리움의 감정으로 각인시킨다. "어머니와 나만을 두고 모두 떠나버린 외로운 유배"[3]였던 고향 풍경은 두려움과 공포의 순간으로 기억되고 무의식 속에서 작가의 삶을 지배한다. 어린 자식의 병간호를 위해 피난을 포기한 청상의 어머니가 당했을 고통을 지켜본 작가는 아버지와 옆집소녀의 죽음, 어머니의 재혼, 친부 죽음에 대한 의혹, 양부와의 가족 형성, 탈고향, 생계의 고달픔, 늦깎이 신인작가로서의 경험을 통해 일생동안 정착하지 못하고 자신을 방관하며 여행하는 타자적 삶을 영위한다. 이러한 개인적 소재는 소설 속에 전경화되고 흐릿하게 제시되면서 주도모티프와 여행서사구조, 여성과의 일탈, 정체성 탐색의 근원이 되고 있다.

전쟁 트라우마는 파편화되고 명확하지 않은 기억 속에 자신을 가둔 채 산산조각이 난 분열자아로 살아가게 한다. 재난은 '삶과 사회를 변화시키는 큰 사고'로서 '인간이 어찌할 수 없는 불의의 사고'[4]를 뜻

—— 3 윤후명, 『꽃』, 문학동네, 2003, 67-68쪽.

—— 4 '뜻밖에 일어난 커다란 재앙으로 겪는 어려움'을 뜻하는 한자어 災難의 다른 말인 災殃 역시 '하늘이 내리는 벌'을 의미한다. 재난을 뜻하는 영어 'disaster'로 '부족함, 결핍, 나쁜'의 의미를 가진 그리스어 'δυσ-'(lack of, bad)와 '별 혹은 행성'을 가리키는 'αστηρ'(star, planet)가 결합되어 생긴 단어로 '별의 위치가 잘못 되어 발생한 재양'으로 새겨지는 재난은 점성술적 성격을 가진다.-문강형준, 「왜 '재난'인가?: 재난에 대한 이론적 검토」, 『문학과학』 제72호, 2012.겨

한다. 어린 소년이 겪은 전쟁은 끔찍한 재앙이자 엄청난 스트레스로 공간(고향)상실, 모친 콤플렉스, 아비 찾기로 귀결되어 독창적인 작품 세계를 구축한다. 집단적 트라우마로 남은 3년간의 전쟁은 한 개인을 고통의 나락으로 떨어지게 했다. 폭력과 피난, 공포와 전율의 집단기억을 남긴 전쟁은 우리 민족에게 상실과 부재의 상처를 남겼다.

그의 문학은 전쟁의 폭력성과 외상을 감당할 수 없어 모더니즘 기법을 수용한 이제하나 김승옥 문학과 비견되는데, 모더니즘 성장소설은 감당하기 어려운 외상과 그 근원인 현실을 분열의 형식[5]하에서 시적 표현, 수필적 서사, 해체된 소설 구성으로 실험적이고 퓨전화되어 있다. 전쟁은 많은 것을 앗아갔는데, 친부의 석연치 않은 죽음에 대한 의문과 무덤을 찾아 헤매는 일은 자기를 찾는 일이기에 방황하는 삶의 형태에 관여한다. '변소구멍의 한 남자'는 아버지 얼굴과 겹쳐지면서 소년의 내면에 깊은 상처[6]와 풀리지 않은 숙제로 남는다. 친부와 의부, 두 아버지를 둔 작가의 오이디푸스 콤플렉스는 뿌리내리지 못하고 방황하는 근거이기도 하다. 소설 속의 양아버지에 대해서는 구체적 언급이 없지만 소년의 삶에 긍부정적으로 영향[7]을 끼쳤을 것이

울호, 20쪽.-윤후명 문학의 별, 행성에 대한 묘사는 전쟁 재난과 연결되고 있음을 알 수 있다.

— 5 나병철, 『가족로망스와 성장소설』, 문예출판사, 2007, 441쪽.

— 6 이청준 소설의 '전짓불 모티프'와 같이 작가는 북한사람들이 점령했을 때 어떤 혐의로 어머니와 끌려간 적이 있었다고 고백하고 있다. 작가가 본 변소구멍의 남자는 아버지의 죽음과 중첩되면서 트라우마로 남게 된다.

— 7 부대의 젊은 법무장교였던 양아버지는 자신을 키워준 은인으로 권위의 상징인 군 지프차를 타고 전방 곳곳을 누비던 사람이었지만 오일륙 군사혁명이

다. 6.25는 친부를 죽음으로 몰아넣었고 5.16으로 인해 양부는 몰락하게 되며 생계의 곤란을 겪게 함으로써 어린 소년이 감당해야 했던 전쟁의 상흔과 가족해체는 정체성의 훼손과 정신적 상처, 가족질서의 붕괴를 가져왔다.

강원도 영동지역의 중소도시인 강릉에서 태어난 작가는 육군 법무관이었던 계부의 전근으로 일찍 그곳을 떠남으로써[8] 자신을 길러준 아버지이지만 혈연관계가 아니듯이 상처로 각인된 고향 강릉도 유사(類似)고향인 까닭에 자신의 정체성을 찾지 못하며 고향과 부친, 자신이 낯설고 불편해져 멀게 느낀다. 양부와의 불완전하고 불안정한 가족관계[9]가 형성된 그는 '고향'과 '가족'과 '자신'에게서 멀리 벗어나고자 한다. 타국을 방랑하고 헤매는 여행자의 목적지는 고향 혹은 고향길이지만 그곳으로부터 멀어지는데, 고향은 옆집소녀 세화와 뛰어

완성되자 현직에서 쫓겨났고 변호사 자격까지 정지당하게 됨으로써 배추농사를 하게 된 시대의 희생양이었다.-윤후명, 『나에게 꽃을 다오 시간이 흘린 눈물을 다오』, 앞의 책, 42-57쪽 참조-한국근현대의 역사적 사건은 친부와 계부, 그리고 한 가족의 삶을 비극적 상황으로 몰고 가거나 고통 받게 하였다.

—— 8   1953년 대전으로 이사한 작가는 대전 선화초등학교에 입학한 이후 춘천의 피난민 천막초등학교, 대구 수창초등학교, 경기도 양주군 남면국민학교를 거쳐 부산진초등학교에서 졸업한다. 아버지가 거의 매년 근무지를 옮겨 전국을 돌아다니며 살게 되는데, 그의 방랑과 떠돎은 이때부터 시작되고 있다.-윤후명, 「나의 문학적 자서전」, 『1995 이상문학상 수상작품집』, 문학사상사, 1995, 427쪽.

—— 9   아버지와의 갈등과 불화는 중편소설 「모든 별들은 음악 소리를 낸다」에 잘 나타나 있다. 남다른 외곬의 집착과 오기를 지닌 아버지는 사업의 잇단 실패로 어머니를 힘들게 했고, 법 전공을 권유하는 아버지와 의견이 달라 반항하고 저항했으며 그를 실컷 매도했던 작가가 그의 죽음 앞에서 눈물을 흘리는 장면이 그려진다.

놀던 곳이자 20대의 아름다운 어머니를 떠오르게 하는 곳이지만 전쟁 이후 상처와 고통으로 기억되는 공간이기 때문이다. 인간 집단에게 고향은 세계의 중심이자 강렬한 애착인 곳으로 도시나 토지는 어머니로 간주되며 그것은 자양분을 제공[10]한다. 그러나 고향(Heimat)은 '두려운 낯설음(unheimlich)'[11]으로 안식처이자 존재의 근원으로 다가갈수록 불안을 동반한다. 고향상실감이나 향수는 한국인의 마음 속 같이 자리 잡은 근원적 감정[12]이며, 윤후명 문학에 나타나는 이방인으로서의 방황과 여행도 그리움과 증오감을 동반하는 고향길로 가기 위한 여정이다. 윤후명 소설에 나타나듯이 메타픽션[13]의 자아반영적 요소는 작가들의 부단한 자기성찰과 반성일 뿐 결코 현실상황으로부터의 단순한 도피가 아니며 기존의 체계와 관습에 도전하는 참신한 저항문학이라는 점[14]에서 자기도취적이거나 내면의식만을 드러내지 않는다. 그의 대부분의 소설에서는 작가의 현실적인 정보가 실명으로 거론[15]되

— 10 이-푸 투안, 『공간과 장소』, 구동회 외 역, 대윤, 1995, 238-247쪽.

— 11 지그문트 프로이트, 『창조적 작가와 몽상』, 정장진 역, 열린책들, 1996, 97-150쪽 참조.

— 12 박정선, 「천상병 문학에 나타난 고향」, 『한민족어문학』 제65집, 한민족어문학회, 2013, 743쪽.

— 13 메타픽션은 소설쓰기에 대한 성찰을 다룬 소설 또는 소설 쓰는 과정에 대한 소설로서, 소설과 작가의 삶 그리고 소설과 비평이 뒤섞이는 소설을 지칭한다. 또한 문학과 인생, 현실과 허구를 뒤섞으며 궁극적으로는 다른 텍스트와 연결되는 상호텍스트성 이론과도 상통한다.-김성곤, 『퓨전시대의 새로운 문화읽기』, 문학사상사, 2003, 67쪽.

— 14 김성곤, 「메타픽션」, 『외국문학』 제18호, 열음사, 1989, 411쪽.

— 15 「아으 다롱디리1」에서는 '전쟁은 내 아버지를 앗아갔고, 고향을 떠나는 길을

고 소설쓰기로서의 창작방법론을 제시한다.

윤후명 소설의 특징 중의 하나는 여행 중 만난 여성과의 일탈이다. 미지의 여성들은 전쟁 중 기억된 어머니와 옆집소녀 세화의 현현으로, 아동기 초기의 외적 체험인 어머니의 모습이 늘 작가의 마음에 중심을 차지하는 모친 콤플렉스[16]에 기인한다. 어머니와 단 둘이 전쟁의 한가운데서 살아냈던 꽃다운 모친의 고행과 그녀의 재혼으로 소원해진 관계는 끊임없이 여성을 찾아 나선 작가의 방황과 그리움의 원인이 되고 있다.

이 글은 작가의 개인체험과 유년기 트라우마를 작품의 문맥 속에서 찾아내어 윤후명 소설의 비의적이고 암시적인 의미를 밝히고자 한다. 여행과 방황의 원인, 그리움과 기다림의 실체, 여행지와 환상성의 의미, 여행 중 일탈하거나 동거하는 여성의 원형을 작가의 삶 속에서 의미를 도출하고자 하는 것이 이 글의 목적이다. 또한 작가의 개인적 체험이 바탕이 된 자아정체성이 민족정체성으로 확대되고 있음을 살피고자 한다. 작가의 고향인 강릉과 개인이력이 등장하는 작품으로 장편 『가장 멀리 있는 나』와 단편 「강릉/모래의 시」, 「강릉/너울」을 연구대상으로 삼는다.

재촉'했고 아버지가 총에 맞아 두 식구라는 점과, 식물학자가 되지 못한 것에 한이 맺혔다는 고백, 고향이 강릉이라고 말하고 있으며, 「별들의 냄새」에 그려진 80년대적 한국상황 묘사나 '아버지의 묘지를 찾는 일'에 대한 서술 등 작가의 개인적 삶이 그대로 투영되고 있다.

— 16   C.G.융 외, 『C.G.융 심리학 해설』, 설영환 역, 선영사, 1986, 86쪽.

2. 여행판타지와 '가장 먼' 고향길

소설 속의 여행구조는 오래전부터 있어왔다. 신화 속의 주몽은 '아비 찾기'란 탐색의 여행을 떠나며, 이는 성숙한 남성적 세계로의 전이로서 여기서 아비란 존재는 자식들이 궁극적으로 도달해야할 인생의 지향점이나 목표점[17]이 된다. 집, 가족, 직업, 생활을 하는 일상인이 아닌 '나'는 문학 탐방, 취재 여행, 행사 진행 등의 청탁으로 인한 표면적 이유와 시국과 연관된 사건으로 도피 중이거나 아버지의 죽음에 관한 소식, 어머니의 장례의식을 위한 이면적 목적을 갖고 여행을 하고 있다.

『가장 멀리 있는 나』는 7개의 목차로 구성되며 여행지는 카리브해의 멕시코와 쿠바, 불교국인 스리랑카, 실크로드의 종착지 터키, 몽골족이 사는 칼미크 공화국, 고려인이 이주해 살고 있는 러시아부터 강릉, 남해 등의 국내까지 다양하다. 제각각의 여행과 그곳에서 만난 여성과의 일탈이 산만하게 전개되는 이 소설의 연결고리는 6.25트라우마와 가족상실을 통한 뿌리찾기이다. 자신과의 거리두기 혹은 이탈하기를 통한 자기소외를 나타내는 소설제목처럼 고국과 고향, '나'로부터 멀어지려는 주인공의 욕망은 혼란스러운 정체성의 결여와 존재의 불안 때문이다. 새천년에 발생된 스리랑카에서의 개기월식을 보며 한국의 신갈나무숲과 여성의 눈썹을 연상하는 나는 스님의 다비식에

---

17   서석준, 『현대소설의 아비상실』, 시학사, 1992, 41쪽.

서 과거의 여자가 비구니 스님이 된 사실을 알게 되고 그 여자와 하룻밤을 보냈던 술집과 여관방을 가보며 사랑의 실체 및 불완전함, 인연에의 비의, 존재감에 대한 불안을 탐색한다.

단원2에서는 남해 보리암에서 또다른 과거의 그녀와 지리산 골짜기를 탐방하면서 중국 백두산 밑 백하마을을 회상하고, 단원3에서는 멕시코와 쿠바를 여행하면서 애니깽(헤네켄이란 용설란의 일종)을 통해 일본인이 멕시코에 팔아먹은 한국인 노동자를 생각한다. 이곳에서 아버지의 무덤을 찾았다는 소식을 들은 나는 "어려서 아버지를 잃고 온갖 간난신고를 겪으며 살아온 자신의 존재"를 되돌아본다. 단원4에서는 강릉이 고향이라는 이유로 강릉문학여행이나 취재, 단오제 행사, 도시 자체를 소개하는 잡지글 기고 등의 청탁이나 부탁을 받곤 했기에 고향을 벗어나지 못하는 자신을 발견한다. 고향의 하얀 길은 삶과 사랑에 대한 미궁을 헤매는 일이며, 외로움과 그리움의 정서가 투영된 공간이다.

강릉의 대표축제 단오제

단오제가 열리는 남대천 풍경

단원5에서는 남해섬에서 가까운 도시이자 다른 사람과 결혼했던 A가 죽었다는 소식을 듣고 그녀의 고향을 탐방하며, 단원6에서는 동포들이 사는 몽골족의 나라 칼미크공화국의 길이 고향길로 느껴지는 착시 현상을 경험한다. 어려서 떠나왔기에 단편적이고 모호한 풍경으로 남은 고향에서 가장 멀리 벗어나고자 했으나 체첸 위 러시아의 남쪽이자 카스피해 북서쪽 언저리에 있는 조그만 자치공화국에서 나는 새천년의 이국땅에 있지만 1950년대 고향의 어린 자신에서 벗어나지 못했음을 확인한다. 단원7에서는 터키 취재여행에 대한 언급과 공익근무요원 A와의 만남 그리고 중앙아시아 카자흐스탄에서의 우리 민족과의 조우를 그린다. 터키여행에서도 마음의 참호에서 벗어나지 못하고 전쟁 중인 나는 자신의 삶이 "외로움과 그리움이 표독스럽게 두 개의 대가리를 꼿꼿이 쳐든 괴이한 짐승이 마침내는 개인호를 벗어나지 못하고 자멸해가는 과정"이라고 말한다. 공동체 안에서 정상적이고 일상적인 삶을 살고자 했으나 전쟁은 평범한 삶을 앗아감으로써 주인공을 정착하지 못하게 한다.

불안과 공포 속에서 급박했던 1980년대초 여행은 쫓기듯이[18] 시

---

18 ① 나는 힘겹게 힘겹게 피해다니던 몸이었고 …그토록 오랜 도피 끝에 다다른 곳이 벼랑 끝 나락이었다. ② 쫓기는 남자와 망설이는 여자는 술잔을 바꿔가며 연신 마셔댔다.(153쪽) ③ 쫓기듯 쿠바를 떠나 멕시코 땅을 밟았을 때 내 눈에 가장 먼저 띈 것이 후람보야나무였다.(183쪽) ④ 그런데도 나는 무언엔가 쫓겼다.(212쪽) ⑤ …나 역시 오랫동안 명예롭지 못한 수배자로서 쫓겨다닌 나머지 그렇게 되었을 뿐 뭐 특별히 결벽증이 있다거나 해서는 아니었다.…오래전에 이미 나는 쫓겨다니는 신세를 면했는데도 의식은 아직 나를 놔주지 않고 있는 꼴이었다.(220쪽)

작되는데, 이는 근현대사의 사건들과 불확실한 자아존재감, 뿌리와 기원에 대한 흔들림 때문이다. 어렴풋이 아버지가 의부임을 알게 되어 충격받고 전쟁 중 친부를 잃어 훼손된 삶을 영위해야 하는 어린 소년은 후견인이자 양부일 뿐인 대리부와의 관계 속에서 혼란스러움을 느낀다. 주인공이 부친을 찾는 여정은 자기 존재의 근원을 탐색하는 길이고 아울러 자식이 아비를 인식하는 행위는 자아에 비로소 눈뜨는 것이며, 자아와 대립되는 세계가 존재함을 깨닫는 것[19]이다. 이질적이고 무관한 여행지를 떠돌면서 한순간도 잊지 않는 것은 아버지의 무덤을 찾는 일[20]이다. "불편한 혹처럼 내 의식을 따라붙어 있는" 아버지의 일은 6.25때 그가 교전 중에 장렬하게 전사한 것인지 소속부대를 이탈하다가 총을 맞은 불명예 죽음인지에 대한 의혹 때문이다. 고향으로부터 멀리 떠나와도 '하얀 길'과 '변소구멍 남자'[21]에의 기억은 여행자를 따라다닌다.

일찍 고향을 떠난 나에게 그곳은 '하얀 길'로 기억되는데, 칼미크

---

19 서석준, 앞의 책, 43쪽.

20 "세상의 모든 외로운 산모퉁이 길을 돌아서 아버지를 만나러 가야 한다"라고 말하는 작가는 「모든 별들은 음악소리를 낸다」, 「아우 다롱디리1」, 「별들의 냄새」 등의 작품에서도 아버지에 대한 단상과 아비 찾기에 대한 이야기를 남긴다. 그러나 그의 아버지 찾기는 여행자 내지 유목민의 입장에서 가장 멀리 떨어지는 방식으로 이루어진다는 점에서 독특하다.

21 6.25가 시작되었을 때 작가의 나이는 다섯 살이었는데, 전쟁 중의 어느 날인가 시가전이 끝난 아침 머리를 반쯤 변소 구멍 안으로 들이밀고 쓰러져 있는 군복차림의 남자를 보았다고 한다.-윤후명, 「우리집 변소 구멍의 추억」, 『곰 취처럼 살고 싶다』, 앞의 책, 113쪽-어린 아이가 본 변소 구멍의 남자는 끔찍하고 섬뜩한 전쟁 재난의 잔상이 되어 남게 된다.

의 길을 자신의 고향길로 혼동할 정도로 나의 의식과 기억은 전쟁 당시로 머물며 아버지의 가묘를 찾아다니게 한다. 주인공에게 고향과 아버지는 유사(類似)고향이자 유사(類似)부친으로 인식된다. 고향을 지우려하지만 문학기행을 의뢰받거나 글을 청탁받아 강릉을 안내하는 여행자는 타인에 의해 강릉사람으로 인식되어 고향을 벗어날 수 없듯이 친부와 계부 사이에서 갈등하고 길항한다. 모두가 떠나버린 고향에 남아 어머니와 단둘이 공포의 나날을 견뎌야 했던 주인공에게 강릉은 파편적이고 상처로 기억되는 결핍과 절망의 공간이다. 풀리지 않는 의문을 남긴 아버지와 옆집소녀가 죽은 곳, 청상이 된 어머니의 아픔과 슬픔이 내재된 강릉은 고향이면서도 고향일 수 없는 망각과 기억의 장소이다. 6.25체험은 한국 근현대사와 함께 온 작가에게 신군부로부터의 도피와 유랑생활을 하게 했으며, 세기말의 여행자(노마드)들과 새천년의 한민족 이주자와의 만남으로 이어진다. 아버지, 고향, 뿌리, 자신의 기원에 대한 확신과 정확한 기억을 갖지 못한 여행자는 스스로가 생경하고 낯설고 어색하기에 자신, 고향, 고국으로부터 가장 멀리 떨어지고자 하나 벗어나지 못하고 있다. 매 단원마다 여행을 떠나서 여성을 만나고 고향과 부친에 대한 소식을 들으며 사색하고 성찰하는 주인공은 아버지의 죽음이 오발사고로 처리되었다는 지인의 자동응답녹음을 듣고 나서 마음의 전쟁을 끝낸다.

『가장 멀리 있는 나』가 아버지 죽음의 비밀과 흔적 찾기 여정이라면 「강릉/모래의 시」와 「강릉/너울」은 어머니와의 흐트러진 관계에 대해 성찰하는 여행이다. 암으로 죽은 어머니의 뼈를 담아 커피캔에 옮겨 고향의 바다에 뿌리는 의식을 거행하려는 「강릉/모래의 시」

의 나는 지름길을 택하지 않고 포항, 울진, 삼척을 거쳐 먼길을 돌아 오는 길을 택하며 시간을 지연시킨다. 이곳에서 나는 열아홉에 자신을 낳아 전쟁의 소용돌이 속에서 살려낸 어머니의 고단하고 가혹했던 삶을 회상하고 위기의 순간마다 놓지 않던 그녀의 손과 결별하고자 한다. 누구에게나 고향은 마침표여야 하는데 자신에게는 쉼표로 남아 있다고 고백하는 내게 고향에 대한 의미는 정리되지 않은 채 여전히 진행 중이며, 이는 트라우마와 정체성의 문제와도 연결된다.

고향과 바다와 방파제와 전쟁을 경험했던 강릉 동해바다는 죽음과 고독, 모친의 불행, 가족해체와 같은 상처로 각인된 곳이다. 이 지역의 특색 중 하나인 '솟대의 나라'로 모친을 보내려는 목적으로 먼길을 돌아온 고향에서 모종의 의식을 치르며 '인생의 목표', '의미의 완성'의 마침표를 이루고자 한다. 쿠바, 러시아, 서울, 포항에서 올라오는 7번 국도로 돌아온 고향은 상처와 마주치지 않으려고 세계를 헤맸던 주인공의 디아스포라적 삶의 궁극적인 목적지이다. 이러한 해석은 주인공이 읽은 『금강경』의 구절인 '환지본처(還地本處: 본래 자리로 돌아왔다)'나 '약견제상비상 즉견여래(若見諸相非相 卽見如來: 모든 형상이 형상 아님을 보면 바로 여래를 보나니)'에서 답을 찾을 수 있다. 나에게 "고향이란 진절머리 나는 곳일 수밖에 없었고", "그곳에서 공연히 나를 심각하게 만드는 원흉"이라고 말한다. 한순간도 잊을 수 없지만 결코 다가설 수 없는, 다가서기 싫은 고향은 유년기의 결정적 인상과 자신을 확인하는 뿌리이고 그리움과 상처의 공간이자 '종교적 공간 체험에 고유한 비균질성을 어느 정도 상치시키는 가치를 내포하는 곳'[22]으로 주인공이 떠돌 수밖에 없게 하였다.

 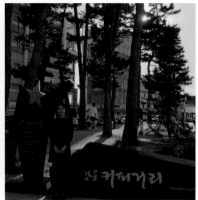

동해바다에서　　　　　　　　　　강릉커피거리

　　「강릉/너울」은 모친의 장례의식을 마친 후의 후일담이다. 죽음
의식 이후 고향을 재방문한 나는 과거에 살았던 집을 찾아 헤매며 희
미한 유소년기의 기억을 재구성한다. 그러나 화장품가게와 소방서건
물, 읍사무소, 객사문이 있던 동네에서 하나이어야 할 골목이 두 골목
으로 나타나자 집을 찾지 못하고 헤매며 마을사람들의 의심을 받는
다. "개인적인 숙제를 못 마친 듯해서 발길이 가볍지 않은" 나는 바다
로 향하지만 그곳에서도 '풍경만의 바다'가 아닌 '머릿속의 바다'로
표상되는 현실속의 공간이 아닌 가상공간의 바다를 보며 '바다는 의
미의 그물'을 던지는 것이라고 인식한다. 주인공에게 강릉과 고향과

<hr />

22　M.엘리아데는 고향, 첫사랑의 장소, 젊은 시절에 처음으로 방문한 외국도시
　　의 특정한 장소 등이 이러한 특징을 갖고 있다고 설명한다.-M.엘리아데, 『성
　　과 속』, 이은봉 역, 한길사, 1998, 57쪽.

조선시대 손님의 숙소였던 객사문   조선시대 관공서인 칠사당

바다는 현재의 공간이 아니라 텅빈 마을과 배를 타고 부산으로 '철수'
했던 '그날'에 멈추어져 있다. 나에게 고향과 바다는 현재의 시공간이
아니라 전쟁과 피난시절의 시공간으로 각인되며 어린 시절의 기억은
몽환과 환상, 여백으로 남는다.

여행은 "자기를 타자화하는 것, 그래서 자기를 들여다보게 하는
것"[23]이며, 더 나아가 자신을 객관화하고 기호화하는 것이다. 또한 문
학은 "나는 누구인가 나는 어디서 와서 어디로 가는가, 내가 추구하는
사랑의 완성은 어디에 있는가를 찾아가는 고행의 길"[24]로서 윤후명에
게 여행하기와 창작행위는 이에 대한 해답을 찾는 일이다. 주인공은
늘 먼곳을 여행하지만 여행지는 현실, 역사, 가족, 고국에 뿌리를 두고

—— 23 윤후명, 『나에게 꽃을 다오 시간이 흘린 눈물을 다오』, 앞의 책, 24쪽.
—— 24 윤후명, 『꽃』, 앞의 책, 291쪽.

있다. 국가, 가족, 민족, 자아 정체성을 확인하기 위해 길을 떠난 작가는 정주와 이주, 떠남과 머묾, 고향과 타향, 나와 타자 그리고 가족 사이에서 끊임없이 길항하고 갈등한다. 가장 밀착되어야 할 고향과 가족이 낯설고 생경한 나는 자신으로부터 멀리 벗어나고자 한다. 주인공에게 여행지는 "서울 변두리를 돌며 서글프게 웅크린 삶"에서 벗어나 "자신을 어디론가 영원히 숨겨 버리고 싶은" 욕망 속에서 먼곳으로 떠나고자 하는 공간들이다. "나는 가장 먼 길, 가장 먼 타향을 헤매다가 비로소 고향에 돌아온 사람"이라는 독백에서 여행자가 지향했던 목적지가 고향인 강릉의 동해바다와 임당동 옛집임을 알게 된다.

윤후명의 여행판타지에 나타난 회상과 연상, 기억과 망각이 시공간을 무시한 서사의 퇴행을 가져오는 이유도 전쟁 중 겪은 무질서와 혼돈, 막연함, 공백, 정리되지 않음, 공포와 외로움 자체를 드러내기 때문이다. 잘 짜여지거나 구성된 서사구조가 아닌, 흐트러지고 해체된 서사야말로 그 시절의 혼란과 정신의 여백을 표현하는데 효과적이다. 강릉 임당동의 '하얀 길'은 결핍, 죽음, 낯섦, 공포, 상처, 상실로 점철된 기억인 동시에 순수하고 행복했던 유소년기 추억이 있는 곳으로 주도모티프(leit-motif)가 되고 있다. 육이오 전쟁통에 이웃집 어린 소녀가 죽고 아버지를 잃는 내게 고향의 하얀 신작로는 방향상실과 여백이 되어 트라우마로 남는다. 작가가 다섯 살에 겪었던 전쟁은 새하얀 '빈칸'과 '공백'으로 남아 있으며, 여백을 채우지 못하는 주인공은 자아정립 및 자기구성이 미완된 채 떠돌이 운명을 갖는다. 명확하지 못한 기억들은 파편화되고 단편적으로 남아 의혹과 분열을 가져오며 스스로도 희미하고 흐릿한 존재로서 뿌리내리지 못한 삶으로 이끈다.

주인공의 방황과 부유는 폭력과 억압, 독재, 부조리와 불합리로 만연한 한국적 상황에 기인한다는 점에서 현실비판적이다.

환상성(판타지)은 일상성, 현실성과 대립되는 개념으로 '존재의 불안'을 극화하는 것이며 고요한 신비주의와 순수한 인본주의적 심리학 사이에서 좌초한 하나의 형식[25]이다. 윤후명 소설에서는 현실과 사실이 생략되어 있고, '낯설고 친숙하지 않으며 그리고 명백하게 '새롭고' 절대적으로 '다른' 어떤 것을 산출하기 위해 그 구성 자질들을 새로운 관계로 재결합하는 것과 관련[26]된 환상으로 가득 차 있다. 이국적인 지명들, 희귀한 동식물들, 몽환 속의 사건들과 잘 모르는 여성과의 섹스를 배치하고 '친숙함과 안락함과 친밀함을 낯섦과 불안과 기괴함으로 대체'[27]하는 환상적인 것을 도입한다. '꿈 사냥꾼'이라는 부제가 붙어있는 『가장 멀리 있는 나』는 연작소설 형태로 쓴 작품들[28]을 묶은 것으로 오래되고 친숙한 불안들/욕망들이 기괴한 사건들 속에서 다시 표면화되어 '억압된 것의 귀환'을 구성[29]하는 전복의 문학으로서의 환상문학으로 이끈다. 어린 시절 겪은 역사적 사건이 개인의 운명을 어떻게 바꾸어놓는지를 작가는 방황과 일탈, 여행으로 풀어놓는다. 기억이 분명하지 않은 유소년기 체험은 환상성을 특징으로 하

---

25 로즈메리 잭슨, 『환상성』, 서강여성문학연구회 역, 문학동네, 2001, 14쪽.

26 위의 책, 18쪽.

27 위의 책, 235쪽.

28 윤후명, 「작가의 말」, 『가장 멀리 있는 나』, 문학과지성사, 2001, 318쪽.

29 로즈메리 잭슨, 앞의 책, 94쪽.

며 가장 가까워야 할 고향과 모친은 '가장 멀리 있는' 혹은 '가장 먼'[30] 거리감을 느끼게 함으로써 조각조각 나누어져 파편화된 정체성의 혼란이야말로 윤후명 문학을 이해하는 단서인 것이다. 『가장 멀리 있는 나』가 친부의 죽음과 의문을 풀기 위한 여행이라면 「강릉/모래의 시」, 「강릉/너울」은 어머니의 죽음의식을 통한 영혼의 자유를 얻기 위한 여행이다. 그의 여행판타지에 나타난 전경화되고 맥락 속에 묻힌 자전적 소재가 이를 반영하고 있다. 방공호, 총살, 피난, 전쟁의 그늘이 어린 바다/방파제, 변소구명의 시체로 남아있는 '그날'의 고향풍경이 '흐릿하고 또렷하게' 상처로 각인된 작가에게 삶이란 『가장 멀리 있는 나』, 「강릉/모래의 시」에 묘사된 러시안룰렛같이 부조리하고 불합리한 운명을 거는 게임과 같은 것이다.

3. 복수자아인 타자들의 현현

여행 중 나는 여성타자와 일탈하곤 한다. 『가장 멀리 있는 나』에 등장하는 여러 명의 여성들이 동일인물인지는 주요하지 않다. 이는 그녀들에 대한 정보가 그리 많지 않다는 사실에서도 드러난다. 그녀들은 여행지에서 처음 만났거나 과거에 알았던 여자로서 담담하게 관계 맺고 미래를 기약하지 않은 채 헤어진다. 각 단원마다 등장하는

---

30 '가장 멀리 있는'은 「가장 멀리 있는 나」의 소설제목이고, '가장 먼'은 「강릉/모래의 시」 속에 등장하는 표현이다.

여성들은 이름이 존재하지 않는다. '그녀', '문학여행을 따라온 여자', '자살을 꿈꾸는 여자', '옆의 여자', '죽은 여자'로 묘사되거나 이니셜 'A', 'N'으로 불리어지며, 어린 시절의 세화만이 유일하게 이름을 갖고 있다. 그녀들은 서로 닮아 있는데, 세화는 유등제에 왔던 여자와 닮았고, 무릉도원에서 공익요원으로 근무하던 A는 터키에서 통역 겸 안내자였던 N을 연상시킨다. 유령처럼 표상되는 그녀들은 여행지에서 근대남성주체인 여행자에 의해 호명되며, '수줍음, 자기를 감춤, 신비, 빛에서 물러난 도피이자 에로스적 욕망의 대상'[31]이 되고 있다. 그녀들은 도피 중이거나 은신처가 필요한 남성에게 말 없는 이해, 환대, 영접, 수용으로 형상화되며 파악되지 않는 자 따라서 신비한 자라는 여성 은유의 오랜 전통[32]을 갖고 있다. 또한 다른 세계로 자신들을 이동시켜 성숙으로 이끄는 사이렌의 유혹 혹은 팜므파탈의 역할로 제시된다.

　신비롭고 추상적이며 비현실적인 길위의 여성들은 성숙한 남성의 여행에 보조적인 임무를 맡고 있다. 여행자의 휴식처나 피난처 역할을 하는 그녀들은 남성들이 만들어낸 젠더 역할을 수행하며, 간호와 돌봄의 젠더화된 영역에 머문다. 쫓겨 다니는 남자에게 필요한 '여자 같은 방' 혹은 '방 같은 여자'가 되는 것이다. 연인이자 보호자가 되어야 하는 여성들은 도피하는 남성의 보호처이자 은신처이며 은닉의 공간이기를 요구받는다. 여성들은 누군가의 심부름을 하고 싶어하며

―― 31　김애령, 『여성, 타자의 은유』, 그린비, 2012, 100쪽.

―― 32　위의 책, 3쪽.

남성들은 그녀에게 심부름을 시키고 싶어 한다. 그녀들은 가부장적 남성중심사회의 주변부라는 점에서 타자성을 대변한다. 시공간을 초월하여 겹쳐지고 포개지는 그녀들은 구체성이 결여 되어 있고 단독자가 되지 못한 여성 집단으로 그녀들이 죽거나 만났던 곳을 방문한다는 점에서 전쟁 중 죽은 세화와 재혼한 어머니의 현현이다. 사랑에 대한 상실과 결핍을 여성을 통해 확인하고자 하지만 메울 수 없는 간격을 만들고 – 그녀들은 한결같이 이별하며 그와 결혼하지 않는다 – 그리움과 미궁, 환상세계로 주인공의 여행은 반복되고 있다.

여행자는 오랜 도피 생활 중이고 사면된 지금도 "한국에 있으면 아직도 쫓기는 꿈"을 꾸는 장애를 앓고 있다. 쫓기는 남자와 망설이는 여자와의 도솔천 밑 우체국에서의 인연은 하룻밤 관계로 끝이 나지만 20여년 후 비구니 스님이 된 그녀와 조우한 후 인생과 인연의 비의를 깨닫는다. 이름도 모르는 익명적 존재에 가까운 그녀들은 존중받지 못하며, 미완성된 남성주체가 성숙해가는 과정에서 부수적 역할을 부여받는다. 은둔과 도피, 절망과 슬픔으로 점철된 여성들은 절대적 타자성을 지닌 자기 자신이다. '나 아닌 존재'이자 자기 안의 타자이며, 악마의 존재로서의 정령 혹은 유령으로, 자아의 일부로서의 타자로 붕괴되고 분열된 자신의 기원과 맞닥뜨리는 만남이다. 이러한 조우는 '느닷없이', '새삼스레', '간신히', '우연처럼' 즉흥적이고 충동적이며 무계획하에 발생된다.

「강릉/모래의 시」와 「강릉/너울」의 주인공은 전쟁의 소용돌이 속에서 자신을 살려낸 손과 결별하기 위한 여정을 떠나며 고향으로 돌아오기 위해 얼마나 많은 세월을 헛헛하게 살았는가를 돌이켜본다.

두 아버지를 둔 자신의 분열된 자아와 두 남편을 섬겼던 어머니의 힘들었던 생애야말로 역사적 사건을 바탕으로 한다. 그가 여행 중 만난 여성들이야말로 20대 어머니의 현현으로 그녀에게 가고자 했던 몸부림이자 갈구의 대상들이다.

『가장 멀리 있는 나』에서의 자살하거나 죽는 여성들은 어시장 한 귀퉁이에 어울리지 않게 있는 '꽃장수 아낙네'나 담배를 억세게 빨아대는 덩치 큰 쿠바에서의 '집시여자'처럼 존재 부재의 여성 이미지와 중첩된다. 「강릉/모래의 시」의 시가를 만드는 공장의 화장실 앞에 서서 공허한 눈으로 바라보던 쿠바처녀와 남대천의 미친 여자나, 「강릉/너울」의 둑길의 여자나 쯔란 키우는 여자들은 머뭇거림, 모호함, 알 수 없음과 같이 정체가 파악되지 않거나 주체가 되지 못한 채 분열되고 파편화된 자신이다. 주체나 단독자가 되지 못하고 '좀비', '유목민', '여행자', '영아', '유랑자'로 자신을 규정하는 주인공은 자신을 정체성이 모호하고 정체성을 알 수 없는 익명의 여성타자와 동일시한다. 전쟁은 아버지 부재와 어머니의 생계유지로 인한 몸의 훼손을 가져왔고, 오이디푸스 콤플렉스의 정상적 단계를 밟지 못한 아이들은 부친 극복을 통한 상징계 진입에 실패함으로써 분열과 방황을 가져오는 재난 같은 상황을 맞이함으로써 주체가 아닌 타자화된 자아를 갖기 때문이다.

여행지에서 만난 사람들은 여행자에겐 거울 이미지(mirror)이자, 샴쌍둥이, 도플갱어 같은[33] 또하나의 자아, 숨겨진 자아이다. 『가장 멀리 있는 나』의 여행자는 지리산에서는 빨치산 사내와, 멕시코에서는 희생된 마야 청년과 동일시하며, 집시, 몽골족에 애착을 갖는다. 특히 한민족 이주자와의 만남은 자아 정체성에서 민족 정체성의 확대로 나아가는 계기가 된다. 중앙아시아로 강제 추방당해 러시아인이 된 고려인, 돈을 많이 번다는 일본인에게 속아 먼 나라로 온 하와이 노동자의 후예들이 사는 지역을 여행하며 우리 민족의 아픈 흔적과 대면한다. 거주국에서는 소수민족으로, 한국에서는 외국인 취급을 받는 주변부로 여전히 떠도는 한민족 이주자들과 나는 동질감을 형성한다. 이는 "언제부터인가 목적을 잃어버린" 내가 붙박이 의식을 갖지 못한 채 떠돌이 역정을 살아온 디아스포라적 운명이자 형벌로서의 타자적 정체성에 대한 공감이다. "황폐한 광야에서의 방황하는" 삶인 나는 지리산에서 자신이 '빨치산 사내'라는 착각을 하거나 백두산 밑 백하에서 사는 조선족의 삶을 포착하며 멕시코에서 용설란의 일종인 애니깽을 통해 한국인 노동자의 존재에 대해 성찰한다. 러시아 여행 중엔 동포화가와 알게 되고 "이 세상 인종 가운데 가장 외로운 인종이라고 생각하는" 몽골족이 주로 사는 칼미크공화국에선 중앙아시아로 강제 이주당한 우리 동포와 맞닥뜨린다. 고국과 고향을 가장 멀리 떠나왔지만 아버지와 그녀에 대한 소식, 그곳에서의 잔상과 기억에서 벗어나지 못한 여행자는 가장 멀리 떨어져 있을수록 물리적 거리만이 존재할 뿐 심리적·정서적 거리는 조금도 멀어지지 않고 있다. 「강릉/ 너울」에서도 나는 중앙아시아에서 온 고려인과 자신을 비교하며 한번도 바다를 본 적 없이 쫓겨다닌 삶을 살아낸 그에게 바다를 보여주

—— 33 이미림, 『우리 시대의 여행소설』, 태학사, 2006, 36쪽.

면서 "바다를 한번도 못 본 것은 그가 아니라 내가 아닌가 싶을 지경"이라고 말한다. 같은 한민족이면서도 그는 고려인으로, 자신은 한국인으로 불린다는 사실을 깨달으면서 복합적·다중적 정체성이 자신과 닮았음을 상기한다.

이와 같이 여행자가 만난 여성은 자기 안의 타자이자 고단한 몸을 쉬게 하는 휴식공간으로 상징되며 한민족 이주자는 역사와 뿌리의 은유이기에 자아, 한민족, 운명공동체이다. 자신의 망가지고 분열된 서사에서 탈주하고자 했으나 사실은 집착하고 복원하고자 하며 일제강점기에 쫓겨난 하와이노동자, 고려인, 조선족, 탈북자를 통해 민족정체성과 자아정체성을 확인한다. 여정중 만나거나 회상되는 빨치산, 집시, 터키 참전용사, 박사장, 희생된 마야 청년 등은 "정처 없이 기약 없이 떠나가는 버림받은 사람들의 길"을 가는 자신의 분신들이다. 또한 여행에서 만난 여성타자와 코리안 디아스포라는 자신의 복수자아이자 분인(分人)이다. 꽃으로 표상되는 여성은 작가에게 삶을 확인하고 사랑을 묻는 방법[34]이자 그리움의 정체[35]를 알기 위한 매개물이다. 고독, 외로움, 죽음, 불안, 방황은 윤후명과 여행자의 삶의 주요정서들[36]

—— 34 작가는 삶이란 언제나 순수 지향과 원형 회귀의 끈을 놓을 수 없는 곳에서 방황할 수밖에 없다고 하며 꽃의 상징은 살아있음의 원류 찾기, 사랑 찾기라고 주장하고 있다.-윤후명, 「작가의 말」, 『꽃의 말을 듣다』, 문학과지성사, 2012, 6쪽.

—— 35 여성과 일탈하는 그의 소설에서는 '아아, 이 그리움의 정체는 무엇일까.'라는 영탄적·자기고백적 문장들이 서술되곤 한다.-「북회귀선」, 『여우사냥』, 문학과지성사, 1997, 144쪽.

—— 36 작가는 자신을 살던 곳에서 추방당한 코알라 같다고 때때로 느낀다고 말한

이다. 여행자는 여행 중에 만난 이들을 통해 사랑, 죽음, 삶의 불합리와 모순, 결핍을 탐색하고 있다.

4. 윤후명 소설의 함의

이 글은 기법적 상징적 측면에 집중되거나 현실도피적 평가를 받고 있는 윤후명의 기행소설을 자전적 체험의 관점에서 재해석하였다. 국가, 민족, 가정, 집, 사회공동체가 그려지지 않은 채 일정한 직업이나 거주지 없이 떠돌아다니는 주인공의 설정은 가족해체, 고향상실, 전쟁트라우마, 뿌리찾기, 모성콤플렉스에 기인한다. 일생 동안 쫓기듯이 유랑했던 삶은 자유를 얽매고 정착할 수 없게 하며 자기소외됨으로써 분열과 절망에 빠트린다. 탈사회적·탈정치적인 현실인식의 결여를 지적받는 윤후명의 여행판타지는 역사적 사건과 현실문제를 바탕으로 하고 있다는 점에서 재인식되어야 한다. 다섯 살 때 전쟁을 겪은 윤후명은 아버지와 옆집소녀의 무고한 죽음, 피란살이, 어머니의 재혼, 양부와의 가족 형성, 사춘기와 병든 문학청년기, 부친의 사업실패, 탈고향, 생계의 어려움, 식물학자의 꿈 포기 등으로 정착하지 못하고 부유하는 삶을 영위한다. 한국근현대사와 함께 한 작가의 삶은

다. 코알라는 외로움을 극히 많이 타서 살던 곳에 옮겨놓으면 죽어버리는데, 자신도 근본을 알 수 없는, 밑도 끝도 없는 외로움 때문에 자해를 가하거나 죽음에 가까이 갈 때가 있다고 고백한다.-윤후명, 『곰취처럼 살고 싶다』, 앞의 책, 68쪽.

4.19, 5.16, 광주민주화운동, 신군부 독재, 세기말과 새천년을 맞이하면서 불안, 억압, 공포, 두려움, 고독과 같은 심리적 상태로 도피하거나 악몽을 꾸는 몽유의 길을 떠돈다. 그의 문학은 역사적 사건이 전경화되어 있고, 전쟁의 폭력성과 외상을 리얼하게 그리지 않는 여행판타지 형식을 취함으로써 동시대 작가와는 다른 윤후명만의 유니크하고 독창적인 문학세계를 구축한다.

전기적·자아반영적·메타픽션적인 『가장 멀리 있는 나』, 「강릉/모래의 시」, 「강릉/너울」은 작가와 서술자가 일치하며 여행의 이유와 목적이었던 아버지의 죽음에 대한 의문, 모친과의 관계가 드러나고 있다. 가장 가까워야할 고향과 모친은 '가장 멀리 있는', '가장 먼' 거리를 유지함으로써 어색하고 소원한 관계가 형성된다. 방공호, 총살, 피난, '덩그러니', 변소구멍의 시체 등 전쟁의 상처로 기억되는 고향은 그립고 따뜻한 공간이 아니라 작가의 삶 속에서 지워야만 하는 공포와 두려움의 '그날'로 무의식 속에 각인된다. 어린 나이이기에 '흐릿하고 또렷하게' 남아있는 사건들은 창작의 소재가 되어 환상성을 취하며 '나'의 여정은 고향길인 '하얀 길'로 회귀하는 기나긴 오디세이이다. 세 편의 소설에서 여행자는 아버지의 불명예스러운 죽음에 대한 의혹을 해결하고 무덤을 찾거나 돌아가신 어머니의 유골을 바다에 뿌리는 제의를 시행함으로써 방황을 끝낸다.

여행 중 그가 만난 수많은 여성들은 어머니와 옆집소녀 세화의 현현이자 여성타자인 자신의 분신이다. 자아정체성에 대한 분열과 파편화된 조각들의 조합을 위한 여정은 고려인, 조선족과 같은 한민족 이주자와의 만남을 통해 개인적 체험에서 민족적 체험으로 나아간다.

유랑자이자 유목민으로서 정착하지 못하고 일생동안 방황하고 여행했던 자신의 삶이 쫓기듯이 살아냈던 디아스포라 운명과 동일시되었기 때문이다.

윤후명 여행판타지는 억압과 공포, 상실과 결핍을 가져온 한국적 상황을 배경으로 한다는 점에서 현실도피 내지 자아의 몰입이라는 기존의 일관된 해석에서 벗어날 필요가 있다. 소설제목처럼 자신과 거리를 두고 스스로 소외된 주인공의 비극적인 방황이 한국근현대의 역사적 사건을 바탕으로 한다는 점에서 윤후명 소설은 현실비판적이라고 할 수 있다. 윤후명 문학의 비의는 전쟁 상흔과 아비 상실로 인한 타자적 자아의 떠돎을 여성타자의 상징성, 이국적인 동식물묘사, 시공간의 주관성과 비유기성 등의 환상성과의 조화를 이루며, 불안하고 억압적이고 폭력적인 한국현실을 비판하는 주제의식을 확보하고 있다.

참고문헌

1. 기본자료

윤후명,『가장 멀리 있는 나』, 문학과지성사, 2001.

윤후명,「하얀 배」,『1995 이상문학상 수상작품집』, 문학사상사, 1995.

윤후명,『여우사냥』, 문학과지성사, 1997.

윤후명,『곰취처럼 살고 싶다』, 민족사, 1997.

윤후명,『꽃』, 문학동네, 2003.

윤후명,『나에게 꽃을 다오 시간이 흘린 눈물을 다오』, 중앙books, 2010.

윤후명,『꽃의 말을 듣다』, 문학과지성사, 2012.

2. 논문 및 단행본

강은정,「윤후명 소설 속에 나타나는 현상학적 존재의식」, 부산대 석사학위
　　　논문, 2003.

고명철,「시대고(時代苦)를 견디는 몽환의 비의성(秘儀性)과 자기존재의 정립:
　　　윤후명의 실크로드 여행 서사를 중심으로」,『한민족문화연구』제38
　　　권, 2011.

권명아,「세계로 향한 구석, 무한으로 향한 내밀」,『작가세계』제27호, 세계
　　　사, 1995.겨울.

김동원,「어떤 연금술사의 사랑만들기」,『협궤열차』, 동아출판사, 1995.

김경수,「존재의 확산을 향한 여정의 소설」, 위의 책.

김만수,「사소설의 한국적 변용과 그 의미」, 위의 책.

김윤식,「환각과 울림의 공명관: 협궤열차 윤후명의 헤매기와 그 벗어나기
　　　론」,『가장 멀리 있는 나』, 문학과지성사, 2001.

김애령, 『여성, 타자의 은유』, 그린비, 2012.

나병철, 『가족로망스와 성장소설』, 문예출판사, 2004.

문흥술, 「한 고독한 구도자의 글쓰기」, 『작가세계』, 위의 책.

박해현, 「참을 수 없는 존재의 향내」, 『여우사냥』, 문학과지성사, 1997.

서동수, 『문학담론과 반공프로젝트』, 소명출판, 2012.

서석준, 『현대소설의 아비상실』, 시학사, 1992.

안남연, 「김승옥, 윤후명 그리고 90년대 작가군」, 『현대소설연구』 제14호, 한국현대소설학회, 2001.

안성수, 「「하얀 배」의 상호 텍스트성 연구: 아이뜨마토프와 윤후명의 소설을 텍스트로 하여」, 『현대소설연구』 제13호, 한국현대소설학회, 2000.12.

양진오, 「여행하는 영혼과 여행의 소설」, 『작가세계』, 앞의 책.

이미림, 『우리 시대의 여행소설』, 태학사, 2006.

이지은, 「윤후명 소설의 서정성 연구」, 한국교원대 석사학위논문, 2001.

최영자, 「윤후명 소설에 나타난 반영적 사유와 존재론적 인식」, 『한성어문학』 제29권, 한성대 한성어문학회, 2010.

최현주, 「윤후명 소설의 '正體性' 탐색 양상」, 『한국문학이론과 비평』 제8권, 2000.

최현주, 「경험적 서사와 허구적 서사의 상동성 고찰」, 『남도문학연구』 제16권, 순천대학교.

하응백, 「폐허의 사랑」, 『작가세계』, 앞의 책.

로즈메리 잭슨, 『환상성: 전복의 문학』, 서강여성문학연구회 역, 문학동네, 2001.

미하일 바흐친, 『도스토예프스키 시학』, 김근식 역, 정음사, 1988.

바다와 시가 있는 곳, 박재삼 문학관 기행[*]

이현정(한성대학교)

1. 같은 고향 같은 그리움

「수정가」, 「울음이 타는 가을강」, 「천년의 바람」, 「아득하면 되리라」 등의 시로 유명한 박재삼 시인은 1955년 등단한 이래 1997년 숙환으로 타계하기까지 15권의 시집과 10권의 수필집 등 많은 작품집을 출간하였다. 박재삼은 1950년대 모더니즘의 대립적인 위치에서 전통 서정의 계보를 잇는 시적 형식과 내용을 보여준 전후의 대표적인 서정시인으로서 한국 시단에 독보적인 위상을 차지하고 있다. 그가 전통 서정을 이을 수 있었던 것은 무엇보다 자연과 교감하는 삶의 태도

---

    *   이 글은 『한국미소문학』 2022, 여름호에 실린 동명의 글을 수정, 보완한 글이다. 또한 2022년 숙명여대 교양교육연구소가 용산구청의 위탁교육을 수주받아 진행된 "용산 YES 아카데미" 강의록을 글로 푼 것이다.

에서 비롯하여 시인 자신의 개성적 감정이 우리 민족 고유의 정서인 한과 그리움, 그 정한(情恨)의 세계와 연결되어 있었기 때문이다. 박재 삼은 그러한 정한의 세계를 설화를 차용하여 표현하거나 시조의 전 통 율격을 변형하거나, 방언과 구어체의 문체, 종결어미의 활용, 어조 의 다양한 변이 등으로 적절하게 형상화하여 시적 긴장과 미적 구조 를 갖춘 시로 승화시켰다. 그는 소박한 일상과 자연에서 소재를 삼아 섬세하고 애련한 가락으로 서민의 감정을 아름답게 노래했는데, 그의 수많은 문학 작품의 기저에는 경남 사천의 풍경과 그곳에서의 삶의 경험이 녹아있다. 일찍이 김인환은 "박재삼 선생의 곱고 아름다운 시 와 삶이 삼천포에서 형성되었다는 사실을 기억하고 선생님의 문학과 삼천포의 관계에 대하여 좀 더 깊은 관심을 기울여야 할 것"(제3회 박재 삼 세미나 발표 원고에서)이라고 지적한 바 있다.

　　박재삼과 필자는 고향이 같다. 고향이 같다는 이유로 '우리'라는 말을 쓸 수 있다면, 우리는 유년과 청소년기를 삼천포라 불리던 지금 의 경남 사천시에서 자랐다. 삼천포라는 지명이 사라진 건 1995년 행 정구역이 개편되면서부터다. 삼천포시와 사천군이 통합되면서 사천 시가 되었다. 박재삼은 1933년 일본 동경에서 태어났지만, 1936년 가 족 모두가 귀국하여 어머니의 고향인 삼천포 서금동에 정착해 살았기 때문에 삼천포가 고향이나 다름없고, 필자는 1975년 삼천포 용강동에 서 태어나 벌리동에서 자랐다. 박재삼처럼 필자 역시 20살 이후 객지 에 나와 살았는데, 세월의 간격을 떠나 우리는 내내 삼천포를 잊지 못 했다. 강과 바다, 산과 들을 모두 품은 삼천포에서 자란 사람이라면 누 구나 그럴 것이다. 사천이란 지명이 아직은 낯설고, "큰형님처럼" "의

엿"하게 "계시"는 "섬들"(「섬」)과 "눈이 부시어" "화안한 꽃밭 같"(「봄바다에서」)은 삼천포 앞바다가 마냥 그립고 고맙다. 어쩌면 객지에 나와서도 마음 따뜻하게 살 수 있는 건 우리의 마음 한자리를 삼천포의 아름다운 자연이 차지하고 있기 때문인지도 모른다.

특히 박재삼이 살았던 팔포라 불리던 서금동은 강과 바다가 만나는 지점으로 골목만 빠져나오면 눈앞에 바다와 섬들이 수려하게 펼쳐져 있고, 작은 등성이를 이룬 노산공원이 바다를 향해 뻗어있는 아름다운 곳이다. 박재삼은 학비가 없어 중학교에 못 갔는데, 그 시절 노산에 올라 시간을 보내며 중학교 운동장을 건너다보았다고 한다. "해방된 다음 해/ 노산(魯山) 언덕에 가서/ 눈 아래 무역회사 자리/ 홀로 삼천포중학교 입학식을 보았다./ 기부금 삼천 원이 없어서/ 그 학교에 못 간 나는/ 여기에 쫓겨오듯 와서/ 빛나는 모표와 모자와 새 교복을/ 눈물 속에서 보았다."라고 읊은 「추억에서 31」에 그 설움이 잘 나타나 있다. 그뿐 아니라 "마음도 한자리 못 앉아 있는 마음일 때" "등성이"에 올라 바다를 향해 가는 "소리죽은 가을강"(「울음이 타는 가을강」)을 보며 사랑의 이치를 깨닫고 마음을 다잡았던 곳 또한 노산공원이다. 2008년 그 노산공원에 박재삼 문학관이 들어섰다는 반가운 소식이 전해졌다.

객지에서 생활하다 한 번씩 고향에 내려올 때면, 사천시라는 지명으로 조금씩 발전해가는 고향의 변화가 낯설기도 했지만 뿌듯했다. 특히, 2003년 4월 사천시의 대방과 남해군 사이 3개의 섬(늑도, 초양, 모개섬)을 잇는 5개의 다리를 칭하는 '창선삼천포대교'가 완공되면서 사천시는 급속도로 발전하기 시작했다. 박재삼의 생가를 중심으로 '박재삼 거리'를 만들고, 노산공원에 '박재삼 문학관'을 건립한 것 또한 사천시의 발전을 보여주는 자랑이 아닐 수 없다.

이 글은 박재삼의 시를 향유하는 새로운 방법의 일환으로 경남 사천시의 노산공원에 위치한 박재삼 문학관을 자세히 소개함으로써 박재삼 시의 근원을 이해하는 계기를 마련하고자 한다.

2. 박재삼의 삶과 시가 느껴지는 공간

필자는 박재삼과 같은 고향이라는 이유만으로 석사 논문을 『박재삼 시 연구』[1]로 썼다. 누구보다 작가 중심적인 해석으로 연구할 수 있었지만, 그때의 필자는 텍스트 자체의 담화구조를 중심으로 연구하여 박재삼의 시를 시인 개인의 시가 아닌 우리의 시로 접하고, 그의 시에서 박재삼 개인의 한과 변화만을 확인할 것이 아니라 우리의 한과 변화를, 그리고 그 한을 극복하고 인간성을 복원하고자 하는 우리의 의지를 확인하는 단계로 나아가야 함을 강조했다. 그러나 텍스트 중심의 해석에서도 시적 공간 분석에 있어서는 창작의 원천이 되었던 장소를 찾아 탐색하는 작업이 필요했다. 결국 어느 한쪽의 연구 방법만으로는 온전한 해석을 할 수 없으며, 시를 열린 텍스트로 보고 다양한 방법으로 접근해야 시대와 세대를 뛰어넘어 오래도록 시가 향유될

---

1 졸고, 『박재삼 시 연구: 담화구조를 중심으로』, 숙명여자대학교 대학원 석사 논문, 2001.

수 있는 것 같다. 그런 의미에서 박재삼의 시적 배경이 되었던 공간을 찾아 돌아보는 활동은 박재삼 시를 향유하는 또 하나의 방법이 될 것이다. 경남 사천시 박재삼길 27번지 노산공원에 위치한 박재삼 문학관은 시인의 연보를 비롯해 그가 시를 시작하게 된 동기와 소박하고 정 많은 시인의 성품과 다양한 인간관계 등의 생활상을 엿볼 수 있는 여러 증거 자료를 한자리에 모아 둔 곳이므로 박재삼의 삶과 시를 이해할 수 있는 거점이 되는 공간이다. 필자는 고향에 내려가 여러 번 그곳을 방문했는데, 2022년 4월 봄비가 촉촉하게 내리던 날의 최근 기행을 바탕으로 박재삼 문학관을 소개한다.

"사는 일 끝에 묻은 어려운 먼지"(「물먹은 돌밭 경치」)를 씻어주듯 봄비가 내리던 평일, 태어나 지금까지 60여 년 사천에서 사는 큰언니의 차를 얻어 타고, 박재삼 문학관으로 향했다. 7월이면 전어 축제로 떠들썩한 팔포매립지에 주차하고 노산공원으로 걸어가는데 박재삼길이라는 이정표 아래 새로운 조형물이 들어서 있었다. 50여 개의 하얗고 긴 기둥이 노산공원 입구의 한쪽 벽면에 늘어서 있었는데, 그 기둥에는 박재삼의 대표시가 한 기둥에 한 행씩 쓰여 있었다. 마치 육지로 밀려오는 파도의 하얀 포말이 펼쳐진 듯 그렇게 박재삼의 시가 밀려오는 형상이었다. 각색의 철쭉꽃이 사이사이 핀 바위들에는 박재삼의 대표시가 전편으로 새겨진 황금빛 판형이 태양처럼 걸려 있었고, 노산공원으로 오르는 계단 양옆으로는 박재삼의 시 제목을 새긴 기둥들이 쭉 늘어서 있었다. 노산공원은 높이 25.4m의 나지막한 언덕으로 바다에 맞닿아 있는 아름다운 공원이다. 공원 안에는 잘 다듬어진 잔디밭과 시민의 산책로가 정비되어 있는데, 노산공원 입구에서 산책로를 따라 거닐다 보면 제일 먼저 만나게 되는 건물이 박재삼 문학관과 호연재다. 호연재는 조선 영조 46년(1770년)에 건립된 이 고장의 대표적인 학당(서당)으로 이 지역의 인재들이 모여 학문을 논하고 시문을 짓던 곳인데, 2009년 그 원형을 복원하여 건립한 것이라 한다. 마

박재삼길에 설치된 하얀 기둥의 조형물

노산공원과 박재삼 문학관 입구

박재삼 문학관과 호연재

박재삼 시인의 등신대

당 한가운데 아름드리 느티나무를 중심으로 좌측에는 현대식 3층 건물의 박재삼 문학관이, 뒤편에는 전통적인 한옥 건물의 호연재가 있어 사천이 오랜 세월 문향(文鄕)의 고장이었음이 증명되는 듯했다.

박재삼 문학관 좌측에는 시인의 등신대 동상이 긴 의자의 왼편에 앉아 있다. 그 덕분에 동상이지만 시인의 옆에 앉아볼 수 있는 영광을 누릴 수 있다. 우리는 비가 오는 탓에 그의 동상에 우산을 씌워주며 의자 뒤에 서서 사진을 찍고 문학관 안으로 들어갔다. 그곳 사무실에 상주하는 문화관광해설사 강외숙 님의 안내에 따라 박재삼 문학관을 찬찬히 둘러보았다. 문학관 입구에는 박재삼의 흉상 뒤로 흑백 초상 사진들이 병풍처럼 둘러 있는데, 그 사이에 "진실로 진실로/ 세상을 몰라 묻노니/ 별을 무슨 모양이라 하겠는가/ 또한 사랑을 무슨 형체라 하겠는가/ 93년 봄 박재삼"(「세상을 몰라 묻노니」)이라고 쓰인 박재삼의 친필 사진이 크게 걸려 있다. 친필에는 시인이 그 시를 쓸 때의 떨림과 긴장이 담겨 있어 독자에게 묘한 설렘을 준다. 아주 가까이

박재삼 문학관 전시실 입구

박재삼의 연보가 적혀있는 벽면

에서 시인이 시를 쓰는 모습을 보고 있는 듯하고, 뭐라 말하지 않아도 그 시에 담긴 마음을 다 헤아릴 수 있을 것만 같다. 그것이 친필의 힘이 아니겠는가.

문학관 안으로 들어서면 왼편으로 박재삼의 연보가 쭉 쓰여 있는데, 연보 사이사이 당시의 사진이 붙어있고, 그 밑의 유리곽 안에도 그의 사진첩이 펼쳐져 있어서 연보를 따라 박재삼 시인의 여러 모습을 확인할 수 있었다. 박재삼 문학관에 쓰여 있는 연보와 박재삼의 자술 연보, 그리고 그의 전기적 생애를 고찰한 글들을 참고[2]하여 박재삼

— 2 참고한 글을 발표 연도순으로 밝히면 다음과 같다. 박재삼, 「박재삼 자술 연보」, 『아득하면 되리라』, 정음사, 1984; 천이두, 『우리 시대의 문학』, 문학동네, 1998; 장석주, 『20세기 한국 문학의 탐험 3』, 시공사, 2000; 이순희, 『박재삼 시 연구: 전기적 생애와 시 세계와의 관련성을 중심으로』, 경남대학교 교

의 생애를 소개해보겠다.

　　박재삼은 1933년 4월 10일 일본 동경에서 차남으로 태어났고, 36년 가족이 모두 귀국하여 어머니의 고향인 경남 삼천포 서금동 72번지에 자리를 잡고 유년 시절을 바닷가에서 보냈다. 당시 그의 아버지는 막일을 나가고 어머니는 두부나 생선을 떼어다가 파는 도붓장수를 하며 생계를 유지했다고 한다. 그의 시 「추억에서 67」에 "울엄매의 장사 끝에 남은 고기 몇 마리의/ 빛 발(發)하는 눈깔들이 속절없이/ 은전(銀錢)만큼 손 안 닿는 한(恨)이던가/ 울엄매야 울엄매"라는 표현은 그 시절 어머니의 한스러운 모습을 회상한 것이다. 1940년 현 삼천포 초등학교의 전신인 히노데 국민학교(후에 수남 국민학교)에 입학하고, 1946년 수남 국민학교 졸업 후, 3천 원의 입학금이 없어 중학교에 입학하지 못하고, 삼천포여자중학교의 사환(使喚)으로 들어간다. 그때 그 학교에서 교편을 잡고 있던 시조 시인 김상옥과 만나게 되는데, 이것이 그를 시의 세계로 이끄는 운명적 계기가 되었다. 1947년 삼천포중학교 병설 야간 중학교에 수석으로 입학하는데, 당시 김상옥 시인의 첫 시조집 『초적(草笛)』을 공책에 베껴 애송했다고 한다. 1948년 교내신문 『삼중』 창간호에 동요 「강아지」, 시조 「해인사」를 발표하였다. 1949년 경영 부진으로 야간 중학교가 폐쇄되어 주간 중학교로 흡수되었는데, 이때 중학교에서 전교 수석을 한 덕택으로 학비를 면제받고 주간 중학교 학생이 되었다. 그 무렵 해방 후 처음으로 『중학생(中學生)』이

육대학원 석사논문, 2005; 정삼조, 「박재삼의 시세계」, 『경남의 시인들』, 박이정, 2005.

란 잡지가 나왔는데, 그 잡지에 「원두막」이란 시를 발표했고, 진주에서 개최한 제1회 영남 예술제(현 개천예술제)의 '한글시 백일장'에서 시조 「촉석루」로 차상을 수상했다. 이때 시 「만추」로 장원을 수상한 이형기와 처음 만나 교유하게 된다. 1950년 진주 농림학교에 다니던 김재섭, 김동일과 동인지 『군상』을 펴내고, 1951년 4년제 중학교를 졸업한 후, 학제 개편으로 중고등학교가 각각 3년제로 바뀜에 따라 삼천포고등학교 2학년에 편입하여 1953년 삼천포 고등학교를 수석으로 졸업(제1회)하였다. 박재삼의 고향에서의 생활은 그가 고등학교를 졸업함과 동시에 끝나게 되는데, 청소년기까지 삼천포의 자연 속에서 가난한 마음을 달래며 살았던 경험은 뒷날 그의 시작 활동에 지대한 영향을 끼친다.

고등학교 졸업 후 집안 형편이 좋지 않아 대학에 진학하지 못하고, 삼천포 고등학교 교장이었던 정헌주 선생이 6·25 이후 임시수도 부산에서 제2대 민의원을 할 때 그 댁에서 지내게 된다. 피난지 부산 동광동의 정헌주 선생 댁은 한때 『문예』의 발행 장소가 되기도 하여 바둑을 두러 오는 조연현 선생을 그곳에서 만날 수 있었다. 그런 연줄로 시를 네댓 편 보여드렸는데 그중에 시조 「강물에서」가 『문예』지 11월 호에 모윤숙 추천작품으로 발표되었다. 1954년 은사 김상옥 선생의 소개로 현대문학사에 취직하여 『현대문학』 창간 준비를 시작하였고, 이듬해 『현대문학』에 시조 「섭리(攝理)」가 유치환 선생의 추천으로, 시 「정적(靜寂)」이 서정주 선생의 추천으로 완료되어 등단하였다. 같은 해 고려대학교 국문과에 입학하고, 1956년 「춘향이 마음」을 발표한다. 이로써 1957년 '현대문학 신인상'을 받게 되고, 같은 해

고려대 3학년을 다니다가 중퇴하고, 1958년 육군에 입대하여 1년 6개월 근무 후 예비역으로 편입한다. 1961년 『60년대 사화집』 동인으로 활동하고, 1962년 김정립 여사와 결혼하며, 같은 해 처녀시집 『춘향이 마음』을 출간한다. 1963년 장녀 소영이 출생하고, 1964년 현대문학사를 그만두고, 『문학춘추』 창간과 함께 삼중당에 입사했는데, 1년 만에 퇴사한다. 1965년 월간 『바둑』지 편집장으로 입사하지만 6개월 만에 퇴사하고 〈대한일보〉 기자 생활을 시작한다. 1966년 장남 상하가 출생하고, 1967년 남정현의 '분지' 필화 사건 공판을 보고 오던 길에 고혈압으로 쓰러져 6개월가량 입원한다. 대한일보를 퇴사하고 문교부 주간 문예상을 수상한다. 1969년 삼성출판사에 입사하고 처음으로 서울 동대문구 답십리동에 집을 마련하는데, 다시 고혈압으로 쓰러진다. 1970년 제2시집 『햇빛 속에서』를 출간하고 차남 상규가 출생한다. 이 무렵부터 신문에 바둑 관전기를 쓰기 시작한다. 1972년 직장 생활에서 완전히 벗어나 원고료로 생활하고, 1974년 한국시인협회 사무국장에 선임된다. 1975년 제3시집 『천년의 바람』이 출간되고, 대한기원 이사로 지낸다. 1976년 제4시집 『어린것들 옆에서』를 출간하고, 1977년 제9회 한국시인협회상을 수상한다. 같은 해 제1수필집 『슬퍼서 아름다운 이야기』가 출간된다. 1978년에는 제2수필집 『빛과 소리의 풀밭』이, 1979년에는 제5시집 『뜨거운 달』, 1980년에는 제3수필집 『노래는 참말입니다』를 출간하는데, 이 해에 고혈압, 위궤양으로 입원을 하게 된다. 1981년 제6시집 『비 듣는 가을나무』, 1982년 제4수필집 『샛길의 유혹』을 출간하고, 같은 해 제7회 노산문학상을 수상한다. 1983년 제7시집 『추억에서』와 『바둑한담』을 출간하고, 제10회 한국문학작가상을 수상한다. 1984년 제5수필집 『너와 내가 하나로 될 때』를 출간하고, 자랑스러운 서울 시민상을 수상한다. 1985년 제8시집 『대관령 근처』와 제9시집 『내 사랑은』(시조집)을 출간한다. 1986년 제10시집 『찬란한 미지수』와 제6수필집 『아름다운 삶의 무게』, 제7수필집 『차 한 잔의 팽세』를 출간하고, 중앙일보 시조 대상을 수상한다. 1987년 제11시집 『사랑이여』를 출간하고 제2회 평화문학상을 수상하며, 1988년 제7회 조연현문학상을 수상하고, 제8수필집 『사랑한다는 말을 나 그대에게 하지 못해도』를 출간한다. 1990년 제12시집 『해와 달의 궤적』, 제9수필집 『미지수에 대한 탐구』, 1991년 제13시집 『꽃은 푸른 빛을 피하고』를 출간하고, 인촌상을 수상한다. 1992년 삼천포 문화상을 수상하고, 1993년 제14시집 『허무에 갇혀』를 출간하고, 제1회 겨레 시조 대상을 수상한다. 1994년 제10수필집 『아름다운 현재의 다른 이름』을 출간하고, 한국시인협회 기획위원장에 선임되고, 제1회 한맥문학 대상을 수상한다. 1995년 95바둑문화상 공로상을 수상하고, 백일장 심사 도중 신부전증으로 쓰러진다. 1996년 제15시집 『다시 그리움으로』를 출간하고, 제6회 올해의 애서가상을 수상한다. 1997년 6월 8일 새벽 5시경 오랜 투병 생활 끝에 영면에 들었다. 1998년 제1회 박재삼 추모 백일장 및 문학의 밤이 열렸고, 이후 박재삼기념사업회가 결성되어 해마다 박재삼문학제가 열리고 있다.

　　박재삼 문학관에는 이러한 박재삼의 생애를 고증할 수 있는 유물들과 전시물이 소박하지만 세심하게 배치되어 있다. 특히 '박재삼과 사람'이란 표제가 붙은 게시물에는 주변 사람들의 추억담 속에 시인의 소탈하면서도 속정 깊은 성품을 다시금 느낄 수 있도록 상세한 설명을 다음과 같이 덧붙여 놓았다. "박재삼은 평소 소탈하고 소박했으며 정이 많았다. 질병과 싸우면서도 마음의 여유를 잃지 않고 겸손했으며, 넘치지도 않고 모자라지도 않는 중용의 태도를 지녀 자연의 이치에 순응할 줄 알았다. 이런 성품은 문학계의 저명인사들뿐 아니라 바둑계 인사 등과의 다양한 인연으로 인해 더욱 빛을 발한다. 그는 스승 김상옥과 더불어 문학계의 유명한 시인 박목월, 서정주, 김동리, 구자운, 김종길, 김남조, 성찬경, 박희진, 이형기, 김후란, 박성룡, 소설가 조정래, 바둑기사 조남철과 조훈현 등 다양한 인물들과 돈독한 관계를 유지했다." 그 옆으로는 '고향 벗 이정기가 말하는 박재삼', '고향 후배 최송량이 말하는 성님 박재삼', '아들 박상하가 말하는 나의 아버지 박재삼', '글벗 민영이 말하는 박재삼' 등의 제목 아래 애정 어린 소감이 적혀있는데, 그중 민영의 소감을 전하면 "나는 말한다. 박재삼처럼 제 고향 삼천포를 아름답게 노래한 시인은 없을 거라고, 앞으로 백 년의 세월이 지나도 그처럼 고향을 사랑하고 그리워하며 애태우신 시인은 나타나지 않을 것이라고! 고향이 시인을 내는 게 아니라 시인이 고향을 떠나는 것이다. 그래야만 그는 고향의 아름다운 참모습을 노래할 수 있다. 추억 속에서…"라고 되어 있다. 필자는 이 글에 깊이 공감했다. 박재삼은 고향을 떠나 있었기 때문에 고향 삼천포의 아름다운 참모습을 노래할 수 있었던 것이다.

　그 옆 '박재삼의 글방'이라는 공간은 작업실이 따로 없었던 박재삼 시인의 글방을 소박하게 재현해 놓은 곳으로 시인이 사용하던 책장과 서탁뿐 아니라 생전에 읽으셨던 책들과 친필 메모원고지, 안경, 시계, 여권, 지갑, 도장, 만년필 등의 생활소품들이 전시되어 있다. 귀퉁이를 돌면 그가 펴낸 시집과 수필집, 그리고 그 외 발표한 수많은 글이 진열되어 있으며, 그가 받았던 많은 상장과 상패가 중앙 진열장을 차지하고 있다. 이곳 벽면에는 박재삼의 시 세계를 이해할 수 있도록 〈박재삼의 시, 그 깊은 세계〉라는 제목으로 '주제적인 측면에서 바라본 박재삼의 시'와 '형식적인 측면에서 바라본 박재삼의 시'를 요약적으로 잘 제시해 놓았다. 우선 큰 제목 아래에는 "박재삼은 다른 어떤 시인보다도 우리말의 아름다움이 잘 드러나는 시를 썼고, 말소리와 말뜻을 조화시킨 오묘한 운율을 만들어 서민의 감정을 아름답게 표현했다. 그리고 광복 무렵과 한국전쟁 기간 전후 우리 겨레 대부분이 경험해야 했던 경제적 빈곤을 뼈저리게 겪으면서 일상적인 자신의 체험을 중심으로 누구나 이해하기 쉽고, 누구나 가슴 깊이 새길 수 있는 시를 지었다. 또한 그 나름의 인생관으로 삶의 괴로움을 극복하는 시를 꾸준히 써 왔기에 그의 작품 속에는 그만의 독특하고 깊은 시 세계가 자리 잡고 있다. 이러한 그의 시 세계는 15권의 시집과 10권의

박재삼의 글방

박재삼의 시 세계 해설 및 상패 전시실

수필집 속에 잘 반영되어 있다."라고 쓰여있다. 정말 박재삼의 시 세계를 요약적으로 잘 표현한 글이다. '주제적인 측면에서 바라본 박재삼의 시'에는 한과 슬픔의 정서, 자연으로 인해 승화된 한과 슬픔, 사랑의 힘에 의한 한과 슬픔의 극복, 한과 슬픔의 근원인 허무에의 깨달음으로 그 특징이 설명되고 있고, '형식적인 측면에서 바라본 박재삼의 시'에는 특정 시어의 반복과 종결어미의 다양화, 전통 정서에 잘 맞는 운율과 대구형식, 그 밖의 특징들로 설명되고 있다. 특히, 박재삼 시의 정서가 유년 시절에 경험했던 가난과 고향 삼천포라는 자연환경과 밀접한 관련이 있다고 하니 박재삼 문학관에 서 있는 순간이 그의 시 본령에 발을 딛고 있는 듯 왠지 가슴 벅차게 느껴졌다. 그 옆 유리 벽면 위쪽에는 박재삼의 시집 순서에 따라 대표시 한 편씩을 뽑아 전문을 밝혀 놓았고, 그 아래 유리곽 안에는 그의 시집이 차례대로 놓여 있으며, 그 밑에는 평론가들의 시집 해설이 한 구절씩 소개되고 있다. 〈박재삼의 시, 그 깊은 세계〉라는 제목에 걸맞게 이쪽 공간에서 여러 해설만 읽어도 박재삼의 시 세계를 어느 정도 이해할 수 있도록 잘 꾸며 놓았다.

3. 순응의 미학을 보여준 박재삼의 대표시

박재삼의 시 세계를 조금 더 자세히 들여다보기 위해 필자의 석사논문을 참고하여 그의 대표시 몇 편을 소개하고자 한다.

집을 치면, 정화수(精華水) 잔잔한 위에 아침마다 새로 생기는 물방울의 선선한 우물 집이었을레. 또한 윤이 나는 마루의, 그 끝에 평상(平床)의, 갈앉은 뜨락의, 물냄새 창창한 그런 집이었을레. 서방님은 바람 같단들 어느 때고 바람은 어려올 따름, 그 옆에 순순(順順)한 스러지는 물방울의 찬란한 춘향이 마음이 아니었을레.

하루에 몇 번쯤 푸른 산 언덕들을 눈 아래 보았을까나. 그러면 그때마다 일렁여오는 푸른 그리움에 어울려, 흐느껴 물살짓는 어깨가 얼마쯤 하였을까나. 진실로, 우리가 받들 산신령(山神靈)은 그 어디 있을까마는, 산과 언덕들의 만리 같은 물살을 굽어보는, 춘향은 바람에 어울린 수정(水晶)빛 임자가 아니었을까나.

1-「수정가(水晶歌)」[3] 전문

위의 시 「수정가」는 박재삼의 제1시집인 『춘향이 마음』에 첫 번째로 실려 있는 시이다. 이 시에서 화자는 춘향의 마음을 집으로 비유하면 "우물 집"일 것이며, "바람" 같은 "서방님"은 "어려올 따름"이라 춘향이 마음은 "바람" "옆에 순순한 스러지는 물방울의 찬란"함이었을 것이라 한다. 우물 집으로 인식된 춘향은 "윤이 나는 마루의, 그 끝의 평상의, 갈앉은 뜨락의, 물냄새 창창한 그런 집"으로 더욱 구체화되고 있는데, 이는 춘향이 임을 기다리는 모습이 표현된 것이라고 할

---

3   앞의 번호는 몇 번째 시집인지를, 뒤에는 시 제목을 나타내며, 박재삼기념사업회에서 출간한 『박재삼 시전집』(마산, 2007)에서 원문을 인용함.

수 있다. 왜냐하면 우리가 누군가를 몹시 기다릴 때 밖을 나와 보듯, 춘향 또한 임을 더 가까이에서 맞이하기 위해 마루에서 평상, 다시 뜨락으로 그 공간을 이동하고 있는 것으로 이해될 수 있기 때문이다. 이는 화자가 춘향으로 하여금 서방님을 '바람'으로 여기게 하는 것에서 더 명확해진다. 2연에서 춘향은 "하루에 몇 번쯤 푸른 산"에 올라 "언덕들을 눈 아래" 보며 그 언덕 사이로 서방님이 오기만을 기다리고 있다. 안 오시는 서방님에 대한 "푸른 그리움"은 "흐느껴 물살짓는" 한(恨)으로 커지고 있다. 여기서 춘향의 흐느껴 우는 모습과 산과 언덕의 모습이 '물살'의 이미지로 일치하여 나타나는 것은 춘향을 울게 하는 것과 산과 언덕 사이를 물살처럼 부는 바람과의 일치를 의미한다. 따라서 춘향을 울게 하는 서방님은 곧 산과 언덕으로 부는 바람이며, 춘향은 그 바람을 몸으로 가장 많이 느낄 수 있는 산으로 그 장소를 옮겨 '임'을 기다린다. 결국 화자는 '임'이 돌아오지 않는 상황에서도 산신령보다도 바람인 서방님을 더 받들겠다는 춘향의 일편단심이야말로 바람에 어울리는 맑은 색깔의 수정빛 여인의 마음이 아니겠냐고 말한다. 하루에도 몇 번씩 산으로 오르는 춘향의 기다림은 그만큼 임이 언젠가는 올 것임을 믿는 것이다. 이처럼 박재삼 시에서의 춘향은 임을 포기하는 순응이 아니라 언젠가는 임이 올 것이라는 믿음에의 순응을 보여주고 있다. 비록 문면에 나타난 시제는 '아니었을까나'로 끝나는 과거 시점의 추측이지만, 화자는 설화 속 인물인 춘향이 그렇게 임을 기다렸을 것이기에 자신도 언젠가는 임이 올 것을 믿으며 기다리겠다는 순응의 마음을 표명한 것이다. 따라서 우리는 춘향이 임을 기다리는 모습이 곧 화자의 감정에서 비롯되었음을 알 수 있다. 그것은 화자가 춘향의 감정을 흡수하여 자신의 감정과 춘향의 감정을 동일시하고 있기 때문이다. 어쩌면 시인은 춘향의 마음이 되어서 보고 싶은 임에 대한 그리움을 산에 올라 물살처럼 부는 바람을 느끼며 달래고 있는지도 모른다. 이처럼 박재삼은 님에 대한 그리움의 정한을 춘향이라는 설화적 인물에 차용하여 표현하고, 그 마음을 자연으로 달래고 있다. 즉, 자연으로 정한의 슬픔을 승화하는 박재삼의 시세계를 보여준다.

마음도 한자리 못 앉아 있는 마음일 때,
친구의 서러운 사랑 이야기를
가을 햇볕으로나 동무삼아 따라가면,
어느새 등성이에 이르러 눈물나고나.

제삿날 큰집에 모이는 불빛도 불빛이지만,
해질녘 울음이 타는 가을강을 보것네.

저것 봐, 저것 봐,
네보담도 내보담도
그 기쁜 첫사랑 산골 물소리가 사라지고
그 다음 사랑 끝에 생긴 울음까지 녹아나고
이제는 미칠 일 하나로 바다에 다 와 가는
소리죽은 가을강을 처음 보것네

1-「울음이 타는 가을강」 전문

이 시는 박재삼의 대표작이면서도 친구의 서러운 사랑 이야기와 제삿날 큰집의 불빛이 어떻게 가을강과 연관되며, 울음이 탄다는 것과 소리가 죽었다는 표현이 어떤 의미의 확장이며, 늘 있어 온 강이 '처음' 보이는 이유가 무엇인지, 왜 화자가 제삿날 큰집의 불빛보다 가을강에 중점을 두는지에 대한 정밀한 해석이 이루어지지 못했던 작품이다. 이러한 의문들을 화자와 대상의 관계 구조와 그 속에서 드러나는 계열 관계의 구조로써 풀어나가고, 결과적으로 화자가 이러한 가을강을 발화 대상으로 하여 무엇을 말하고자 하는지 살펴보겠다.

우선 화자는 마음이 불안할 때 가을 햇볕을 따라 거닐다가 등성이에 이르러 눈물을 흘리는데, 화자가 눈물을 흘리는 것은 친구의 서러운 사랑 이야기에 자신이 몰입되어 동일화되었기 때문이다. 그러한 슬픈 마음으로 인해 등성이에서 보게 되는 가을강은 "울음이 타는 가을강"이 되는데, 이것은 화자가 자신의 마음 상태를 표현하기 위해 가을강을 자신의 마음속으로 끌어들여 그것을 내적 인격화한 것이다. 결국 친구의 사랑 이야기에 몰입된 화자가 그 슬픔을 다시 표현하고 있는 것이다.

이제 화자는 그 가을강을 자신과 구별하여 관조(觀照)하게 된다. '저'라는 지시 대명사가 화자와 청자로부터 멀리 있는 것을 가리킬 때 사용된다는 점에서, 3연의 화자가 '저것 봐, 저것 봐'라고 외치는 것은 화자가 적극적으로 개입하여 대상을 화자와 청자로부터 분리하고 있는 것이다. 그렇게 분리한 상태에서 화자는 자연의 이치를 보게 된다. 즉, 자신을 포함한 인간과 자연을 분리함으로써 자연의 이치를 깨닫고 있는 것인데, 이러한 분리로 인해 놓이게 되는 몇 개의 계열체가 있다.

먼저 눈에 띄는 것은 '가을강'과 '제삿날 큰집의 불빛'이다. 이들이 같은 선상에 놓이게 되는 것은, 제삿날의 불빛과 가을강의 노을빛이 삶과 죽음의 경계에 놓인 빛이기 때문이다. 큰집에서 모시는 제사는 선조에 대한 후손들의 의례(儀禮)일 것이며, 제삿날 밤에 집안의 불빛을 훤히 밝히는 것은 죽은 자의 혼령이 잘 찾아올 수 있게 하기 위해서이다. 그런 점에서 이 제사는 산 자와 죽은 자의 만남으로 해석될 수 있다. 즉, 이승과 저승, 삶과 죽음의 만남이다. 그렇다면 이 제삿날 불빛은 산 자와 죽은 자가 모일 수 있게 하는, 또는 삶과 죽음을 만나게 하는 불빛이다. 따라서 제삿날 불빛은 삶과 죽음의 경계를 무화(無化)시키는 불빛이라고 할 수 있다. 가을강 역시 삶과 죽음의 경계 또는 삶과 또 다른 삶의 경계에 선 강이라고 볼 수 있다. 그것은 가을이라는 계절적 의미가 기울어 가는 인생의 종말을 의미하고, 강물의 종착점인 바다라는 것이 죽음과 재생을 동시에 상징하고 있기 때문이다. 그리고 가을강은 노을빛을 가지고 있는데, 그 붉은 빛은 제삿날의 불빛과 연관되어 생각해 볼 때 삶과 죽음, 또는 삶과 또 다른 삶을 만나게 하는 불빛으로 해석될 수 있는 것이다. 제2연에서 우리는 화자가 제삿날 불빛보다 가을강에 중점을 두고 있는 것을 보게 되는데, 그것은 제삿날 불빛이 살아 있는 자와 이미 죽은 자의 만남을 밝히는 빛인 데 비해, 가을강의 빛은 죽어 가는 자가 죽음을 맞이하는 빛이기에 더 강하게 울음이 타는 것이다.

다음으로, '강'과 계열체에 놓여있는 것은 '사랑'이다. 강은 흔히 역사라는 의미를 함축한다. 시간이 끊임없이 흐르듯 강도 끊임없이 흐르기 때문이다. 사랑 또한 운명적이든 감정적이든 변화를 겪는다. 이 시에서 화자는 물의 흐름을 인간이 느끼는 사랑의 변화와 계열체에 놓음으로써 물이 인간과 다른 점을 본다. 즉, 사랑의 변화를 겪는 물의 흐름은 화자가 자신을 대상으로부터 분리함으로써 자연의 모습만을 보고자 하는 화자의 의도적인 상상적 관찰인 것이다. 그 바라봄의 과정에서 화자는 물의 공간적 배경에 주목하고 있다. 그로 인해 물은 인간과 같이 설움이라는 한 곳에 집착하지 않고 있음을 발견하게 된다. 물은 산골에서 느꼈던 그 기쁜 첫사랑의 소리가 강으로 옮겨 오면서 점차 사라지는 사랑의 아픔을 인간과 같이 느끼게 되지만, 그 아픔을 인간과는 달리 순리로 체득해 가며 결국 바다라는 더 넓은 세계로 소리죽이며 나아가는, 설움 이상의 것으로 승화하려는 초월의 의지를 보여주고 있다. 다시 말해 산골→강→바다라는 공간의 확장을 통해 인간처럼 집착하며 서러워만 하는 것이 아니라 더 나은 세계로 향하며 그 설움을 승화하는 초월의 의지를 보여주고 있는 것이다.

바다는 물의 종착점인 동시에 출발점이다. 달리 말하면 바다는 죽음인 동시에 재생, 다시 거듭남을 상징한다. 또한 바다는 모든 것을 받아들이는 존재의 의미가 있다. 그곳에서는 사랑으로 인한 기쁨과 슬픔의 소리가 모두 하나가 된다. 결국 가을 강은 바다를 죽음으로 보았을 때 울음이 탔지만, 그것을 또 다른 재생의 의미로 받아들이면서 울음을 녹여 기쁨과 슬픔의 소리를 하나로 만들어 소리죽이며 바다로 가는 것이다. 바다에 다 와 가며 그 설움에 얽매여 있던 좁은 마음을 점차 열고 그 기쁨과 슬픔의 소리를 하나로 화해시킨다. 결국 화자는 죽음을 끝이 아닌 하나의 시작으로 보았을 때 그 설움이 극복됨을 가을

강을 보며 알게 된 것이다.

이렇듯 "네보담도 내보담도" 그 설움을 잘 극복하고 있는 자연의 모습을 닮아 보자고 화자는 "저것 봐, 저것 봐"하며 청자인 친구에게 외쳤던 것이고, 자연의 모습을 닮고자 하는 의지가 생기게 됨으로써 화자에게 이제껏 "울음이 타는 가을강"으로 보였던 것이 "소리죽은 가을강"으로 "처음" 보이게 된 것이다.

이처럼 「울음이 타는 가을강」은 자연과 같이 죽음이나 어떠한 상실을 끝이 아닌 또 다른 시작으로 생각하여 그 설움을 승화해보자는 의지를 담고 있는데, 이러한 화자의 극복 의지가 '자연의 발견'에서 온 것임에 주목할 필요가 있다. 박재삼은 이 시를 노산공원에 올라 썼다고 했다. 사천의 지형적 특성을 보면 이 시가 금방 이해되는데, 와룡산에서 시작한 산골물이 한내천을 따라 흘러 박재삼이 살았던 팔포에 와서 목섬 앞의 바다로 이어진다. 노산공원에 올라 보면 팔포에서 강물이 바다로 이어지는 그 광경을 한눈에 볼 수 있다. 즉, 박재삼 시인은 삼천포의 자연을 보며 자연의 이치를 통해 삶의 이치를 깨닫고 그

팔포 한내천이 바다로 이어지는 전경

천년의 바람 시비

것을 생의 순리로 받아들인 것이다. 박재삼의 울음은 그렇게 시로 형상화되어 달래졌다.

> 천년 전에 하던 장난을
> 바람은 아직도 하고 있다.
> 소나무 가지에 쉴새 없이 와서는
> 간지러움을 주고 있는 걸 보아라
> 아, 보아라 보아라
> 아직도 천년 전의 되풀이다.
>
> 그러므로 지치지 말 일이다.
> 사람아 사람아
> 이상한 것에까지 눈을 돌리고
> 탐을 내는 사람아.

3-「천년의 바람」전문

위의 시는 노산공원에서 눈앞에 바다가 펼쳐지는 팔각정 있는 방향으로 내려가다 보면 왼편에 시비로 새겨져 있다. 1988년에 조성된 이 시비는 박재삼 시인이 직접 장소를 물색하고 시비에 새길 시를 골랐다는 점에서 의미가 크다. 시집 『삼천포 육자배기』의 시인 최송량의 증언에 따르면, 「울음이 타는 가을강」을 창작한 곳이 바로 이곳 노산 언덕인데, 왜 그 시를 새기지 않고, 「천년의 바람」을 선택하냐는 물음에 박재삼 시인은 그냥 미소만 지을 뿐 아무 답도 하지 않았다고 한다.[4] 박재삼은 이 시에 어떤 의미를 닮았길래 시비로 남기려 했을까.

이 시에서 화자는 자연의 영원성과 무욕을 인간의 유한성과 탐욕의 대립구조로 발화하고 있다. 화자는 소나무가 바람에 흔들리는 모습을 일정한 거리에서 관조하면서 사람과 자연의 차이점을 의도적으로 분리하여 보여준다. 바람은 소나무 가지에 와서 간지러움을 주는 그 작고 단순한 장난이 재밌어 천년 동안을 지겨워하지 않고 반복하고 있다. 그러나 사람의 모습은 어떠한가. 작은 재미, 단순한 일에는 금방 실증이나 얼마 지나지 않아 또 다른 곳에 눈을 돌려 그것에 탐을 낸다. 이러한 사람의 탐욕을 화자는 바람이 천년 동안 되풀이하는 그 작은 장난에 대립시켜 뉘우치게 하고 있다. 결국 이 시는 바람의 무욕을 중심 내용으로 다루어 시인을 비롯한 우리가 그런 자연과 같이 욕심 없이, 탐욕 없이 삶에 순응하며 살기를 바라는 마음을 담은 것이다.

이와 같이 박재삼의 시는 자연과 인간의 차이점을 발견하고 인간의 비자연성을 뉘우치게 한다. 이는 시인이 자연과 인간을 분리함으로써 자연의 일부인 인간이 점점 자연의 속성에서 멀어지고 있는 모습을 보여주고 자연의 이치를 다시 깨닫게 하여 인간의 비자연성을 뉘우치게 하려는 의도라고 할 수 있다.

이처럼 박재삼 시는 설화적 인물이나 자연을 통해 설움을 형상화하는데, 그 설움을 또한 극복하고 있다. 그 설움의 근원을 이해하는 중요한 실마리 하나가 '가난'인데, 박재삼 시에서 '가난'이 가지는 독특

4 　박광수, 「눈부신 푸른 바다가 어루만지고 품고 보살펴 詩를 키웠다」, 『문화일보』, 2017.10.13.

한 점은 화자가 가난으로 설움을 받게 되는 동시에 가난의 경험으로
부터 물질적인 부에서는 얻을 수 없는 정신적인 가치를 얻고 있다는
것이다.

> 새벽 서릿길을 밟으며
> 어머니는 장사를 나가셨다가
> 촉촉한 밤이슬에 젖으며
> 우리들 머리맡으로 돌아오셨다.
>
> 선반엔 꿀단지가 채워져 있기는커녕
> 먼지만 부옇게 쌓여 있는데,
> 빚으로도 못 갚는 땟국물 같은 어린것들이
> 방안에 제멋대로 뒹굴어져 자는데,
>
> 보는 이 없는 것,
> 알아주는 이 없는 것,
> 이마 위에 이고 온
> 별빛을 풀어놓는다.
> 소매에 묻히고 온
> 달빛을 털어놓는다.

4-「어떤 귀로」전문

위의 시에서 화자는 어머니가 "어린것들"을 두고 "새벽 서릿길

을 밟으며" "장사를 나가셨다가" 어떤 모습과 어떤 마음으로 집으로 돌아오시는지, 그 고단하고 가슴 시린 귀로를 발화하고 있다. 어머니는 새벽 일찍 나가 자식들이 "제멋대로 뒹굴어져" 잠이 들 때야 돌아오시는데, "어린것들"에게 줄 간식이나 장난감을 사 오지 못할 만큼 장사가 되지 않았다. 그런 날이 많았는지 "선반"의 "먼지"처럼 "빚"도 쌓여가는 가난한 가정의 모습이 그려지고 있다. 하지만 어머니는 간식과 장난감 대신 "별빛"과 "달빛"을 "이마 위에 이고", "소매에 묻"혀 가지고 오신다. 물질적인 보상이 없는 가난 속에서도 배고픔을 잊고 살아갈 수 있었던 것은 바로 어머니가 풀어내는 그 별빛과 달빛을 먹고 자랐기 때문이다. 어머니의 사랑은 화자가 생각하는 것보다 더 높은 곳에서 "반짝이는" 마음이었기 때문에 화자는 그러한 어머니의 사랑을 느끼며 그 사랑으로 가난을 극복할 수 있었다고 발화하고 있다. 이렇듯 가난 속에서도 어머니의 사랑이 있었기 때문에 박재삼에게 가난은 극복될 수 있는 오히려 가치 있는 정신의 자산이 되었던 것이다.

마지막으로 박재삼의 시 중 필자가 개인적으로 가장 좋아하는 시는 다음의 시다.

해와 달, 별까지의
거리 말인가
어쩌겠나 그냥 그 아득하면 되리라.

사랑하는 사람과

나의 거리도

자로 재지 못할 바엔

이 또한 아득하면 되리라.

이것들이 다시

냉수사발 안에 떠서

어른어른 비쳐오는

그 이상을 나는 볼 수가 없어라.

그리고 나는 이 냉수를

시방 갈증 때문에

마실 밖에는 다른 작정은 없어라.

3- 「아득하면 되리라」 전문

이 시는 박재삼의 제3시집 『천년의 바람』에 실려 있는 「아득하면 되리라」이다. 이 시에서 화자는 "해와 달, 별까지의 거리"처럼 "사랑하는 사람과 나의 거리"가 "자로 재지 못할"만큼 멀다면 그냥 그대로 "아득하면" 될 것이라 노래하고 있다. '아득하다'는 말은 멀게 보이거나 소리가 희미하게 들릴 때, 까마득하게 오래되었을 때, 어떻게 하면 좋을지 막연할 때, 정신이 아찔하고 흐리멍덩할 때 쓰는 말이다. 즉, 화자는 사랑하는 이와 멀리 떨어져 오래 만나지 못하게 되면 그의 모습과 목소리가 희미해질 것임을 알고 있으면서도 그 아득함을 그냥 받아들이겠다고 한다. "어쩌겠나 그냥 그 아득하면 되리라"라고 체념하며 만나지 못하는 상황에 순응하는 태도를 보인다. 그러나 사랑하는 사람의 모습은 일상에서 문득문득 떠오르게 마련이다. 임의 모습이 "냉수사발 안에 떠서" "어른어른 비쳐"올 때 당장이라도 임의 곁으로 가고 싶지만, 현실의 "갈증"들이 화자의 발목을 잡고 만다. 어떤 상황인지는 알 수 없으나 화자는 임에게로 갈 수 없는 현실에 순응하고 있고, 일상 속에 임의 모습이 떠오를 때 "시방 갈증 때문에" 즉, 현실에서 부딪히는 자신의 여러 문제 때문에, 그 갈증을 해소하는 일이 더 급하여 임의 모습이 떠오른 "냉수사발"을 그냥 "마실 밖에는 다른 작정"을 못하고 있다. 화자의 소극적인 태도가 답답하기도 하지만, 현실의 문제에 안주할 수밖에 없는 화자의 마음이 안타깝기도 하다. 그러나 어디 이 시의 화자뿐이겠는가. 우리네 삶 또한 포기하고 체념하며 살게 되는 일이 얼마나 많은가. 그럴 때는 그냥 삶의 순리에 순응하며 사는 것이 유일한 방법인지도 모른다. 포기가 아닌 순응. "어쩌겠나 그냥 그 아득하면 되리라"는 화자의 말이 그래도 사랑의 마음만은 잔잔하게 간직하고 살겠다는 말처럼 들려서 필자는 이 시가 참 좋다.

자연의 순리와 삶의 순리, 그것에 순응하면서도 잔잔하게 사랑의 마음을 간직하며 사는 것, 필자는 그것이 박재삼 시가 보여주는 순응의 미학이 아닐까 생각한다.

4. 박재삼 문학관의 활성화를 기대하며

1층의 전시실을 나와 2층으로 오르니 세미나나 강연을 할 수 있는 다목적실이 있었는데, 한쪽 벽면에는 박재삼의 시가 여러 액자에 걸려 있었다. 이곳은 박재삼의 모습을 영상으로 시청할 수 있는 곳이기도 하다. 방문객이 우리 둘뿐이었는데도 문화관광해설사 강외숙 님이 10여 분가량의 영상을 기꺼이 틀어주셔서 박재삼의 생전 모습을 영상으로 만나볼 수 있었다. 담배를 물고 시를 써 내려가는 모습과 삼천포 부둣가와 바닷가를 거니는 박재삼의 모습을 볼 수 있었고, 그가 직접 낭송하는 시도 들을 수 있었다. 필자는 그 영상을 받아와서 더 많은 이들에게 박재삼을 알리고 싶었으나 단 하나의 CD로만 남아있어 복사할 수도, 외부에 공개할 수도 없는 영상이라고 한다. 그러니까 오직 박재삼 문학관에 와야만 볼 수 있는 귀한 영상이니 1층 전시관만 둘러보고 가지 말고 꼭 2층에 올라와 이 영상을 보고 가길 권한다. 코로나 시국으로 뜸하긴 했지만, 이곳 다목적실에서 문학 세미나도 하고, 문인 초청 강연도 하고, 박재삼 문학제 준비와 시상식도 한다고 하니 앞으로도 박재삼 문학관이 문인 양성과 문화예술의 장으로서 지역 문화산업에 앞장서면 좋겠다. 시창작 교실은 물론이고 박재삼의 시를 문학치료 소재로 활용하는 방법도 간구해서 박재삼 시의 가치와 외연을 넓히고, 문학치료를 통해 심리적 강건함을 심어주고 분노와 죄의식, 격렬한 감정들을 틀어놓게 함으로써 삶의 새로운 출발을 유도하는 역할까지 해주면 좋을 듯하다.[5]

3층에는 어린이 도서관과 옥외휴게실이 있는데 이곳 3층의 난

간에서 보면 눈부신 바다와 삼천포항, 멀리 창선삼천포대교와 흩어져 있는 섬들의 전경을 한눈에 볼 수 있다. "소시쩍 꾸중을 들은 날은/ 이 바다에 빠져드는 노산(魯山)에 와서/ 갈매기 끼룩대는 소리와/ 물비늘 반짝이는 것/ 돛단배 눈부신 것에/ 혼을 던지고 있었거든요."(「노산에 와서」)라고 노래했던 박재삼의 시처럼 어지럽고 복잡한 마음을 잠시 내려놓을 수 있는 곳, "혼을 던지고" 사천의 바다 풍광에 빠져들 수 있는 곳이다. 박재삼 시의 근원을 볼 수 있게 설계된 건축에 경의를 표하지 않을 수 없었다. 노산공원에 건립된 박재삼 문학관은 정말이지 박재삼 시의 본령을 온몸으로 느낄 수 있는 선물 같은 곳이다. 더불어 박재삼 문학관 홈페이지도 잘 개설되어 있으니 디지털 문학관의 작품 게시판이나 시낭송 영상, 박재삼을 말하다 등의 다양한 콘텐츠를 만나보길 바란다.[6]

세월의 간격을 뛰어넘어 박재삼이 본 바다를 보고, 박재삼이 걸었던 거리를 걷고, 그가 오르내렸던 노산공원에 와서 그의 삶과 시를 만나고 나니 '우리'라는 말이 더 이상 어색하지 않다. 이제 박재삼의 시가 더 따뜻하게 느껴질 것 같다. 사천시라는 이름 안에서 아름다운 바다와 시를 품고 있는 박재삼 문학관, 사천에서 더 많은 시인이 배출될 수 있도록 시가 고향처럼 위안이 되는 예술임을 알려주며 내내 건재하시라.

---

5   김윤환, 「문학관 활성화 방안-문학치료실 및 자료실을 중심으로」, 한국문화기술연구소, 『문학관과 문화산업』, 단국대학교출판부, 2007, 181-206쪽 참고.

6   박재삼 문학관 홈페이지 https://www.sacheon.go.kr/life/04063/04064.web

참고문헌

1.기본 자료

박재삼 문학관 주소: (52568) 경남 사천시 박재삼길 27. 대표전화 055-832-
　　4953

박재삼 문학관 홈페이지: https://www.sacheon.go.kr/life/04063/04064.web

박재삼기념사업회, 『박재삼 시전집』, 경남, 2007.

2. 논문 및 단행본

박재삼, 「박재삼 자술 연보」, 『아득하면 되리라』, 정음사, 1984.

이순희, 『박재삼 시 연구: 전기적 생애와 시 세계와의 관련성을 중심으로』,
　　경남대학교 교육대학원 석사논문, 2005.

이현정, 「박재삼 시 연구」, 숙명여대 대학원 석사논문, 2001.

장석주, 『20세기 한국 문학의 탐험 3』, 시공사, 2000.

정삼조, 「박재삼의 시세계」, 『경남의 시인들』, 박이정, 2005.

천이두, 『우리 시대의 문학』, 문학동네, 1998.

한국문화기술연구소, 『문학관과 문화산업』, 단국대학교출판부, 2007.

3. 기타

박광수, 「눈부신 푸른 바다가 어루만지고 품고 보살펴 詩를 키웠다」, 『문화
　　일보』, 2017.10.13.

박경리의 『토지』 그리고 대한민국 알프스, 하동 *

장미영(강남대학교)

1. 박경리, 작가와 작품세계

박경리(朴景利, 1926년 12월 2일(음력 10월 28일)~2008년 5월 5일, 본명 박금이)
는 1955년 8월 『현대문학』에 단편 「계산」이 김동리에 의해 초회 추천
되었고, 1956년 8월 『현대문학』에 단편 「흑흑백백」이 추천 완료되어
문단 활동을 시작한 이래 단편소설 48편과 『토지』 1~20권을 비롯한
장편소설 총 20편, 산문집 10권, 시집 5권을 발표하는 등 작품 수가 방
대하고 한국을 대표하는 작가 중 한 명이다. 작품 수만큼이나 박경리
에 대한 연구 또한 많아서 한국학술연구정보원 학술정보서비스(RISS)

---

* 이 글은 2022년 숙명여대 교양교육연구소가 용산구청의 위탁교육을 수주받
아 진행된 "용산 YES 아카데미" 강의록을 글로 푼 것이다.

에 '박경리'를 키워드로 검색한 결과가 2,385건이며 이중 석·박사학위 논문 123편, 학술지 발표 논문 330여 편에 이르는 등 방대한 연구 성과를 확인할 수 있다. 박경리 문학의 매체 변이 관련 연구로 영화와 TV 드라마, 만화로 각색된 텍스트에 관한 연구가 다수 있고, 박경리 문학을 문화콘텐츠의 관점에서 연구하려는 경우도 등장하고 있다.[1] 또한 지난 2006년에 조사된 〈EBS 설문 조사로 본 한국인이 좋아하는 소설〉에 의하면 박경리의 『토지』가 한국인이 가장 좋아하는 소설 1위로 선정된 바 있다. 이후 2014년 한국갤럽조사에 의하면 박경리는 한국인이 좋아하는 소설가 3위에 올랐으며 여전히 『토지』를 비롯한 『표류도』, 『김약국의 딸들』, 『시장과 전장』과 1960, 70년대 장편소설에 대한 논의는 꾸준히 이루어지고 있다.[2]

박경리 문학 연구는 시기별로 크게 문단 데뷔이후 「표류도」 발표 이전과 1960년대 이후 중·장편 중심 발표 시기, 『토지』 발표 이후로 나누어 고찰하고 있다. 초기 자전적 소설에서 「표류도」 이후 공적 세계로 작가의 시선이 옮겨 가고 있다는 평가를 근거로 한 것이다. 중기는 『토지』를 발표하기 이전 1960·70년대 초반까지로 중·장편소설이 주를 이루었고, 이 시기에도 20여 편의 단편소설을 발표하였다. 1969

— 1   최유희(2011), 「만화 〈토지〉의 서사 변용 연구」, 『현대문학의 연구』, Vol.43; (2010) 「매체 전환에 따른 『토지』의 변용 연구: 영화, TV드라마, 만화를 중심으로」, 고려대학교 박사학위 논문; 정명숙(2013), 「문인을 활용한 문화콘텐츠 개발 유형 연구」, 성공회대학교 석사학위 논문; 강희재(2010), 「소설 『토지』를 활용한 역사 시민강좌 운영 사례」, 『강원문화연구』, Vol.29 등이 있다.

— 2   장미영(2018), 박경리 문학의 여성인물 원형 연구—초기 단편소설을 중심으로, 『대중서사연구』 24-1, 449-450쪽 재인용.

년부터 본격적으로 『토지』를 집필하기 시작하여 1994년 8월 30일 완성하였다. 『토지』는 1969년 〈현대문학〉에 연재를 시작하여 26년만인 1994년에 전 5부 16권 25편 396장으로 완간한 대하소설이다.

박경리의 『토지』에 대한 논의는 초반에는 주로 인물과 서사 구조 연구에 집중되어 있었으나, 생명사상, 대화성, 죽음의 문제, 한의 양상, 동학문제 등을 다루거나 비교문학적으로 고찰하는 등 다양한 접근이 시도되고 있다.[3] 역사소설로서 장르적 특성에 관한 논의[4]와 『토지』의 서술 특성에 대해서 최유찬은 "역사 사건에 대한 서술을 일부러 배제한 듯이 구성되어 있으면서도 작품을 읽고 나면 소재가 된 시대의 역사와 중요 사건들이 독자에게서 생생하게 되살아난다. 이는 이 작품이 역사적으로나 개인사적으로 중요한 사건들을 일부러 생략시킴으로써 그러한 주요 사건들이 인간의 일상적 삶과 내면에 끼친 구체적 영향을 그려내는 데 주력한 작품임을 알 수 있게 한다."[5]라고 하여 박경리의 『토지』에 대한 초기 역사의식의 부재와 관련하여 오히려 역사적 사실을 후경화 함으로써 얻어지는 효과를 밝히고 있다. 최근에 들어서는 타자의식, 환대, 악의 상징 등 주제적으로 다양한 논의가 이루어지고 있어 박경리와 문학세계에 대한 질적 양적으로 상당 수준에 이르렀다고 할 수 있다.

—— 3   김치수(1982), 『박경리와 이청준』, 민음사, 1982, 190쪽.

—— 4   염무웅(1979), 「역사라는 운명극」, 『민중시대의 문학』, 창작과비평사.

—— 5   최유찬, 「『토지』의 장르론적 고찰」, 『현대문학의 연구』 10권, 한국문학연구학회, 1998, 409-433쪽.

특히 『토지』는 영화, TV드라마, 서사음악극, 만화, 그리고 문학관이나 건축물의 형태로 장르를 달리하여 활용되었다.[6] 이렇게 하나의 원천 소스를 기반으로 다양한 매체의 변용을 문화콘텐츠 산업에서 OSMU(One Source Multi Use)현상이라 한다. OSMU(One Source Multi Use)는 기본적으로 원천 소스에 대한 대중의 인정과 부가가치 창출을 기대할 수 있어야 하는데, 이러한 관점에서 보았을 때 박경리의 『토지』는 OSMU(One Source Multi Use)의 적합한 텍스트 중 하나라고 할 수 있다. 특히 〈토지〉의 600여 명의 인물과 구한말의 시대적 배경은 서사적흥미와 몰입을 높이고 있어 원천소스로서 활용가치가 높다고 할 수 있다. 대하소설 『토지』는 다양한 매체를 통하여 지속적으로 콘텐츠의 원작으로서 활용되고 있으며, 또한 콘텐츠는 콘텐츠대로 그 나름의 변용과 재생산을 통해 확산되고 있음을 알 수 있다. 다시 말해, 드라마는 또 다른 드라마로, 드라마 세트장은 관광 상품으로, 종이책 만화는 eBook으로, 음악극은 다른 공연작품으로 재생산되고 있는 것이다.[7] 이중 드라마 〈토지〉는 매체의 변용을 통해 문화콘텐츠로서 새롭게 창조된 것은 물론 지역 관광자원의 개발 활용의 대표 사례라 할 수 있다.

6 　김예니, 만화 『토지』가 보여주는 매체 전환의 한계, 『돈암어문학』 31, 2017, 111-140쪽.

7 　조윤아, 원작 해체를 통한 대중문화 콘텐츠의 확대 가능성─〈토지〉의 '인물열전'을 중심으로, 대중서사연구, 24(4), 2018, 38쪽.

2. 소설 『토지』, 드라마 〈토지〉

『토지』는 구한말 조선의 몰락이 시작되어 일제강점기를 거쳐 해
방에 이르기까지 한 시대가 몰락하고 새로운 시대가 시작되는 격동의
전환기를 살아간 다양한 계층의 인물들의 서사이다. 지주였던 최씨
일가의 가족사를 중심축으로 기억과 전언으로 그려지는 인물에 이르
기까지 폭넓게 그려지고 있다. 지난 시대 한민족(韓民族)이 겪은 고난
의 삶을 생생하게 형상화해 낸 점에서 『토지』는 역사소설의 규준에도
적응하는 것이지만, 근본적인 의미에서 인간의 보편성에 대한 탐구로
서 더 큰 성과를 얻고 있다. 인간의 보편적 희로애락애오욕의 감정은
시대를 초월한 본질적인 문제이며 현재적 의미를 포함한다. 이러한
의미에서 박경리의 『토지』는 한국인으로서 지난 역사를 반추할 수 있
고, 여전히 종결되지 않는 인간의 내면적 갈등과 관계를 탐구하기 좋
은 텍스트이다.

해마다 많은 독서가들의 버킷리스트에는 박경리의 『토지』 완독
이 들어있을 것이다. 그러나 20권이라는 양적인 부담감[8]에 지레 포기
하거나 반쯤 지나 여러 가지 이유를 들어 독서 기간을 연장하는 경우

---

8   『토지』의 전체 분량은 약 520만 음절, 200자 원고지로 3만 장 정도 된다. (나
남 출판사본을 기준으로 했을 때 정확히 5, 132, 142 글자이며, 컴퓨터 파일 상에서 단순하게 원
고지 장수로 환산할 경우 29, 439장이 나온다.) 현재까지 『토지』만을 대상으로 한 박사
학위 논문이 13편이며 박경리 문학 전반을 다룬 논문 역시 10편이 넘는다. 석
사 학위 논문과 평론, 소논문 등은 각각 수백 편이 넘는다(박상민, 박경리 『토지』
연구의 통시적 고찰, 『한국근대문학연구』 31, 2015, 271쪽).

도 비일 비재하다. 그러나 소설 『토지』를 완독한 사람은 많지 않아도 드라마 〈토지〉를 통해 기본 줄거리는 알고 있어 마치 읽어 본 양 익숙하게 떠올릴 사람들은 많을 것이다. 〈토지〉가 처음 드라마로 만들어진 것은 43년 전인 1979년으로 소설 『토지』의 1부에서 3부까지 내용을 KBS에서 1979년 10월부터 1980년 12월까지 매주 1회씩 48번에 걸쳐 방영하였다. 그 후 두 번째 〈토지〉는 소설의 1부에서 4부까지의 내용으로 KBS에서 1987~1989년까지 2년 6개월간 방영되었다. 가장 최근에 방영된 세 번째 〈토지〉는 SBS에서 2004년 11월 27일~2005년 5월 22일까지 50부작으로 소설의 1부에서 5부 전체의 내용을 담고 있다. 그 당시 만들어진 드라마 세트장은 현재 하동군에서 관광 상품으로 활용하고 있기도 하다. 제1대 최서희역의 한혜숙을 시작으로 2대 최수지, 3대 김현주에 이르기까지 당대 내로라 하는 여배우들이 도도하면서도 서슬퍼런 연기를 보여주어 소설 속 인물을 이해하는 데 일조하였다. 각 드라마가 만들어지고 방영된 시대적 상황에 따라 연출과 주제가 달라지고 등장인물에 대한 해석도 조금씩 차이가 있지만 드라마 〈토지〉 대중들에게 인기를 얻을 수 있었던 가장 근본적인 이유는 인간의 진솔한 욕망을 개인, 공동체, 국가의 차원으로 접근하여 보여주고 있다는 점이다. 배우들의 실감나는 연기로 소설에 대한 흥미와 관심을 환기시켜 독서로까지 이어졌는지는 확인하기 어렵지만 드라마 〈토지〉가 소설 『토지』를 대중적으로 널리 알리는 데는 한몫했으리라는 사실은 충분히 유추할 수 있다.

　세 번의 각색을 거쳐 방영된 드라마 〈토지〉로 인해 소설 『토지』에 대한 관심은 드라마 〈토지〉의 세트장으로 지어진 하동 최참판댁과 등장인물의 집으로 이어졌고 하동군의 중요 관광상품으로 개발되어 탐방코스로 자리잡고 있다. 특히 최참판댁 앞마당에서 내려다보는 평사리의 악양평야는 절로 만석꾼의 마음을 느낄 수 있게 하여 문학과 현실의 경계를 허물고 감정 이입을 돕는다. 문학의 본령이 생의 본질을 깨닫고 자기를 회복하는 진정성에 있다면 소설 『토지』는 그러한 점에서 문학적 가치를 충분히 실현하고 있으며, 드라마 〈토지〉는 좀 더 쉽게 다가갈 수 있는 발판을 제공하고 있다.

드라마 〈토지〉 여주인공, 한혜숙, 최수지, 김현주[9]

　소설 『토지』의 공간적 배경이자 드라마 〈토지〉의 세트장이 자리하고 있는 경상남도 하동군 평사리 악양면은 넓은 평야로, 통영 출신인 박경리는 경상도 사투리를 쓰는데 경상도에서 만석꾼이 나올만한 땅을 찾다가 '옳다구나' 무릎을 쳤

9　https://encrypted-tbn0.gstatic.com/images?q=tbn:ANd9GcT6wbYFd3LP4lhIf MkcHXJRcYHEVZYQWpcP2g&usqp=CAU
https://mblogthumb-phinf.pstatic.net/20110331_122/hujinkao_130155440 96224MmFI_JPEG/2.jpg?type=w2
https://encrypted-tbn0.gstatic.com/images?q=tbn:ANd9GcTEDrO8-9Ps85G jXZU3xAr0449f5GX3TPdC_w&usqp=CAU

고소성에서 바라본 평사리 들판[10]

다고 한다. 토지에 대한 착상은 "『토지』는 6·25사변 이전부터 내 마음
언저리에 자리 잡았던 이야기예요. 외할머니가 어린 나에게 들려주던
얘기가 그렇게 선명하게 나를 졸라대고 있었거든요. 그것은 빛깔로
남아있어요. 외가는 거제도에 있었어요. 거제도 어느 곳에, 끝도 없는
넓은 땅에 누렇게 익은 벼가 그냥 땅으로 떨어져 내릴 때까지 거둘 사
람을 기다렸는데, 이미 호열자(콜레라)가 그들을 죽음으로 데리고 갔지
요. … 삶과 생명을 나타내는 벼의 노란색과 호열자가 번져오는 죽음
의 핏빛이 젊은 시절 내내 나의 머리를 떠나지 않았어요."[11]라고 밝힌
바 있다.

—— 10   https://cdn.visitkorea.or.kr/img/call?cmd=VIEW&id=d16ff155-701e-4398-
9bbd-e67d3102051d

—— 11   박경리, 『가설을 위한 망상』, 나남, 2007, 320쪽.

넓은 들판과 섬진강의 풍부한 물은 사람이 살기 좋은 터전이 되었고, 하동군 평사리를 에워싸고 있는 지리산은 민족적 비극과 애환을 묻고 있는 공간으로서 다양한 인물군상의 역사의 기록처로 남게 되었다.

3. 〈토지〉의 공간, 대한민국 알프스 하동

소설 『토지』의 공간적 배경은 평사리 뿐만 아니라 간도, 진주, 통영, 경성, 만주, 하얼빈, 연해주와 일본에 이르기까지 다양하며 쫓겨갔다 되돌아 오고, 떠나고, 머물며 인물들의 삶은 지속된다. 『토지』 속 공간의 이동과 회귀는 인물들의 흥망성쇠와 궤를 같이하며 이야기를 이끌어가는 중요한 요소이다. 평사리는 기존의 관습이 지배하던 공간으로 최참판댁을 중심으로 마을공동체는 돌아가고 있었다. 무너지기 시작한 구질서는 외부인의 등장으로 균열을 일으키며 파국으로 치닫게 된다. 소설적 장치로서의 공간은 작품 속의 그 인물이 있는 곳, 인물이 행동하고 관찰하고 회상하고 상상하는 곳, 인물을 둘러싸고 있는 사회적·자연적 환경, 그리고 작품에 그려진 세계이다.[12] 그러므로 인물들에게 평사리는 지리적 공간인 동시에 사회적·심리적 환경이기도 하다. 『토지』의 첫 시작은 한가위 장면으로 평사리의 공동체적 면

12　이대규, 『문학의 해석』, 신구문화사, 1998, 63쪽.

모를 확인할 수 있다.

> 1897년의 한가위.
>
> 까치들이 울타리 안 감나무에 와서 아침 인사를 하기도 전에, 무색 옷에 댕기꼬리를 늘인 아이들은 송편을 입에 물고 마을길을 쏘다니며 기뻐서 날뛴다. 어른들은 해가 중천에서 좀 기울어질 무렵이래야, 차례를 치러야 했고 성묘를 해야 했고 이웃끼리 음식을 나누다 보면 한나절은 넘는다. 이때부터 타작마당에 사람들이 모이기 시작하고 들뜨기 시작하고—남정네 노인들보다 아낙들의 채비는 아무래도 더디어지는데 그럴 수밖에 없는 것이 식구들 시중에 음식 간수를 끝내어도제 자신의 치장이 남아 있었으니까. 이 바람에 고개가 무거운 벼이삭이황금빛 물결을 이루는 들판에서는, 마음놓은 새떼들이 모여들어 풍성한 향연을 벌인다.[13]

『토지』 제1부는 1897년 한가위에서부터 1908년 5월까지의 이야기로, 평사리를 공간적 배경으로 전개된다. 평사리의 전통적 지주인 최참판댁과 그 마을 소작인들을 중심인물로 하여 최참판댁의 가족사적 비극과 일가친척인 조준구의 계략, 귀녀·김평산 등의 욕망이 얽혀 공동체의 견고했던 관계에 균열이 생기고 구한말의 사회적 전환기가 덧붙여져 씨실과 날실처럼 교직되어 서사를 구성한다. 일제에 의한

---

13 박경리, 『토지』, 나남출판사, 2002, 39쪽.

대한민국 알프스 하동 로고[14]

드라마 〈토지〉 세트장 건립 배경과 안내도

국권상실, 봉건 가부장체제와 신분질서의 붕괴, 농업경제로부터 화폐 경제로의 전환 등 구한말 사회 변동은 최참판댁의 몰락과 조선의 몰락

드라마 〈토지〉 최참판댁 전경[15]

최참판댁 앞 최치수의 동상과 사랑채[16]

을 동시에 보여준다. 이러한 체제, 질서의 변화는 평사리라는 공간적 특성을 배경으로 더욱 극적으로 드러난다. 소설을 읽은 사람이건 드라

---

15 https://www.hadong.go.kr/CmsMultiFile/view.do?multifileId=TOUR0019&idx
=30536&s=thumb

16 http://www.ubestar.com/kor/gyeongnam/hadong-2/vr/index_01.html?startscene
=scene_23

최참판댁 세트장 본보기 고택 화사별서(花史別墅)

마를 본 사람이건 상관없이 상상의 이야기를 현실에 재현해 놓은 물리적 공간에 대한 호기심과 친근함으로 최참판댁은 명소가 되었다. 최참판댁은 만석꾼의 공동체 안에서의 위상을 가시적으로 구현해 놓았는데 최치수가 머물렀던 사랑채는 귀녀에게 보여줬던 냉대와 구천에 대한 살의를 품고있고 당주로서의 위엄이 드러나는 공간이기도 하다.

최참판댁 세트를 지을 때 본보기로 삼은 고택이 남아 있는데 평사리에서 직선거리로 2.5㎞ 떨어진 정서리의 '화사별서(花史別墅)'[17]다. 화사별서는 경상남도 유형문화재 제657호로 지정된 지방문화재

---

17 화사별서는 화사 조재희(花史 趙載禧, 1861~1941)가 건립하였다. 안채의 상량문에는 '開國五百二十七年戊午三月初十日午時上樑'으로 적혀 있어 1918년에 건립된 것을 알 수 있다. 소유자에 의하면 조재희가 이 집을 건립하기 위해 1902년에 착공하여 16년에 걸쳐 완성되었다고 한다. 하동에서는 '조 부자집'으로 알려져 있으며, 현재 박경리의 소설인 '토지'에 등장하는 최참판댁의 배경이 된 고택으로 알려져 있다.
(http://www.heritage.go.kr/heri/cul/culSelectDetail.do?s_kdcd=&s_ctcd=38&ccbaKdcd=21&ccbaAsno=06570000&ccbaCtcd=38&ccbaCpno=2113806570000&ccbaLcto=45&culPageNo=6&header=region&pageNo__=1_2_1_0&returnUrl=%2Fheri%2Fcul%2FculSelectRegionList.do&assetnamel=&pageNo=1_1_2_0)

다. 화사별서는 조선 개국공신 조준(1346~1405)의 25대손 조재희(1861~1941)가 1890년대 초반 지은 집이다. 화사(花史)는 조재희의 아호이며, 별서(別墅)는 농사 짓는 별장이란 뜻이다. 별장 터를 물색하던 조재희에게 나라의 풍수를 보는 국풍(國風)이 명당을 찍어줬다고 한다.

소설 『토지』와 관련된 하동의 또 다른 공간으로 지리산과 섬진강을 들 수 있는데, 지리산은 별당아씨를 업고 도망친 구천이에게는 한이 서려있는 비극적 공간이고, 김개주를 비롯한 인물들에게는 빨치산 활동을 하며 구국의 꿈을 심어둔 공간이기도 하다.

마땅한 자리가 있을까?"
"마땅한 자리야 부지기수지요. 지리산이 어떤 곳인데? 어떻게 경영하는가가 문제지요. 이군 한 사람 피신하는 거야 뭐가 그리 어려운 일이겠소."
"하면은."
"지금도 수월찮은 사람들이 산에 들어와 있는데 앞으로의 일이 큰 문제지요."
"앞으로 더 많은 사람들이 들어올 것이다 그 말씀이오?"
"아암."
해도사는 크게 고개를 끄덕였다.
"그야 피할 수 있다면 한 사람이라도 더 피하는 것이 좋겠지요."
"뜻대로 된다면야 조선사람 몽땅 피하는 것 이상 더 좋은 일이 어디 있겠소?"

"……"

"철없는 젊은이들은 산에 들어만 가면 솔잎을 뜯어먹더라도 살
수 있다 생각할지 모르나 실제 있어보면 그렇게는 안 되어 있거든.
첫째는 식량이 문제고 산이 표적이 되어서도 곤란한 일이지요."

"그건 그렇소."

"그렇다고 해서 명을 걸고 들어오는 사람 막을 수도 없는 일 아
니겠소?"

"……"[18]

이에 반해 섬진강은 "'강'은 흐르는 물만이 아니라, 강 위로 지
나가는 배, 강이 아니라면 존재하지 않았을 둑과 나루터, 강변 길, 강
가 모래사장, 강을 둘러싼 자연적이거나 인공적인 환경, 그리고 그곳
에 등장하는 인물이 이곳의 지역성을 형성하는 구성요소"[19]라는 조윤
아의 지적처럼 소통하는 공간으로서 의미를 가진다. 섬진강 나루터를
통해 들고 나며 세상의 변화를 수용하고 잠시 머물렀다 떠나가며 그
리움과 향수를 묻어두는 곳이기도 하기 때문이다.

나루터 주막을 지키고 있는 영산댁을 통해 드러나는 최참판댁과
마을 사람들에 대한 기억은 그래서 섬진강의 기억이기도 하다. "어쩌
면 그것은 사라진 세월이 대신 남겨놓고 간 가지가지 기억, 그 기억에

—— 18 박경리, 『토지』, 5부 3권, 2002, 337-338쪽.
—— 19 조윤아, 박경리의 소설 『토지』에 나타난 섬진강과 송화강의 지역성 연구, 『로
        컬리티인문학』 26, 2021, 43-78쪽.

지리산과 섬진강 풍경[20]

대한 애착 같은 것은 아니었을까. 그의 말대로 터럭만큼도 자신과는 상관이 없는 최참판댁이지만 그러나 최참판댁은 마을 역사의 봉우리로서 골짜기를 타고 흘러간 냇물이 마을 사람들 내력인 것만은 틀림이 없다. 말하자면 그 집, 드높은 곳에 겹겹이 들어앉은 거대한 기와집은 기억의 본산. 영산댁이 그 모든 기억에 애착을 가지는 것은 어쩌면 덤으로 사는 것 같은 자신을 현실에 밀착시키려는 의지 같은 것인지 모른다. 그러나 의지는 번번이 덤 그 자체인 것을 영산댁은 어렴풋이 깨닫게 된다."[21]

소설 『토지』의 마지막 장면은 최서희가 해방의 소식을 전해 듣고 마침내 자신을 옥죄고 있던 굴레의 쇠사슬이 끊어지는 것을 느끼며 끝맺고 있다. 이는 한 인간으로서 가문을 책임져야 했던 운명에서 놓여나는 것인 동시에 과거로부터 떨어져 새로운 세상의 출발을 알리는 것이기도 하다.

—— 20 https://www.hadong.go.kr/02639/02646/02693.web
—— 21 박경리, 『토지』, 4부 1권, 2002, 225쪽.

그 순간 서희는 자신을 휘감은 쇠사슬이 요란한 소리를 내며
땅에 떨어지는 것을 느낀다. 다음 순간 모녀는 부둥켜안았다.

이때 나루터에서는 읍내 갔다가 나룻배에서 내린 장연학이 둑
길에서 만세를 부르고 춤을 추며 걷고 있었다. 모자와 두루마기는
어디다 벗어던졌는지 동저고리 바람으로

"만세! 우리나라 만세! 아아 독립 만세! 사람들아! 만세다!"

외치고 외치며, 춤을 추고, 두 팔을 번쩍번쩍 쳐들며, 눈물을 흘
리다가는 소리 내어 웃고, 푸른 하늘에는 실구름이 흐르고 있었다.[22]

하동 평사리에서 시작된 이야기는 국내외를 이동하며 다시 평사
리로 돌아와 제자리를 잡는다. 이때 이들이 새롭게 정주하게 된 평사
리는 더 이상 과거의 최참판댁으로서 위세를 부리던 수직적 세계가
아닌 모두가 독립된 주체로서 살아가게 된 수평적 세계이다.

4. 하동의 남겨진 이야기

박경리는 역사의식의 부재를 비판하는 논의에 대해서 "제 소설
을 두고 역사를 많이 운운하지만 작가의 입장에서 저는 작품을 쓸 때
미리 어떤 역사적인 사실을 전제해두고 거기에 개인을 맞추어 넣지는

---

22   박경리, 『토지』, 5부 5편, 2002, 395쪽.

평사리 박경리 문학관

않아요. 왜냐하면 저는 역사가도 아니고, 사상가도 아니기 때문입니다. 사람 하나하나의 운명, 그리고 그 사람의 현실과의 대결을 통해서 역사가 투영됩니다. 열 사람이면 열 사람, 백 사람이면 백 사람을 모두 이렇게 주인공으로 할 경우 비로소 역사라는 것이 뚜렷이 배경으로서 떠오르게 되지요."[23]라고 말하고 있다. 박경리가 초점을 맞추고 있는 것은 거대한 이념도 역사도 아닌 생명을 가진 한 사람 한 사람이다. 결국 이 거대한 세계라는 것도 하루를 지켜내며 자기의 인생을 살아가는 한 사람으로부터 시작되고 끝이기 때문이다.

이처럼 <토지>는 최씨 일가의 3대에 걸친 파란만장한 삶을 중심으로 평사리에 살고 있던 민초들의 삶과 죽음, 기쁨과 슬픔이 공간의 이동과 당대 사회의 변모를 배경으로 충실히 그려져 있다.

박경리는 소설 『토지』를 통해 남녀노소 신분 고하를 막론하고 생(生)과 사(死)라는 인간으로서 존재론적 한계를 가지고 있으며 스스로의 한계를 어떻게 극복하는 가는 개인의 선택의 문제임을 보여준다. 그러한 이유로 『토지』의 조준구처럼 악인의 아들이지만 존귀한 모습

—— 23   김치수, 「박경리와의 대화: 소유의 관계로 본 한(恨)의 원류」, 『박경리와 이청준』, 민음사, 1982, 172쪽.

으로 그려진 조병수와 살인자의 아들이지만 선함을 실천하고 인간적인 한계를 극복한 한복이, 관음보살상을 완성하며 스스로 속박으로부터 해방을 하게 된 길상이까지 이들 인물을 통해 작가가 전하려는 메시지는 타고난 운명보다 존엄한 것은 '생명'이라는 것이다. 생명을 자각한 인물들에게 보이는 연민의 시선은 곧 독자에게 촉구하는 작가의 세계관을 반영한다. 서희를 비롯한 윤씨마님, 별당아씨, 최치수까지 겉으로 드러난 모습과는 상관없이 모두 비극적 삶을 살아간 개인일 뿐이다. 윤씨마님과 김개주, 김환과 별당아씨, 월선과 용이의 한(恨) 많은 사랑은 인간의 의지로 어쩔 수 없는 운명적인 한계를 드러낸다. 그러나 인간의 운명이라 할지라도 인간의 도리를 벗어난 행동에 대해서는 죽음으로 묘사함으로써 준엄함을 보여주고 있는 것은 작가의 생명 사상이 맹목적이거나 단순하지 않음을 보여준다.

쌍계사와 화개장터는 쫓기고 쫓겨난 인물들의 은신처로, 흥겨움과 생동이 넘치는 공간으로서 갈등하는 인물이 숨고 회복하는 공간이자 헤어졌던 사람들이 만나고 화합하는 소통과 교류의 공간이다. 『토지』의 공간적 배경인 하동과 평사리 주변은 드라마 〈토지〉의 세트장 최참판댁이 있고, 자연 배경으로 섬진강과 지리산, 쌍계사, 화개장터 등이 있다. 인물들이 활동하고 머물렀던 공간은 단순히 물리적 공간으로서만 존재하는 것은 아니다. 이-푸 투안(Yi-Fu Tuan)은 '토포필리아'(1974)에서 "장소(topos)"와 "사랑(philia)"의 합성어인 "장소 사랑(topophilia)" 개념을 제안한다. 장소 사랑은 장소에 대한 인간의 애착을 의미한다. 누구나 좋아하는 장소가 있다. 그러나 장소에 대해 인간이 느끼는 감정은 사랑에 그치지 않는다. 미움, 회한, 감동, 증오, 반성, 긍

쌍계사와 화개장터[24]

지, 수치 등 거의 모든 인간 감정이 장소와 관련해 나타난다. 나아가 감정뿐 아니라 인간의 경험, 지식, 행위, 창의, 가치 등 이-푸 투안의 용어로는 "인간 의미"가 장소에 함축되어 있다.[25] 하동의 드넓은 악양 벌판, 지리산, 섬진강, 쌍계사, 화개장터 등은 소설 속 공간적 배경이다. 이 공간을 가로지르며 소설 속 인물들과 조우할 수 있고, 과거역사의 현장에 설 수 있으며, 작가와 대화를 나눌 수 있다. 가장 중요한 것은 그 공간을 체험하는 과정에서 나 자신을 만날 수 있다는 것이다.

—— 24   https://www.hadong.go.kr/02639/02646/02693.web
—— 25   김성환, 공간에서 다시 장소로: 근현대공간론의 한 가지 흐름, 『철학탐구』 56, 2019, 29-54쪽.

참고문헌

1. 기본자료

박경리, 『토지』 1-21전집, 나남출판사, 2002.

박경리, 『가설을 위한 망상』, 나남출판사, 2007.

2. 논문 및 단행본

강희재, 「소설 『토지』를 활용한 역사 시민강좌 운영 사례」, 『강원문화연구』 Vol.29, 2010.

김성환, 「공간에서 다시 장소로: 근현대공간론의 한 가지 흐름」, 『철학탐구』 56, 2019.

김예니, 「만화 『토지』가 보여주는 매체 전환의 한계」, 『돈암어문학』 31, 2017.

김치수, 『박경리와 이청준』, 민음사, 1982.

박상민, 「박경리 『토지』연구의 통시적 고찰」, 『한국근대문학연구』 31, 2015.

염무웅, 「역사라는 운명극」, 『민중시대의 문학』, 창작과비평사, 1979.

이대규, 『문학의 해석』, 신구문화사, 1998.

이수현, 「매체 전환에 따른 『토지』의 변용 연구: 영화, TV드라마, 만화를 중심으로」, 고려대학교 박사학위 논문, 2010.

장미영, 「박경리 문학의 여성인물 원형 연구—초기 단편소설을 중심으로」, 『대중서사연구』 24-1, 2018.

정명숙, 「문인을 활용한 문화콘텐츠 개발 유형 연구」, 성공회대학교 석사학위 논문, 2013.

조윤아, 「원작 해체를 통한 대중문화 콘텐츠의 확대 가능성—〈토지〉의 '인물열전'을 중심으로」, 『대중서사연구』 24⑷, 2018.

조윤아, 「박경리의 소설 『토지』에 나타난 섬진강과 송화강의 지역성 연구」, 『로컬리티인문학』 26, 2021.

최유찬, 「『토지』의 장르론적 고찰」, 『현대문학의 연구』 10권, 한국문학연구학회, 1998.

최유희, 「만화 〈토지〉의 서사 변용 연구」, 『현대문학의 연구』, Vol.43, 2011.

3. 기타 자료

하동군청 https://www.hadong.go.kr/main.web

대한민국 구석구석 https://korean.visitkorea.or.kr/detail/ms_detail.do?cotid=f6464c85-e3ca-419f-a7c4-914f48cced04

문화재청 국가문화유산 포털 https://www.heritage.go.kr/main/?v=1655427607990

필자 소개

황영미 소설가, 영화평론가, 현재 숙명여자대학교 기초교양학부 교수와 교양
교육연구소 소장으로 재직 중이다. 대외활동으로는 현재 대학교양교
육연구소협의회 회장을 맡고 있다. 한국영화평론가협회 회장, 국제영
화비평가연맹 한국본부 회장 및 한국사고와표현학회장을 역임했다.
1992년 『문학사상』에 소설부문으로 등단했으며, 소설집으로 『구보
씨의 더블린 산책』(26회 숙명문학상 수상), 저서로 『봉준호를 읽다』, 『필
름 리터러시』, 『영화와 글쓰기』, 『다원화시대의 영화읽기』 등이 있다.

김경애 목원대학교 국어교육과 교수. 한양대학교 국어국문과를 졸업하고, 숙
명여자대학교에서 문학석사, 문학박사 학위를 취득하였다. 〈열린문
학〉 소설 부문 신인상을 받았으며, 『문학의 오늘』, 『월간문학』에 문
학평론을 발표하였다. 현대의 서사체에 관심이 많아서 이에 대한 연
구를 꾸준히 해오고 있다. 논문으로 「로맨스 웹소설의 갈등구조와 생
산과 수용의 미의식 연구」(2020), 「'보는' 소설로의 전환, 로맨스 웹소
설 문화 현상의 함의와 문제점」(2019), 「한국 웹툰 스토리의 특성과 문
제점: 제재를 중심으로」(2019), 「우리들의 일그러진 자화상-영화 '한
공주'의 스토리텔링 연구」(2015) 등이 있고, 저서로 『로맨스 웹소설』
(2017)이 있다.

김소은 숙명여자대학교에서 박사학위를 받고 한국어문화연구소 및 교양교
육연구소에서 책임연구원으로 활동하고 있다. 동아대학교 교양교육
원 조교수를 역임하고 숙명여자대학교 및 기타 여러 대학교에서 〈사
고와 표현〉, 〈연극영화의 이해〉, 〈공연예술의 이해〉, 〈드라마 작법의
기초〉, 〈희곡론〉 등을 가르쳐왔고 TV 드라마, 연극 및 영상 텍스트 등
의 대중문화예술 텍스트에 관심을 두고 연구 중이다. 다수의 논문과
저역서도 출간을 하였다.

김진희   문학평론가, 현재 숙명여자대학교 한국어문학부 강사. 숙대 한국어문화연구소연구원. 신동엽학회, 김수영연구회, 한국여성문학인회에서 활동중. 1999년『지구문학』평론부문으로 등단. 1999년 제3회 에피포도문학상 수상. 연구로『한국 근대 기행시 연구』,『백석 시 연구』등. 저서로『여성, 산문살롱』,『신동엽 아카이브 3: 이 세상에 나온 것들의 고향을 생각했다』등, 편저로『한국여성문학자료집』1-6권이 있다.

송경란   문학박사, 문학평론가. 현재 한국공학대학교 강사, 숙명여대 한국어문화연구소 연구원이다. 대외적으로 북컨설팅팅과 독서문화운동을 진행하며 문화융합콘텐츠 개발에 관심을 두고 탐구 중이다. 1996년『문예한국』에 신인평론으로 등단했으며, 저서로『여성, 산문 살롱』(한국출판문화산업진흥원 우수출판콘텐츠 제작지원사업 선정작, 공저),『광복군 갔다고 말 전해 주소_여성 광복군 안영희의 삶』(공저),『재난시대의 가족』(공저) 등이 있다.

김지윤   시인, 문학평론가, 문학박사. 현재 숙명여자대학교 교양교육연구소 연구교수로 재직 중이다. 2006년『문학사상』신인상 시 부문을 수상해 시인으로 등단했으며, 2016년『서울신문』신춘문예 평론 부문 당선으로 평론가로 등단했다. 2012년 제17회 시와시학상 젊은 시인상을 수상했다. 시집『수인반점왕선생』, 공저『시, 현대사를 관통하다』,『요즘비평들』,『이 세상에 나온 것들의 고향을 생각했다』,『재난시대의 가족』,『다시 새로워지는 신동엽』, 공편『2022 오늘의 좋은 시』등이 있고, 쓴 책이 2013년 문광부 우수도서로 선정되었다. 현재 숙명여대 연구교수로 재직 중이며, 숙명여대에서 문학과 글쓰기를 가르치며 활발한 문학 연구를 하고 있다.

최재선 한국문학을 전공하고 한국공학대학교에서 문학과 글쓰기 등을 가르치고 배우는 교학상장(敎學相長)의 도정에 있다. 동 대학의 지식융합학부 교수로 재직하며, 교양교육운영센터장을 맡고 있다. 문학평론가로 문단의 말석에서 글을 쓰는 일도 겸하고 있다. 저서로는『진정성의 시학』(푸른사상, 2003),『한국소설 속의 기독교』(박이정, 2015) 등이 있으며, 한국문학비평가협회가 수여하는 〈제5회 비평문학상 우수상〉(2003), 〈제17회 현대시조문학상〉(2005)(문학평설상 부문)을 수상한 바 있다.

이미림 문학박사. 현재 강릉원주대 국어국문학과 교수이다. 강릉원주대 언론원 분원장, 교수학습개발원장, 문화연구소장, 교육역량개발원장, 원주시 새주소부여사업 자문위원, 지명위원회 위원, 김유정학회, 한중인문학회 부회장을 역임했다. 저서로는『월북작가소설연구』,『내 마음의 산책』,『책 읽어주는 여자』,『내 안의 타자를 찾아서』,『한국현대소설의 떠남과 머묾』,『우리 시대의 여행소설』,『21세기 한국소설의 다문화와 이방인들』등이 있다.

이현정 1975년 경남 사천 출생. 숙명여대 대학원에서『박재삼 시 연구』로 석사학위를 받았고,『한국 근대 산문시 연구』로 박사학위를 받았다. 현재 한성대와 인천대에서 교양과목을 강의하고 있으며, 숙명여대 한국어문화연구소 연구원이다. 대학 교양교육 및 21세기 고령화 시대 한국 노년시에 관심을 두고 연구 중이다. 저서로는『49일간의 소리 향』(2020),『한국 근대 산문시의 미적 특성과 위상』(2021),『재난 시대의 가족』(공저, 2022) 등이 있다. 읽고 쓰고 강의하는 인문학자이며, 북한산 둘레길과 우이천을 걷는 산책자이기도 하다.

장미영 문학박사, 현재 강남대학교 강사, 숙명여대 한국어문화연구소 책임
연구원이다. 박경리의 문학을 비롯한 여성작가의 작품 연구와 다문
화 이해, 젠더, 리더십 교육 등에도 관심이 많다. 주요 논문으로는 「반
응형 수업모델 개발과 적용사례연구」, 「전쟁, 여성주체로서 모가장-
되기」, 「박경리단편소설 여성인물 원형연구: 초기 단편소설을 중심으
로」, 「박경리소설에 나타난 사랑의 의미와 섹슈얼리티연구」, 「다중매
체를 활용한 글쓰기 지도방법 연구」 등이 있고, 『다시 쓰는 여성학』
(공저), 『대학생을 위한 삶과 글쓰기』(공저) 등이 있다.

영화와 문학, 세계를 걷다

초판1쇄 인쇄 2022년 7월 19일
초판1쇄 발행 2022년 7월 29일

책임편집   황영미 송경란
지은이   황영미 김경애 김소은 김진희 송경란
          김지윤 최재선 이미림 이현정 장미영
펴낸이   이대현

편집   이태곤 권분옥 임애정 강윤경
디자인   안혜진 최선주 이경진
마케팅   박태훈 안현진

펴낸곳   도서출판 역락
출판등록   1999년 4월 19일 제303-2002-000014호
주소   서울시 서초구 동광로 46길 6-6 문창빌딩 2층 (우06589)
전화   02-3409-2060   팩스   02-3409-2059
이메일   youkrack@hanmail.net
홈페이지   www.youkrackbooks.com

ISBN   979-11-6742-367-2 03680